本书得到国家社科基金青年项目（批准号：16CRK010）、山东社会科学院出版基金、山东社会科学院博士专项项目的资助

韩国人口老龄化研究

田杨 著

中国社会科学出版社

图书在版编目(CIP)数据

韩国人口老龄化研究 / 田杨著 . —北京:中国社会科学出版社,2020.10
ISBN 978-7-5203-6857-5

Ⅰ.①韩… Ⅱ.①田… Ⅲ.①人口老龄化—研究—韩国 Ⅳ.①C924.312.64

中国版本图书馆 CIP 数据核字(2020)第 132187 号

出 版 人	赵剑英
责任编辑	冯春凤
责任校对	张爱华
责任印制	张雪娇

出　　版	中国社会科学出版社
社　　址	北京鼓楼西大街甲 158 号
邮　　编	100720
网　　址	http://www.csspw.cn
发 行 部	010-84083685
门 市 部	010-84029450
经　　销	新华书店及其他书店
印　　刷	北京君升印刷有限公司
装　　订	廊坊市广阳区广增装订厂
版　　次	2020 年 10 月第 1 版
印　　次	2020 年 10 月第 1 次印刷
开　　本	710×1000　1/16
印　　张	16.25
插　　页	2
字　　数	265 千字
定　　价	99.00 元

凡购买中国社会科学出版社图书,如有质量问题请与本社营销中心联系调换
电话:010-84083683
版权所有　侵权必究

目　录

第一章　韩国人口老龄化现状及趋势 …………………………（ 1 ）
　一　韩国的人口结构变化 ……………………………………（ 2 ）
　二　韩国的人口老龄化现状、趋势及影响 …………………（ 6 ）
　三　老龄化社会的政策课题及应对方向 ……………………（ 10 ）

第二章　韩国的老年人收入保障制度 …………………………（ 12 ）
　一　国民年金制度 ……………………………………………（ 12 ）
　二　基础年金制度 ……………………………………………（ 21 ）

第三章　韩国的企业年金制度 …………………………………（ 30 ）
　一　韩国企业退休年金制度现状 ……………………………（ 31 ）
　二　韩国退休年金制度面临的政策课题 ……………………（ 36 ）

第四章　韩国的医疗与健康保障制度 …………………………（ 40 ）
　一　医疗保险转变为国民健康保险 …………………………（ 40 ）
　二　医疗保障向健康保障转变 ………………………………（ 46 ）

第五章　韩国的长期照护保险制度 ……………………………（ 49 ）
　一　韩国长期照护服务支持体系的建立 ……………………（ 49 ）
　二　韩国长期照护保险的适用对象和给付对象 ……………（ 52 ）
　三　韩国长期照护保险的给付程序 …………………………（ 53 ）
　四　韩国长期照护保险的运营与管理 ………………………（ 62 ）
　五　韩国长期照护保险的未来改善方向 ……………………（ 64 ）

第六章　韩国的失智症管理政策 ………………………………（ 67 ）
　一　韩国的失智症老年人照护政策 …………………………（ 68 ）
　二　韩国的失智症管理政策体系 ……………………………（ 71 ）
　三　韩国的失智症国家责任制 ………………………………（ 75 ）

四　OECD提出的失智症管理政策制定框架…………（78）
　　五　韩国失智症管理政策的成果、局限性及改善方向 ………（79）

第七章　韩国的老年人福利服务体系建设 ……………（84）
　　一　韩国老年人福利服务的法律依据 ………………（85）
　　二　韩国老年人福利服务的主要内容 ………………（86）
　　三　韩国老年人福利服务的预算 ……………………（96）

第八章　韩国的老年人社会保障政策 …………………（101）
　　一　老年人收入保障与就业支持 ……………………（102）
　　二　老年人健康保障与政策支持 ……………………（107）
　　三　老年人居住保障与居家照护支持 ………………（109）
　　四　老年人安全保障与心理健康支持 ………………（113）
　　五　老年人赡养与孝行支持 …………………………（115）

第九章　韩国的生产型福利政策 ………………………（119）
　　一　韩国生产型福利政策的理论支持 ………………（119）
　　二　韩国生产型福利政策实施的社会背景 …………（123）
　　三　韩国生产型福利政策的核心内容 ………………（127）

第十章　韩国的老龄亲和产业政策及发展 ……………（132）
　　一　韩国老龄亲和产业的发展背景 …………………（132）
　　二　韩国老龄亲和产业的发展领域 …………………（134）
　　三　韩国老龄亲和产业的发展瓶颈 …………………（141）
　　四　韩国老龄亲和产业的发展方向 …………………（147）

第十一章　韩国的老龄化应对政策分析 ………………（154）
　　一　老龄化应对政策的特征 …………………………（154）
　　二　韩国政府的老龄化应对政策 ……………………（159）
　　三　韩国老龄化应对政策分析 ………………………（165）
　　四　延伸思考 …………………………………………（171）

附录　韩国《第三次少子老龄社会基本规划（2016—2020）》
　　　　（人口老龄化应对部分） ……………………（173）

参考文献 ………………………………………………（243）

第一章　韩国人口老龄化现状及趋势

在韩国，人口老龄化是指 65 岁以上老年人口①数量增加的现象。65 岁以上老年人口占总人口数量 7%—14% 的社会，称为老龄化社会（aging society）；占总人口数量 14%—21% 的社会，称为老龄社会（aged society）；占总人口数量 21% 以上称为超老龄社会（super‐aged society）。韩国人口老龄化进展速度惊人。2018 年，韩国 65 岁以上老年人口占比超过 14%，韩国从"老龄化社会"迈入"老龄社会"。预计到 2026 年，韩国老年人口占比将超过 21%，进入"超老龄社会"。在发达国家，从老龄化社会到老龄社会，需要 50 多年甚至上百年的时间，然而这在韩国仅用了 18 年。不仅如此，部分发达国家进入超老龄社会大致需要 40 年左右，而韩国预计仅需要 8—9 年。韩国人口老龄化速度正在压缩进行，这与韩国产业化时期的压缩性经济发展速度十分相似。

人口老龄化现象具有两面性，既包括由于生活、医疗条件改善使人类寿命延长的积极方面，也包括由于老年人经济活动能力下降加重社会负担的消极方面。由于医疗技术的发达和饮食生活的改善等，人类寿命逐步延长是一个值得祝福的现象，但老龄化带来的养老问题却是我们每个人都不得不面对的现实问题。养老问题深受社会环境和政策的影响，需要社会对策和政策方案。

---

① 规范表达为"65 岁及以上老年人口"，但根据学术界共识及文字流畅性，以下皆省略"及"字。

一 韩国的人口结构变化

(一) 人口规模变化

据韩国统计厅 (2016b) 的推算,韩国总人口将从 2015 年的 5101 万人在 2031 年达到顶点 5296 万人。2049 年开始减少,将不足 5000 万,之后会持续快速减少,预计 2060 年将减少到 4525 万人,2065 年将减少到 4302 万人——相当于韩国 1991 年的人口数量。2028 年开始,韩国的人口死亡数量将高于出生婴儿的数量,人口自然增长数量将为负数;但同时,国际人口流动带来韩国人口的正增长。因此,韩国总体人口增长将在 2033 年转为负数。具体的人口增长率情况,2015 年为 0.53%,2032 年降低至 0%,之后会迅速减少,2065 年预计为 -1.03%。

1. 生育率变化

韩国的总和生育率[①]从 1960 年的 6.0,在 23 年后的 1983 年骤降至人口替代水平[②]以下,之后生育率持续下降。受 1997 年金融危机的影响,韩国的生育率再次暴跌。2005 年韩国的生育率为 1.08,处于当时世界最低水平。2005 年以后,韩国的生育率一度有所上升。但 2001 年以后,韩国的总和生育率一直处于低于 1.3 的状态,超低生育现象呈现长期化趋势。2018 年,韩国的总和生育率为 0.98,创历史新低,也成为全球生育率最低的国家。总和生育率由新生儿数量和孕期女性人口数量决定。韩国的新生儿数量从 1970 年代初期的 100 万名,2002 年减少到 49 万名,减少了一半多。总和生育率为 1.08 的 2005 年,新生儿数量减少到 43.5 万名;之后 2012 年增加到 48.5 万名;2015 年又减少到 43.8 万名。

韩国 98% 的生育是法定婚姻内进行的。因此,总和生育率的变化不仅受已婚女性生育婴儿数量的影响,还受婚姻数量的影响。如果从人口学角度对过去的总和生育率进行分析,比起有配偶女性生育率的下降,由晚婚导致的有配偶率的下降是引发韩国低生育率现象的主导原因(李三植、李智慧,2014)。以 2016 年 9 月为例,韩国的结婚数量达到当时历史最低

---

① 育龄期女性平均生育子女数量。
② 总和生育率为 2.1。

水平，新生儿数量与同期相比减少了5.8%（2100名），也处于当时历史最低水平。晚婚对生育率的影响会越来越大。

表1　　　　　有配偶率和有配偶生育率对总和生育率的影响

年　度	总和生育率					绝对影响（%）	
	TFR变化值	有配偶率带来的变化	有配偶生育率带来的变化	相互作用效果	合计	有配偶率的影响	有配偶生育率的影响
1992—1997	-0.24	-0.20	-0.07	0.03	100	75.3	24.7
1997—2005	-0.44	-0.52	0.03	0.05	100	94.9	5.1
2005—2013	0.11	-0.31	0.54	-0.13	100	36.0	64.0
1992—2013	-0.57	-1.10	0.73	-0.20	100	60.2	39.8

出处：李三植、李智慧，2014。

2. 预期寿命延长

随着医疗技术的发达和生活环境的改善，人类的预期寿命正在逐步延长。韩国男性的平均预期寿命，1970年为58.7岁，2016年为79.3岁，增加了20.6岁；从女性的情况来看，同期从65.8岁增至85.4岁，增加了19.6岁（韩国统计厅，2017）。韩国平均预期寿命的改善速度在世界范围内是较快的。根据UN（2016）数据，2060年韩国人的平均预期寿命预计为89岁，成为仅次于日本（89.25岁）的长寿国家。

3. 国际人口流动

截至2005年，韩国的国际人口流入数量为负增长，入境者一直少于出境者。2006年开始，入境人数开始多于出境人数，出现了净流入现象。2014年净流入人数最多，达到14.17万人；2015年再次减少到6.14万人。这种变化是韩国雇佣许可制等移民政策带来的影响。

外国人滞留韩国的主要原因是就业。从2015年外国人入境时的滞留资格类型来看，以专业人力及非专业人力等就业方式入境的比例最高，达到36.6%；其次为短期（29.8%）、海外同胞（12.2%）、留学（10.8%）、永久及结婚移民（9.1%）（韩国统计厅，2016a）。从整体上看，韩国入境外国人的年龄集中分布在20—30岁（34.4%），主要由年轻劳动力构成。

在韩国，滞留外国人的数量由韩国法务部进行统计，便于了解当年度入境及出境的外国人的规模。与此不同，韩国行政自治部公布的居住在韩国的外国人数据，是一种累计概念，包括虽然没有取得韩国国籍但滞留时间超过90天的外国人、取得韩国国籍者及其子女等。据韩国行政自治部（2016）的统计数据，截至2015年11月1日，在韩国的外国人居民规模为171万人，占韩国总人口的3.4%。虽然最近增加速度有所减缓，但与2006年相比增加了3倍左右。从外国人居民的结构来看，求职者数量占33.5%，居于首位；其次是其他未取得国籍者（20.3%），结婚移民及入籍者（13.9%）等。外国人居民的子女占全体外国人居民的11.5%。

（二）人口结构变化

由于新生儿数量长期持续减少，韩国0—14岁人口也呈现持续减少的趋势。据韩国统计厅（2016a）推算，0—14岁人口将从2015年的703万人减少至2035年的598万；2047年减少至496万；2065年减少至413万。0—14岁人口在总人口中所占比例也将从2015年的13.8%减少到2046年的10.0%，2065年将进一步下降为9.6%。

韩国的劳动年龄人口（15—64岁），从2015年的3744万增加到2016年的3763万之后，呈现持续减少趋势。预计2039年降至2980万；2065年降至2062万。韩国劳动年龄人口占总人口的比重，2015年为73.4%；2035年为60.0%；2050年为52.4%。从2060年开始，韩国劳动年龄人口占全体人口的比重将不足50%，2065年预计将下降至47.9%。

韩国65岁以上老年人口将会迅速增加。特别是从婴儿潮一代[①]正式进入老年队列的2020年开始，老年人口的增加速度将非常快。2015年韩国老年人口规模为654万人。据推算，2025年将超过1000万达到1051万，2031年达到1339万。老年人口在2049年达到1882万的最大规模，之后逐渐减少，预计2065年将减少至1827万。韩国老年人口占总人口的比例，即人口老龄化程度从2015年的12.8%上升到2018年的14%，正式进入老龄社会，预计在2026年韩国将以20%左右的比例进入超老龄社

---

① 韩国6.25战争以后从1950年代后期至1980年代初期共有过三次生育高峰。本书提到的婴儿潮一代特指1955—1963年出生的第一次婴儿潮一代。

会。此后人口老龄化速度也会持续加速，预计2037年老年人口比例将达到30%，2058年达到40%左右，2065年达到42.5%。韩国85岁以上的高龄老年人，2015年为51万人；2024年将增至2倍达到107万人；2065年将增加到10倍的数量505万人。2065年，韩国65岁以上老年人口中高龄人口所占比重将从2015年的7.8%上升到27.6%。

2017年开始，韩国出现老年人口多于少儿人口的人口逆转现象。这也意味着老龄化指数，即65岁以上老年人口与0—14岁少儿人口的相对比值发生变化。韩国的老龄化指数，由2015年的93.1人到2017年的104.8人；2029年为203.5人；2051年上升至404.5人。

由于新生儿数量的减少和平均寿命的延长，韩国人口正在迅速老龄化。从韩国人口金字塔的情况来看，虽然2015年还是坛子形状，但随着时间的流逝，正在快速转变成倒三角形结构。这种人口老龄化趋势在整体人口的平均年龄上也表现得非常明显。2015年，韩国整体人口的平均年龄是40岁，2040年超过50岁，预计到2065年将提高至54.7岁。

生育率的下降导致韩国的少儿抚养比[①]发展态势不规律，但大致保持在18—20名左右。随着生育率的下降和老龄人口的迅速增加，韩国的老年抚养比[②]也迅速上升，2016年为18人；2030年将上升至38.2人；2050年为72.6人；2065年将上升至88人，50年内数值增至5倍（韩国统计厅，2016a）。韩国的人口抚养比[③]也将从2015年的36.2人增加到2036年的70人；2059年将超过100人。至2065年，韩国的人口抚养比将达到108.7人。

（三）人口结构变化带来的影响

老龄化，从个体层面讲意味着个人寿命的延长，是"个人老龄化"；从社会层面讲，是具有集合性质的"人口老龄化"（population aging）。老龄化现象的产生是人类平均寿命的延长带来死亡率降低和生育率下降造成的结果。生育率和死亡率都对人口规模和人口结构造成一定影响。虽然生

---

① 每100名劳动年龄人口中需要抚养的少儿人口。
② 每100名劳动年龄人口中需要扶养的老年人口。
③ 每100名劳动年龄人口需要抚养的平均人口数（包括儿童和老人）。

育率下降和寿命延长对人口规模造成两种相反的影响，但都带来人口平均年龄的提高。

通常来说，随着社会发展阶段的不同，人口结构的变化可分为高生育率—高死亡率、高生育率—低死亡率、低生育率—高死亡率、低生育率—低死亡率这四种类型（中山，2017：9—10）。在产业化之前的一段时期里，在高生育率—高死亡率的影响下，总人口数和各年龄人口的比例没有太大的差异，人口结构保持较为稳定的趋势；随着社会发展，人口结构变为高生育率—低死亡率，这个时期由于经济水平和生活水平的提高，导致生育率和医疗水平提高的同时，极大降低了死亡率，因此人口总数大幅增加。人口总数的增加带来了一定的积极影响和消极影响。人口增多，生产力人口也随之增加，这为经济快速增长提供了动力，这是积极方面；但也因为人口增多，劳动力市场竞争力加大，导致劳动力的廉价化和工资水平的降低，失业者随之增多，加重了社会负担。此外，人口流动会引发农村的空心化和城市贫民窟等问题的出现。高生育率—低死亡率阶段，社会经济发展，教育水平提高，女性大量进入劳动市场。比起生育，职场更能为女性带来成就感和幸福感，生育率降低，人口结构也逐渐向低生育率—低死亡率阶段转移。这也意味着，老龄化由个人现象转变为社会现象，人口老龄化问题以集合性问题列入国家政策议题。

二　韩国的人口老龄化现状、趋势及影响

（一）韩国的人口老龄化现状及趋势

随着卫生医疗技术的发达，人类预期寿命不断提高，老年人口数量也随之增加。英国、法国、德国、瑞典等欧洲国家的老年人口比例已经于1970年代就达到14%以上，日本在1990年代进入老龄社会，美国、加拿大等北美国家也于2010—2013年相继进入老龄社会。2018年6月，韩国65岁以上老年人口达到751.26万人，占总人口的14.5%，正式步入老龄社会（韩国行政安全部，2018）。2025—2026年，韩国的老年人口占比将超过20%，进入超老龄社会。

表2　　　　　　　　　　韩国的人口老龄化趋势

类　别	2016年	2020年	2025年	2030年	2035年
总人口（万名）	5124.6	5197.4	5261.0	5294.1	5283.4
65岁以上老年人（万名）	676.3	813.4	1050.8	1295.5	1517.6
老年人口比例（%）	13.2	15.7	20.0	24.5	28.7

出处：韩国统计厅，KOSIS。

2016年，韩国的总和生育率仅为1.17，远远低于人口替代水平2.1（韩国保健福祉部，2017b）。由于生育率的急速下降，韩国的人口老龄化速度比其他发达国家更快。由老龄化社会进入老龄社会的时间，法国为115年，美国为73年，德国为40年，日本为24年，韩国仅用了18年（韩国保健福祉部，2017a）。这意味着韩国要在更短的时间内接受和应对老龄化的挑战。

韩国老年抚养比的快速上升以及老年人家庭的增加，使得养老问题成为非常重要的社会问题。2016年，韩国户主年龄在65岁以上的老年人家庭达到386.7万户，其中独居老年人1人家庭为129.4万户，占全体老年人家庭的33.5%（韩国统计厅，2017a）。

健康寿命是完全健康生活状态下的预期平均年龄，即从平均预期寿命中扣除患病时长后的年龄，是体现老年人生活质量的重要指标。2016年韩国人的平均预期寿命为82.4岁，而预期健康寿命仅为64.9岁，比平均预期寿命少17.5岁（韩国统计厅，2017b）。

老龄社会还需要特别关注的是性别比例失衡现象和地区老年人口差异问题。2017年，韩国65岁以上人口中，女性老年人占比高达57.5%。65岁以上人口的性别比[①]为73.9。因此，对女性老年人的贫困、孤独和社会排斥问题需要给予更多的社会关注。韩国人口老龄化程度的地域不均衡现象也较为严重。韩国的城市化水平在90%左右。2017年，全罗南道老年人口的比例为21.5%，已经进入了超老龄社会，全罗北道、庆尚北道、江原道的老龄化水平也在17%以上；但首尔、光州、大田、仁川等大城市的老龄化水平还不到14%（韩国统计厅，2017a）。农渔村地区的快速

---

① 每100名女性人口中男性人口的数量。

老龄化现象严重，亟须应对。

（二）韩国人口老龄化带来的影响

韩国的人口老龄化速度非常迅速，低生育率现象在世界范围内史无前例，长时间持续较低水平。这种急剧的人口变化将对韩国经济、社会各个领域产生多元化和广泛的影响。

1. 经济增长放缓

首先，由于人口老龄化导致劳动年龄人口的减少和资本增长率放缓，韩国经济将会出现长期的低速增长。人口老龄化的快速进展会增加人们对退休后生活的不安全感，从而对家庭消费及储蓄、资产积累、资产拥有形态等产生影响（俞京元，2014）。与韩国人的平均预期寿命相比，韩国的退休时间较早，而且公共年金的收入替代率低于 OECD 平均水平，韩国老年人一半以上的资产来自劳动收入。根据俞京元（2014）的研究，韩国进入超老龄社会后，储蓄率将下降到 1% 左右；考虑到经济增长率下滑和老龄化持续深化等原因，预计到 2030 年以后，净存款率将呈现负数。

表 3　　　　　　　　　韩国家庭净存款率发展趋势

类　别	2015 年	2020 年	2025 年	2030 年	2035 年	2040 年	2045 年	2050 年
净存款率（%）	4.1	3.3	1.5	-1	-3.3	-5.8	-7.6	-9.4

出处：俞京元，2014。

2. 政府财政负担加重

低生育率和人口老龄化将加重社会保障方面的财政负担。人口老龄化导致老年保障受益对象增加，而低生育率导致社会保险费缴纳对象减少。据韩国国民年金财政推算委员会（2013）计算，国民年金参保人数量在 2015 年达到顶点数量 2062 万人之后将逐渐减少，而随着人口老龄化进程的推进，以及当前参保人成为领取人，2063 年韩国老龄年金领取人数预计会达到 1460 万。这个结果意味着老龄年金领取人占参保人总数的"制度抚养比"，将从 2020 年的 19.1% 上升至 2030 年的 33.0%、2050 年的 84.6%，2068 年将达到最高点 112.9%。韩国健康保险和长期照护保险的财政可持续性也不容乐观。健康保险方面，预计 2022 年将出现财政赤字，2025 年累计收支面临枯竭。长期照护保险方面，预计 2024 年将出现赤字,2028年累计收支面临枯竭。

整体来看,韩国公共社会福利支出以非常快的速度在增长。韩国公共社会福利支出占GDP的比例,2013年为9.8%,但随着人口老龄化带来年金及健康保险等支出大幅增加,预计2060年该数值将达到29%左右。

表4　　　　　韩国公共社会福利支出占GDP的比例

类别	1990年	1995年	2000年	2009年	2013年	2030年	2040年	2050年	2060年
韩国	2.8	3.2	4.8	9.6	9.8	17.9	22.6	26.6	29.0
OECD平均	17.6	19.5	18.9	22.1	—	—	—	—	—

出处:韩国社会保障委员会,2014。

随着人口老龄化、年金制度的完善等,老龄化领域的相关支出大幅增加。公共社会福利部分,社会保险领域的支出快速增长。社会保险领域支出占GDP的比例,2013年为6.3%,2060年上升到23.2%,占公共社会福利支出的80.2%。

表5　　　　韩国社会保险领域支出占GDP的比例

类别	2013年	2020年	2030年	2040年	2050年	2060年
一般财政领域	3.5 (35.4)	3.8 (29.6)	4.6 (25.6)	5.1 (22.5)	5.4 (20.5)	5.7 (19.8)
社会保险领域	6.3 (64.6)	9.1 (70.4)	13.3 (74.4)	17.5 (77.5)	21.2 (79.5)	23.2 (80.2)

出处:韩国社会保障委员会,2014。

人口抚养比和老龄化指数的变化给国家财政带来巨大压力。随着财政支出的增长,政府的潜在性负债将转移到民间领域和下一代人身上,引发并加剧其他社会矛盾。与此同时,老年人对居住环境、福利服务、健康医疗的需求只增不减。人口老龄化导致对医疗服务的需求大幅增加,医疗费支出的增长导致家庭可支配收入的减少和国家层面医疗支出总额的增长。不仅如此,从家庭经济方面来讲,由于社会赡养设施和社会支持不足,导致家庭赡养负担加重,而赡养负担加重又会阻碍家庭经济活动发展,从而引起恶性循环。同时,企业投资的萎缩和家庭可支配收入的减少又阻碍了经济发展。

三 老龄化社会的政策课题及应对方向

人口老龄化涉及经济、社会、福利、就业等所有领域，带来巨大社会变化。老龄社会的到来，意味着贫困老年人、患病老年人、独居老年人、受虐老年人等需要照顾的老年人数量的持续增加，需要国家层面加强老年人的收入保障、医疗保障、就业保障、居住保障、老年人福利服务等多元化老年人福利政策。因此，不仅公共年金、国民基础生活保障、基础年金等收入保障方面的支出会增加，国民健康保险、长期照护保险、保健医疗服务等医疗保障、就业保障、居住保障、老年人福利服务领域的支出也会大幅增加。社会保障负担加重的后果，带来企业社会保障支出的上升和政府财政支出的扩大，导致人员雇佣减少和经济放缓，还会导致因抚养负担加重，引发代际之间的矛盾。随着老龄社会的逐步推进，老年人的福利问题成为今后社会福利的主要方向。

老年人是在身体、心理、社会等多方面与老化相关的概念。由于各领域的老化阶段不同，对老年人的认知及老年人自评根据不同的标准存在差异。在 UN 或大部分发达国家，从制度上界定老年人为福利对象时，一般以 65 岁作为标准。韩国《老年人福利法》也规定，65 岁及以上的人口为老年人；但韩国《老年人雇佣促进法》规定，55 岁以上的人为老年人。这种以逆向年龄标准对老年人进行定义的方式，不仅与单纯的老化现象有关，而且与决定现代产业社会的退休制度和年金给付或是提供老年人福利服务的年龄等社会福利制度有着密切的关系。随着预期寿命的提高和健康老年人的增加，提高"老年人"法定年龄标准在韩国得到社会性关注和讨论。2017 年韩国政府对 65 岁以上老年人的调查结果显示，"老年人"的年龄标准在"70 岁以上"。

郑敬姬等（2015）研究指出，随着社会环境的变化，韩国老年人的特征也呈现出相应的变化。例如，独居老年人家庭增加，老年人健康状况得到改善，老年人的教育水平有所提高，老年人的权利意识也将增强。与此同时，老年人的收入将维持与当前相似的水平，10 年后将有所上升。

表 6　　　　　　　　韩国老年人特征的未来变化

构成因素	与现在相似	近期上升	10年后上升
老年人独居家庭	4.3	95.7	—
老年人健康状态改善	8.7	82.6	8.7
老年人收入水平提高	52.2	8.7	39.1
老年人自我实现需求提高	4.5	81.8	13.6
老年人权利意识提高	—	87.0	13.0
老年人市民意识提高	4.5	50.0	45.5

出处：郑敬姬等，2015：126。

因此，老年人福利政策除了针对老年人口的增加，还应关注老年人特征的变化，提供多元化的服务。由于政策对象规模大而且群体特征多样化，政府在为老年人提供服务方面扮演着重要角色，但同时也需要民间社会（NGO）和企业等多种团体的参与和分担。相对而言，政府在收入保障方面扮演主要的角色，但是在经济活动和休闲活动方面，企业和民间社会的角色显得更为重要。

随着生活、医疗、环境等条件的改善，老年人的寿命不断延长。老年人福利政策的根本宗旨是"成功老龄化"或"积极老龄化"，重视老年人社会活动的参与。"成功老龄化"意味着老年人在没有疾病和残疾困扰、保持正常身体功能和精神功能的状态下，积极进行社会参与（Rowe & Kahn，1999）。在实现成功老龄化、鼓励健康老年人增加社会参与的同时，也应考虑生活自理能力受限的老年人，让他们可以根据自己的意愿安心生活。

第二章　韩国的老年人收入保障制度

作为老年人口增加带来的突出问题之一，贫困老年人口会随之增加。根据OECD（2015）的报告，韩国老年人口贫困率为49.6%，位居OECD国家榜首。高贫困率意味着老年人生活质量得不到保障，这也导致了韩国老年人自杀率的上升。解决老年人贫困问题，必须构建并不断完善老年人社会保障制度。

韩国的老年人收入保障制度包括国民年金、基础年金、国民基础生活保障制度等。虽然形式上韩国构建起全民保障体系，但同时也存在政策盲区以及实质性保障功能较弱等问题。与发达福利国家相比，韩国实行公共年金制度的历史较短，但目前已对国民年金进行了两次大规模的改革。基础年金制度的定位仍存在模糊性，社会补助性质越来越突显出来。国民年金和基础年金在保障韩国老年人基础收入方面发挥着核心作用。因此，关于这两项制度的改革和相关讨论在韩国社会产生了广泛影响。

一　国民年金制度

（一）概要及发展历程

1. 概要

韩国的公共年金制度，最早针对特殊职域从事者优先推行。特殊职域年金，主要包括公务员年金、军人年金、私立学校教职员年金等。除公务员、军人、私立学校教职员等特殊职域人员以外的18—59岁的韩国国民，原则上是韩国国民年金制度的义务适用对象。2016年，韩国国民年金参保人有2183万名，与1999年刚刚扩大到全国范围时相比增加了557万名。从参保类型来看，2016 年，全体参保人中的 60.4% 是职场参保人，36.9% 是地区参保人，2.7% 是任意参保人或任意持续参保人。开始扩大到全国范围时的 1999 年，地区参保人占全体参保人的 66.6%，职场参保人只占 32.2%。

国民年金中，地区参保人处于政策盲区的可能性较高。2016 年，806.2 万名地区参保人中，不用缴纳保险费的例外人员数量为 417.3 万名（韩国国民年金公团，2017），占地区参保人的一半以上。这也说明地区参保人为主体的政策存在适用盲区问题。

韩国缴纳国民年金或特殊职域年金保险费的人数占 18—59 岁全体人口的 55% 左右，缴纳公共年金保险费的人数占 18—59 岁经济活动人口的 77% 左右。以经济活动人口为标准可以看出，国民年金盲区人数的比重大幅下降，这是因为目前国民年金盲区人数的 60% 以上是非经济活动人口。与 2010 年 12 月的公共年金适用状态相比，年金盲区问题得到一定改善。但是，以社会保险方式为基础的国民年金制度中，非经济活动带来的盲区问题很难解决。

公共年金的领取方式分为年金型（每年）领取和一次性领取两种。年金型领取包括老龄年金、残疾年金、遗属年金，一次性领取包括返还一次性领取、葬礼一次性领取、死亡一次性领取。关于领取老龄年金的最短加入时长，1988 年首次实行国民年金制度时，韩国政府将减额老龄年金的最短加入时长定为 15 年，早期老龄年金和在职者老龄年金的最短加入时长定为 20 年。但 1998 年修改《国民年金法》之后，减额老龄年金、早期老龄年金、在职者老龄年金的最短加入时长都下调至 10 年。

2. 发展历程

韩国面向普通国民的年金制度始于 1973 年制定的《国民福利年金法》。原计划从 1974 年 1 月开始实行，但由于 1973 年"石油风波"导致经济萧条，年金制度延迟推行。20 世纪七八十年代，韩国实现令人瞩目的经济增长，国民负担保险费的能力有所提高，年金制度推行条件逐渐成熟。1986 年，韩国政府将原来的《国民福利年金法》修改为《国民年金法》（同时废除旧法），从 1988 年 1 月开始正式推行国民年金制度。

表1　　　　　　　　　　　韩国的公共年金制度

类　别	特殊职域年金			国民年金
	公务员年金	军人年金	私学年金	
实施年份	1960年	1963年	1975年	1988年
适用对象	公务员、法官、警察	下士以上的职业军人	私立学校教职员（医院职员）	18—59岁国民
运行机构	行政安全部（公务员年金公团）	国防部（保健福祉馆室军人年金科）	教育部（私立学校教职员年金公团）	保健福祉部（国民年金公团）

出处：韩国各年金制度运营网站。

1988年韩国实行的国民年金制度，最初是以拥有10名以上固定雇员的经营实体的雇员和经营者为适用对象，1992年将适用对象扩大到具有5名以上固定雇员的经营实体。受乌拉圭协定及WTO体制影响，作为农渔村居民养老保障的一环，1995年7月开始，国民年金制度扩大到农渔村地区。1999年4月，国民年金制度扩大到城市地区。也就是说，在实施国民年金制度11年之后，韩国完成了以全体国民为对象的公共年金制度全覆盖。

与发达福利国家相比，虽然韩国实行公共年金制度的历史较短，但目前已对国民年金进行了两次大规模的改革（韩国保健社会研究院，2018：215—216）。1998年，为扩大城市地区适用范围，韩国政府进行首次大规模年金改革。1998年的年金改革中，制定了财政稳定化和给付制度合理化以及基金运营方面的重要改革措施。首先，就国民年金财政稳定问题，韩国政府将薪资收入人员平均40年投保标准的收入替代率，从1988年首次实行制度时的70%下调至60%，国民年金的领取年龄也从最初的60岁提高到每5年增加1岁，到2033年将提高到65岁。另外，实行国民年金财政推算制度，每5年对国民年金的财政状态进行预测，并以此为基础，建立长期财政稳定和制度发展的相关计划。1998年的年金改革中，还制定了与给付相关的改革措施。在国民年金给付算式方面，把平均部门和比例部门的比重从过去的4∶3调整为1∶1。此外，把领取老龄年金的最低加入时长从过去的15年缩短到10年；废除了针对遗属年金和残疾年金领取者的最低加入时长为1年的条件，而且还回应有关离婚女性老年生活稳定化的提议，增加了分割年金制度。在基金使用支配结构改善方面也采取了一些措施。在基金运营委员会增员过程中,增强了年金参保者的代表性;将基金运营委员会委员长从财政经济部长官变更为保健福祉部长官,并新设了"基金运用实务评价委员会条款",目的是加强基金运营的专业性。韩国在2007年进行了第二次年金改革。虽然也采取了适用资格及给付相关的一系列制度改善措施,但核心内容是财政的稳健性。2007年的年金改革中,韩国政府将薪资收入人员平均40年投保标准的收入替代率从原来的60%降至2008年的50%,从2009年开始每年下调0.5个百分点,2028年将降至40%。由于收入替代率下调,2003年第一次国民年金财政推算中预测的基金枯竭时间为2047年,但在第二次财政推算中预测为2060年,延后了13年。

(二)特殊职域年金

1. 公务员年金

工龄在10年以上的公务员退休时,可以在退休年金、退休年金扣除一次金、退休年金一次金中选择一种领取;工龄未满10年退休的,可以领取退休一次金。截至2015年,退休年金领取年龄为60岁;从2016年开始,1996年及以后参加工作人员,将阶段性地延长到65岁领取。退休补贴是与退休金或遗属金并行的制度,属于当事人负担型,相当于体制外《工作基准法》意义上的退休金。退休补贴根据在职时长的不同,一次性支付给任职1年以上退休或者死亡的公务人员,金额相当于标准月收入的5%—39%。

表2　　　　　　　　　　韩国公务员退休金领取体系

类　别		领取条件	领取额度
退休金	退休年金	公务员工作10年以上退休时	根据在职时长与基本收入进行计算
	退休年金扣除一次金	10年以上任职退休的公务员,想要一次性领取超过10年时长的部分时	
	退休年金一次金	10年以上任职退休的公务员,想要一次性领取退休年金时	
	退休一次金	公务员任职未满10年退休时	
退休补贴		公务员任职1年以上退休或者死亡时	

出处:韩国公务员年金公团网站。

2. 军人年金

军人退役年金以军龄达 20 年以上为领取条件。在军人退役年金与其他类型的年金发生领取冲突时，可以选择对个人有利的领取类型。退休补贴与退役年金或退休一次金领取不冲突。

表 3 韩国军人退休金领取体系

类　别	领取条件	领取额度
退休年金	军人服务 20 年以上退休时	根据服务时长与基本收入进行计算
退休年金扣除一次金	想要一次性领取超过 20 年服务时长的一定时长部分时（上限为 13 年）	
退休年金一次金	20 年以上服务退休后的军人，想要一次性领取退休年金时	
退休一次金	未满 20 年服务期退休时	

出处：韩国国防部军人年金网站。

3. 私学年金

私学年金领取规定等制度内容与公务员年金制度基本相同。工作时间越长，领取数额就越高，对长期工作人员设置了优惠条款。如果工作时间超过 10 年，就可以获得退休年金。私学年金随着公务员年金制度的变化进行了多次调整，收入替代率也与公务员年金一样。但由于职业类型的不同、加入时间的差异，很难一概而论。加入时长不同，收入替代率呈现较大差异。据测算，2035 年以后的加入者，加入时长为 33 年时的收入替代率为 56.1%，加入时长为 20 年时的收入替代率则下降至 34%。此外，学龄人口减少和人口变化因素会对私学年金加入者产生影响。

4. 特殊职域年金的政策课题

特殊职域年金被指出的首要问题是三种年金制度虽然时间上存在差异，但都出现了财政不稳定问题。首先，公务员年金，过去在职人员的保险费和年金领取水平存在较大差异。如同样加入时长为 30 年的公务员之间可能会相差 5—6 倍。公务员年金自 1990 年代后半期开始出现赤字，并越来越严重。在 2000 年修订版本的基础上，2010 年韩国再次修订了《公务员年金法》，引入了财政稳定对策。但由于财政收入的相当一部分是国库中国民缴纳的税金，财政稳定对策不可避免地暴露出局限性。因此，2015年5月韩国政府颁布了《公务员年金法》全面修订案，自2016年开始实施的新制度有望在相当长一段时间内对财政稳定做出贡献。军人退休金自1977年开始依靠国库补助支付年金支出，而且之后一直都需要财政支持。私学年金目前也需要国库部分财政支持，而且规模逐年增大。军人年金和私学年金与公务员年金一样，随着财政赤字规模的扩大，国库补助额度也急剧增加。长期来看，国库补助额度的逐年增加成为财政不稳定的重要原因。因此，有学者提出有必要重新考虑从国库全额填补每年特殊职域年金财政赤字的现行方式。

（三）老龄年金

老龄年金是指加入国民年金的人员在达到经济活动困难年龄时领取的养老金。对加入或曾加入国民年金时长在10年以上的人员，从60岁开始在其生存期间可以领取老龄年金。领取对象的年龄呈现逐步提高的趋势，2013年提高到61岁，2018年提高到62岁，2033年将提高到65岁。

实施国民年金制度是为了保障参保者能够安享晚年，因此，没有必要将老龄年金全额提供给经济活动收入在一定水平以上的人员。如果有老龄年金领取资格的人现在从事有收入的工作，在其60—65岁期间会削减部分老龄年金数额，但削减金额不会超过其领取总额的一半。老龄年金的减额标准如下：

— 超过月收入基准额（领取老龄年金资格者的月收入 – 参保人的平均收入）不足100万韩元的人：超过月收入基准额的50‰

— 超过月收入基准额在100万韩元以上200万韩元以下的：5万韩元 +（超过月收入基准额 – 100万韩元）×100‰

— 超过月收入基准额在200万韩元以上300万韩元以下的：15万韩元 +（超过月收入基准额 – 200万韩元）×150‰

— 超过月收入基准额在300万韩元以上400万韩元以下的：30万韩元 +（超过月收入基准额 – 300万韩元）×200‰

— 超过月收入基准额在400万韩元以上的人：50万韩元 +（超过月收入基准额 – 400万韩元）×250‰

同时，作为老龄年金制度的补充，韩国还制定实施了提前和延迟领取政策。一方面，为了保障无收入人员的生活，制定实施了早期老龄年金制度。即对于加入或曾加入国民年金时长在10年以上的人员，在其超过55岁且不再从事有收入的工作时，即使未满60岁，只要个人提出申请，在其生存期间也可以得到一定金额的年金。在早领取年金的同时，领取额会降低。另一方面，与早期老龄年金相反，达到年金领取年龄但有稳定收入的人员可以推迟领取年金，在延期领取时可以提高额度。60岁以上65岁以下的人想要延期领取年金的，可以申请一次性支付65岁以前的全部或者部分年金。

结婚年限（配偶加入老龄年金期间的结婚年限）在5年以上的人，如果满足与配偶离婚、前配偶获得老龄年金领取权和年满60岁等三个条件时，在其生存期间可以获得前配偶老龄年金的一定金额。获得年金金额为前配偶老龄年金中婚姻期间年金额的平均额度。

表4　　　　韩国老龄年金的领取类型、领取条件及领取标准

类别		领取条件	加入时长与领取年龄	领取标准
老龄年金	全部	加入时长在20年以上，60岁时（未满55岁但无收入人员除外）	加入时长在20年以上，60岁以上	基本年金额的100%＋抚养家庭年金额
	减额	加入时长在10年以上20年以下，60岁时	加入时长在10—19年，60岁以上	根据加入时长，基本年金额的50%—95%＋抚养家庭年金额
	收入活动	加入时长在10年以上，60岁以上65岁以下，从事有收入的工作（特别职域从事者为55岁以上60岁以下）	加入时长在10年以上，领取年龄在60—64岁	根据领取年龄，基本年金额的50%—90%（没有抚养家庭年金）
	早期	加入时长在10年以上，55岁以上，未从事有收入的工作	领取年龄55—59岁	加入期间的基准年金额×根据领取年龄×70%—94%＋抚养家庭年金额
	分割	加入期间婚姻时长5年以上，与配偶离婚，配偶获得老龄年金领取权，年满60岁	配偶加入期间婚姻时长5年以上	配偶的老龄年金额（除去抚养家庭年金额部分）中婚姻期间年金额的均分额

出处：韩国福利研究院，2015：141—142。

2016年年底，韩国老龄年金给付对象的月平均领取额度为36.8万韩元。其中，20年以上参保人领取额度最多，为88.4万韩元；10年以上20年以下参保人可领取39.7万韩元；从事有收入活动的人员领取66.5万韩元；早期领取者为50.6万韩元；离婚分割领取额度为17.9万韩元；此外，特殊老龄年金领取额为21万韩元。

（四）国民年金制度的发展趋势与政策课题

自1988年实行以来，韩国国民年金制度改革取得了丰硕成果。韩国政府先后两次采取了大规模的财政稳定化改革措施。但老年人收入保障功能不高、财政稳定性得不到保障，依然是韩国国民年金制度面临的现实问题。在消除老年人贫困方面，国民年金给付适当性的问题首当其冲，主要包括消除盲区和提高收入替代率两方面的问题。国民年金的财政稳健性非常重要。因此，国民年金制度的核心课题是支出的适当性和财政的稳健性之间的平衡问题。

1. 确保盲区的消除和支出的适当性

韩国国民年金史编撰委员会（2015）的研究表明，韩国65岁以上人口中60%以上不属于公共年金的领取对象，这与具有悠久公共年金历史的德国、英国、美国、加拿大、澳大利亚、瑞典、日本等国家的公共年金领取对象占90%以上的情况相比，可以说非常低。主要原因是韩国在推行国民年金制度时，很多老年人已经超出了适用年龄。当然，该群体规模将会逐渐缩小并消失。但由于平均寿命快速增长，不属于公共年金领取对象的老年人口的贫困问题成为当前必须面对和解决的社会问题。

为了减少年金领取的盲区，有必要制定长期扶持政策。劳动市场的弹性化带来合同工岗位的大幅增加，合同工缴纳国民年金的比例低于正式职工。因此，国民年金政策需要适应劳动市场的环境变化进行积极调整。增加国民年金的缴纳人员以消除盲区的努力体现在"我们所有人项目"。向雇佣未满10人的经营实体的低工资雇员的雇主和雇员资助50%的国民年金和雇佣保险费用的"我们所有人项目"，2012年开始正式实施。2007年韩国通过修订法律，增加了根据生育和服兵役等情况确认缴纳年金时长的信贷条款。2016年开始实施失业信贷制度，对因失业无法满足缴纳时长条件的人，提供能够满足缴纳时长条件的机会。

另外，由于以前不允许特殊职域年金和国民年金之间转换和联结，很多缴纳特殊职域年金的人员因为缴纳时长不符合年金相关规定被排除在领取对象之外。为了解决这个问题，从2009年开始，韩国将国民年金的缴纳时长与公务员年金、私立学校教职员工年金、军人年金和特殊邮政局职员年金的在职时长和服务时长联系起来进行给付，制定了《关于国民年金与特殊职域年金关联化的法律》。

除了领取盲区的问题，缴纳方面的盲区问题也是国民年金发展过程中必须解决的课题。在目前劳动市场状况持续恶化的情形下，需要对因各种原因难以加入国民年金的阶层，尤其是青年人进行照顾。对于养育和照顾他人等对社会有价值的活动，探索使用信贷制度，确保符合条件的人更容易得到国民年金的领取权。

韩国国民年金的领取水平还比较低。2018年老龄年金的月平均领取额为44.5万韩元，如果剔除特殊老龄年金的话，仅在37万韩元左右。像这样达不到最低生活费标准的老龄年金很难保障老年生活。国民年金的收入替代率从2008年的50%开始每年下降约0.5个百分点，预计到2028年将降低到40%，因此维持领取额度的适当性成为必须面对和解决的问题。也就是说，由于领取水平下降导致低收入阶层和中间收入阶层的年金水平过低，甚至达不到最低生活费标准的国民年金，并不能解决严重的老年人贫困问题。因此，有必要重新考虑国民年金领取额度的适当性问题。文在寅政府显示出提高国民年金收入替代率的意向。

2. 财政的稳健性

韩国2018年第四次财政测算推演结果显示，国民年金基金将于2058年枯竭。国民年金的财政稳健性问题，是领取者比缴纳者多的当前国民年金结构方面持续讨论的焦点问题。人口老龄化的快速进展也是国民年金长期财政不稳定的主要原因。为了保障国民年金的财政稳健性，韩国以降低收入替代率为主要内容，于1998年和2007年先后两次调整国民年金。尽管进行了两次领取额削减改革，但还是不能保障财政的长期稳定，这是国民年金的现实情况。

为了实现国民年金财政的长期稳定化，首先需要为维持保险费和领取水平的均衡进行调整。在国民年金的收入替代率下降到40%，不能进一步降低收入替代率和调整领取水平的情况下，那么就必须调整保险费。调整保险费的方式有两种：一是提高保险费征收对象收入的上限标准，增加保险费收入，同时制定年金领取的上限标准；二是提高保险费率（韩国福利研究院，2015）。在财政再计算讨论过程中，大多数研究人员达成共识，认为如果目前不提高保险费率，未来一代的负担太重。

二 基础年金制度

（一）发展历程

韩国基础年金制度于2014年7月实施，其目的是"通过为老年人给付基础年金、提供稳定的基础收入来保障老年人的稳定生活，并提高其福利水平"（《基础年金法》第1条）；基本宗旨是每月为收入在下游70%的老年人提供定额年金，以保障其老年生活的稳定性，并提高其福利水平。

基础年金是韩国老年人社会保障制度之一，需要将其与1991年实施的老龄补贴、1998年实施的敬老年金、2008年实施的基础老龄年金制度结合起来进行考察。老龄补贴制度之所以实施，是因为当时的国民年金制度（1988年实施）的补贴对象不包括已经年满60岁的雇员，并且在老年人赡养方面，对子女赡养的相关认识较为薄弱，仅提出政府赡养（卓宪宇，2016）。1991年，老龄补贴制度实施，补贴对象为70岁以上的低收入老年人，1997年补贴对象扩大到65岁以上的低保对象。老龄补贴制度对补贴对象具有选择性，不仅反映在年龄方面，还体现在收入水平上。老龄补贴制度实施的最后一年（1997年），领取率为老年人群体的9.0%，向65岁以上低保对象每人支付35000韩元，向80岁以上的居家/入住设施低保对象每人支付50000韩元。

在国民年金制度范围扩大到全体国民之前，韩国政府认为有必要扩大老年人阶层收入补贴对象范围。1998年7月，敬老年金制度取代了老龄补贴制度。敬老年金制度的目的是"向领取国民基础生活保障的老年人以及由于年龄原因无法加入国民年金的老年人提供敬老年金，以保障老年生活的安定性"。敬老年金对象包括《生活保护法》中规定的保护对象以及65岁以上的低收入者，补贴对象根据个人及赡养义务者收入、家庭收入、家庭成员数量、财产等条件进行筛选。敬老年金给付额度根据《国民年金法》特殊老龄年金最低给付额度确定,如果夫妇两人同时具有领取资格,则减额给付。

表5　　　　　　　　　韩国的老年人收入保障制度

类别	国民年金	老龄补贴	敬老年金	基础老龄年金	基础年金
实施时间	1988年	1991年	1998年	2008年	2014年
实施背景	·捐赠型年金 ·为保证国民老年生活稳定,需要国家介入	·保障老年人(实施国民年金时已经超过入保年龄)的收入	·扩大老年人(国民年金中不包括的老年人)收入援助	·减少国民年金盲区问题 ·因收入替代率水平下降而进行的改进	·减少老年人贫困及保障生活安定 ·提高财政可持续性
给付金额	·平均31万韩元 ·最低4万韩元 ·最高160万韩元	·每月2万—5万韩元	·每月3.5万—5万韩元	·国民年金A值的5%(独居老年人家庭每月8.4万韩元)	·国民年金A值的10%(独居老年人家庭每月20万韩元)
给付对象	缴纳保险费10年以上的参保人(制度初期特殊领取者仅需缴纳5年以上)	·70岁以上的贫困阶层	·65岁以上的低保对象及低收入阶层(老年人口的20%左右)	·老年人收入下游70%的人	·老年人收入下游70%的人

出处:卓宪宇,2016:13。

2007年,考虑到财政稳健性,韩国政府对国民年金进行了改革。同时,针对老年贫困和国民年金盲区问题应对政策不健全的意见,2007年制定了基础老龄年金制度,用以代替敬老年金制度,并于2008年开始实施。《基础老龄年金制度》第1条明确提出该制度的目的是"考虑到老年人对后代的养育和对国家社会发展作出的贡献,为生活贫困的老年人支付基础老龄年金，确保老年人生活稳定，并且提高其福利"。基础老龄年金制度实施之后，补贴对象范围持续扩大。制度开始实施的 2008 年 1 月，70 岁及以上老年人群体的 60% 为补贴对象。2008 年 7 月起，补贴对象的年龄条件从 70 岁降低到 65 岁。2009 年 1 月起，补贴范围扩大到 65 岁及以上老年人群体的 70%。补贴对象的筛选依据为收入认定额，它反映了个人收入/财产水平；年金支付额为 A 值的 5%，A 值代表国民年金参保人最近 3 年的月平均收入。此外考虑到独居老年人和非独居老年人生活费的差别，推行夫妻减额制度，以及为尽量减少收入逆转施行超额部分减免制度。年金的主要来源是国家财政和地方经费，中央政府充分考虑每个地区自治团体的老年人口比例和财政自主程度，差别性地给予 40%—90% 的财政支持。

2012 年韩国总统大选过程中，基础年金成为候选人对民众的承诺，具体执行方案制订过程中，关于领取对象和领取额度等制度制定，展开多种讨论。最终方案的主要内容如下：补贴标准为国民年金 A 值的 10%，提前达到原先基础老龄年金需要到 2028 年才能达到的水平；补贴对象为全部老年人的 70%，根据国民年金入保时间确定补贴金等级；根据物价上升率，相应提高补贴金。

（二）基础年金制度概要

1. 给付对象

基础年金制度"通过为老年人提供稳定的基础收入来保障老年人的生活安定，并且提高其福利"（《基础年金法》第 1 条）。韩国政府发布的基础年金实施说明材料中提到，年金制度制定方向为"以财政的可持续性为基础，缓解当前老年人的贫困问题，保障未来一代公共年金的稳定性"。

基础年金的给付对象为 65 岁及以上、收入认定额低于保健福祉部长官制定公布的金额（"选择基准额度"）的人［《基础年金法》第 3 条第（1）项］。"收入认定额"将老年人家庭的各种收入和财产进行换算，减去劳动收入扣税、财产扣税、金融财产扣税后进行核算。2018 年收入认定额的核算方式如表 6 所示。2018 年起，对于房屋出租者，从其申报的总租赁收入中扣除各种必要经费后的金额为收入认定额。如果给付对象为生活贫困的独立有功者的后代，考虑到应对其实施应有礼遇和生活困难这两点，国家报勋处为其提供的生活补助纳入基础年金收入认定额核算。

表6　　　　韩国基础年金收入认定额计算方式（2018）

收入认定额 = 收入评估额 + 财产收入换算额

收入评估额 =（劳动收入 – 84万韩元扣税）×70% + 其他收入

财产收入换算额 =［（一般财产 – 基本财产额扣税*）+（金融财产 – 2400万韩元扣税）］×收入换算率（4%）%12个月 + P**

*基本财产额：居住维持费用扣税（大城市1亿3500万韩元，中小城市8500万韩元，农村渔村7250万韩元）

**P值：奢侈品高级会员券（高尔夫、骑马、高级公寓酒店等）及高级汽车（4000万韩元以上或3000cc以上）需反映到收入认定额中

"选择基准额度"以老年人下游收入70%人员为对象群体，综合反映收入财产分布、工资、土地价格、物价上升等，每年1月发布，2014—2018年的选择基准额度如表7所示。

表7　　　　韩国基础年金选择基准额度

类别	2014年	2015年	2016年	2017年	2018年
独居家庭	87万韩元	93万韩元	100万韩元	119万韩元	131万韩元
夫妇家庭	139.2万韩元	148.8万韩元	160万韩元	190.4万韩元	209.6万韩元

出处：韩国保健福祉部，2018。

基础年金新增给付对象，2014年增加了31万名；2015年增加了40万名；2016年增加了38万名；2017年增加了53万名；截至2017年12月末，共有478万名老年人领取了基础年金。

2. 给付标准

基础年金给付对象的"基础年金额"，根据《基础年金法》第（2）项规定的"基准年金额"和国民年金支付额等来确定［《基础年金法》第5条第（1）项］。基准年金额由保健福祉部长官按照总统令要求，将全国消费者物价波动率反映到上年度基准年金额上，于每年进行发布［《基础年金法》第5条第（2）项］，年度基准年金额如表8所示。

表8　　　　　　　　　　韩国基础年金基准年金额

公 布 日	金 额
2014年7月	20万韩元
2015年4月	20.26万韩元
2016年4月	20.401万韩元
2017年4月	20.605万韩元
2018年4月	20.996万韩元
2018年9月	25万韩元

出处：韩国保健福祉部，各年度事业宣传册。

如果基础年金领取者同时是国民年金领取者，则根据《基础年金法》第5条第（5）项核算其基础年金额［《基础年金法》第5条第（4）项］。尽管《基础年金法》第5条（基础年金额核算）有规定，但根据《国民年金法》及《关于国民年金和职域年金相关的法律》，如果领取者符合第5条第（4）项或第（6）项的要求，且每月领取金额（国民年金给付金额等）低于基准年金的150%，则基础年金按基准年金额支付［《基础年金法》第6条第（1）项］；如果国民年金给付金额高过基准年金的150%低于200%，根据总统令规定，可另行确定给付金额［《基础年金法》第6条第（2）项］。

此外，基础年金领取者中，根据《关于国民年金与特殊职域年金关联化的法律》第10条，关联性老龄年金给付对象领取金额为，第1号规定的金额减去第2号规定的金额（如果减去后的金额小于0，则按0计算）加上第3号规定的金额［《基础年金法》第5条第（6）项］。按照《基础年金法》第5条第（4—6）项的规定计算出的基础年金额超过基准年金时，将基准年金看作基础年金（《基础年金法》第7条）。

最后，如果本人和配偶均为基础年金领取者，则从各自的基础年金额中扣除基础年金的20%［《基础年金法》第8条第（1）项］。另外，如果收入认定额与《基础年金法》第5—7条规定的基础年金（如果第1项适用，金额为扣除后的金额）之和高于选择基准额度，可从超出的部分缩减基础年金［《基础年金法》第8条第（2）项］。

3. 财政来源

基础年金全部来自国民税收，没有动用国民年金基金[《基础年金法》第4条第（2）项]。财政来源由国家财政和地方经费组成，"国家充分考虑地方自治团体的老年人口比例和财政条件等，有差别地给予40%—90%的资助"[《基础年金法》第25条第（1）项]。根据第（1）项，除了中央财政支付的部分，剩下的费用由"市、道"和市/郡/区共同承担，承担比例在充分考虑老年人口比例和财政条件等因素后，与保健福祉部商议，确定为市、道条例及市/郡/区条例[《基础年金法》第25条第（2）项]。根据第25条第（1）项，由特别自治市、特别自治道、市、郡、区承担的基础年金支付费用比例如表9所示。

表9　　　　　　韩国中央财政负担的基础年金比例

类别		地方自治团体的老年人口比例		
		14%以下	14%—20%	20%以上
地方自治团体的财政自主度	90%以上	40%	50%	60%
	80%—90%	50%	60%	70%
	80%以下	70%	80%	90%

基础年金的财政来源很大部分并非中央政府的支出，这与其他收入保障制度，尤其与社会补贴的一般性资金筹措方法不同。基础年金资金来源，根据市、道老年人口比例和财政自主度等，由市/郡/区差别性承担。根据预测，基础年金的财政规模将会持续加大，这不仅会加重地方自治团体的财政负担，还会引起社会福利项目的萎缩。

（三）基础年金存在的问题及政策课题

1. 存在的问题

基础年金制度是国民年金制度及国民基础生活保障制度等老年人收入保障制度未能很好地解决老年人贫困问题的情形下，以满足老年人基本生活需求为目标的制度。在实行基础年金制度的第一年，韩国664万老年人中只有约35%的232万人领取到国民年金，很多老年人享受不到国家年金福利；老龄年金平均为34万韩元，仅为一人家庭最低生活费用（62万韩元)的56%。因此韩国政府期待基础年金的推行会为解决国民年金盲区问题打下基础，并且期待基础年金制度可以适当解决国民基础生活保障制度面临的诸多盲区，从而缓解老年人贫困状况，保障他们的稳定生活。但是，基础年金制度依据收入水平区分给付对象和非给付对象，为了防止出现收入逆转现象，制定了与国民年金的关联措施以及各种减免额措施，一定程度上削弱了基础年金制度的实效性。

第一，基础年金仅支付给老年人下游收入70%的群体。被排除的30%老年人的认定标准由资产和收入两部分共同组成，一般情形老年人只有资产没有收入或者收入非常低，这种情况的老年人成为争议的对象。

第二，从与老年人的需求差距以及整个老年人收入保障制度的运行来看，基础年金制度将一直是个争议性政策。基础年金额度控制在整体公共年金的保障额——A值的30%左右，这在补贴额度的充分性上存在争议。基础年金最大补贴额度为20.6万韩元，很难充分满足住居费用或医疗费用中的任何一项。

第三，根据《基础年金法施行令》第9条第(1)项，即使基准年金领取者同时是国民基础生活保障受惠对象，但由于《国民基础生活保障法施行令》第3条规定，基础年金包含在作为给付基准的收入认定额中，因此最终无法获得同认定额一样多的基础年金。2017年，基础生活保障受惠者中基础年金领取者有42.31万名，他们感觉不到基础年金实施带来的益处。不仅如此，假如领取了基础年金，就会因可支配收入增加而不能获得基础生活保障给付。其结果是次贫困阶层老年人会比特困老年人获得更多的补贴，两者之间的贫困差距被拉大。

第四，基础年金制度包括国民年金关联减免额、夫妻减免额、防止收入逆转减免等减免措施。因为国民年金制度和收入再分配功能存在重复，为了相对弱化收入再分配效果，实施了减额措施。首先，基础年金与国民年金中的收入再分配A值呈相反的关系，最终基础年金领取额需要从基准年金中减去国民年金的收入再分配A值。这种关联措施让每个月都诚实交纳国民年金保险的参保人得到比非参保人更少的福利，使国民年金参保人形成"逆向差别"。而且国民年金额度不高，基础年金也被削减，导致年金额度整体拉低。夫妻同时领取基础年金时，需要将基础年金各缩减20%，这主要是考虑夫妻二人家庭比老年人一人独居家庭平均花费要少。

此外，加上基础年金后，收入认定额超过选择基准额度范围时，需要逐级减去一定的基础年金，这是为了减少基础年金给付对象与非给付对象之间的收入逆转。

第五，基础年金制度实施过程中，最为重要的事情就是财政的稳健性。基础年金的财政来源中地方经费占很大比重，因此国家财政和地方自治团体的财政稳定非常重要（卓宪宇，2016：74）。如前所述，用于执行基础年金的国库和地方费用的分担比例在《基础年金法施行令》中有所规定，市、道和市、郡、区的分担比例根据各市、道相关条例进行分配。这些财政分配基准和原则根据前一年度财政和老年人口比例，将所有市、道分为9个范畴，确定每个地区的分担比例。此外，《基础年金法施行令》分担比例中规定的分配原则是，财政自主度越高，分担比例越大；如果市、道的老年人口比例高，需要大量财政投入，则国库承担的比例较大。2016年韩国基础年金支出额为10.6兆韩元（中央政府75%，地方政府25%），未达到GDP的1%，但预计之后会快速增长。2018年4月开始，韩国政府将基础年金的基准年金额提高到25万韩元，2021年将提升到30万韩元。基础年金上涨带来的预算追加，2018年为2.7兆韩元（国家支出2.1兆韩元，地方支出0.6兆韩元），今后5年平均每年需要5.9兆韩元（国家支出4.5兆韩元，地方支出1.4兆韩元）（韩国福利研究院，2018：122）。

2. 政策课题

上面提到的问题，其中有一些韩国政府已经提出了改善方案。首先，2018年4月起，韩国政府将基础年金额度提升到25万韩元，并表示2021年将提升到30万韩元。根据这个给付标准，韩国的老年人相对贫困率将由2016年的46.5%降低到2018年的44.6%，2021年将降至42.4%（韩国福利研究院，2018：123）。此外，为防止基础年金给付对象和非给付对象之间因基础年金领取导致收入逆转而采取了一系列减额措施。2018年5月韩国政府对《基础年金法施行令》部分条例进行了修订。根据按收入认定区间以2万韩元为单位减额的现行区间减额方式，在收入认定额小幅上升、减额区间变动的情况下，基础年金可能会依次减少2万韩元。为了改善这种情况，不再根据区间对基础年金减额，而是根据选择基准额度和收入认定额的差额来支付基础年金。如此一来，基础年金根据实际上升的收入认定额进行减额，从而减少不同区间之间补贴波动大或收入逆转情况的发生，从而增加了基础年金领取者之间、领取者和非领取者之间的公平性。另外，制度实施后，原定为20000韩元的最低年金标准变更为基准年金额的10%，并且根据每年基准年金额的上升，最低年金标准也会随之提高。

尽管如此，韩国基础年金制度还有许多方面需要进行改善。第一，2017年，领取基础生活保障金的65岁以上老年人为45.82万名，基础年金领取者为42.31万名，未领取基础年金者为3.51万人。由于前面提到的各种原因，部分老年人没有领取到基础年金。并且，基准年金额度从2018年4月开始增加到25万韩元，到2021年将提升到30万韩元，因此为防止无法领取基础生活保障补贴等情况的发生，需要制定相关对策方案。考虑到保障基本需求的政策目标，如果低保老年人的基础年金和基础生活保障金加起来的额度低于实际的最低生活费，那么需要为其发放基础年金。第二，基础年金的财政来源不应该为中央政府和地方政府共同分担，应转换为由中央政府根据预算进行全额负担。第三，需废除基础年金和国民年金的关联制度。因为这阻碍了国民年金制度的未来发展，甚至抑制了整体公共年金制度的发展。第四，由于基础年金与物价而不是与收入保持一致，因此与平均收入水平的增长速度相比，基础年金上涨速度较慢，这一点也需要改善。当然，基础年金应该与物价相关联，至于与工资相关联还是与国民年金参保人平均收入相关联，需要慎重考虑。

第三章　韩国的企业年金制度

发达国家中，企业年金制度成熟的国家大部分存在公共年金仅停留在基础保障阶段或收入比例年金等老年人收入保障不完善等情况；相反，在企业年金制度不完善的国家，则一般将公共年金作为收入比例年金，提供较为充分的老年人收入保障。前者多不采取以收入比例性公共年金为主的俾斯麦型制度，而主要推行将公共年金作为基础保障的贝弗里奇型制度。但是由于人口老龄化带来严重的年金财政问题，这种传统趋势发生转变。尤其是实施俾斯麦型年金制度的国家已经进行了年金改革——实施企业年金制度或发展个人年金。这意味着老年人收入保障制度中，企业年金制度已逐渐扩大到大部分发达国家。而且，之前传统企业年金是为留住优秀雇员而设立的一种企业福利，但是现在已被纳入国家老年人收入保障制度中，逐渐倾向于公共年金性质。但是，企业年金制度与公共年金制度存在区别。企业年金制度是处于法律规定的公共年金与自发性个人年金之间的一种制度，某些方面它发挥着类似于公共年金的功能，但在另外一些方面，它又发挥着类似于个人年金的功能。

与其他社会保险制度或公共救济制度不同，企业年金在每个国家的作用有所不同，其重要程度也不尽相同。在很多国家中，企业年金作为公共年金的一种补充类型，其地位和作用不断提升；而在有些国家它只是金融产品的一种。企业年金制度目前在韩国还没得到足够重视。但在仅靠公共年金很难保障老年人收入的情况下，企业年金在整体老年人收入保障中承担着越来越重要的作用。

一 韩国企业退休年金制度现状

(一) 发展历程

韩国的退休年金制度起源于社会保险制度出现之前代替其发挥作用的退休金制度。公共年金制度或失业保险制度出现之前的很长一段时间里，退休金制度对企业人员免受退休或失业导致收入中断的困扰发挥了保障作用。1980年代后期，国民年金和雇佣保险制度开始在韩国实施，退休金制度的作用逐渐弱化。随着2005年《退休给付保障法》的颁布，退休年金制度开始实施。但这并不是完全意义上的转换。韩国的退休年金制度以采取从退休金制度和退休年金制度中二者择一的方式实施。这是从退休金制度转换为退休年金制度的过渡期制度。退休年金制度发挥着完善多层次老年人收入保障制度中第一层国民年金（及基础年金）制度与第二层企业年金制度的作用。由于国民年金一再出现收入替代率降低无法发挥收入保障功能的状况，一定程度上，退休年金制度承担了完善老年人收入制度的作用。

目前韩国的退休年金制度从退休金制度和退休年金制度中二者择一实施。在这一过渡期，韩国政府向企业提供一定的税收优惠，引导企业将退休金制度转换为退休年金制度。制度实施以来，退休年金加入者持续增加。

(二) 适用对象及加入情况

原则上，退休金给付制度适用于所有雇员。换言之，所有企业均需向雇员提供退休金。但是与其他社会保险加入情况一样，非正式雇员适用率很低。根据退休金给付制度，连续工作1年以上才会获得退休金，不满1年的短期合同工无法领取，实际适用范围并不能实现雇员全覆盖。

表1　　　　　　　　退休年金加入者数量变化

类　别	加入者数量（万名）	增长（％）
2010年	239	—
2011年	328	37.2
2012年	438	33.3
2013年	485	10.9

续表

类别	加入者数量（万名）	增长（%）
2014年	535	10.3
2015年	590	10.3

出处：韩国金融监督院网站。

根据韩国金融监督院（2016）的数据，2015年年末，加入退休年金的雇员达到590万人，比上一年增加55.1万人，达到正式雇员数量的53.5%。即制度实施10年之后，一半以上的正式雇员被纳入退休年金制度。在新设企业，退休年金制度成为一种义务性制度，适用对象范围迅速扩增。但若从整体雇员数量（约1900万人）来看，加入率刚刚超过30%。而且实施退休年金制度的企业仅有30.6万个，占全部企业数量的17.4%。在正式雇员超过500人的大企业，退休年金实施率为99.3%，但不满10人的小企业实施率仅为12.5%。这说明退休年金制度的实施对象主要为大企业雇员和正式雇员。

表2　　　　　　　不同规模企业的退休年金实施率（2016）

类别	5人以下	5—9人	10—29人	30—99人	100—299人	300人以上	合计
（A）整体企业数量（万）	63.3	29.5	17.8	5.7	1.3	0.5	118.1
（B）实施企业数量（万）	6.9	9.5	9.6	4.3	1.1	0.4	31.8
实施率（B/A,%）	10.9	32.1	54.0	74.8	84.1	88.1	26.9

出处：韩国统计厅，2017。

韩国政府主要通过税收优惠等措施间接引导企业推行退休年金制度。但是对于中小企业来说，即使他们试图采用退休年金制度，实际上金融机构却在回避这些需要相对昂贵行政费用的中小企业用户群，因此中小企业的实施率并不高。

(三) 给付情况

退休金制度的资金来源是用户全额承担,不需要其他外部筹集,但是退休年金的实施需要外部筹集资金。根据韩国之前的退休金制度,如果工作1年以上,限于劳动年数1年,支付30天以上的给付额度。退休年金可分为 DB (Defined Benefit) 和 DC (Defined Contribution) 两种方式。DB方式是支付退休金,DC方式则是雇员选择金融产品类型并根据其运营结果来决定给付方式。

退休金在以年金形式提供给付时,对收入替代率有多种分析和估算结果[1]。总体来看,韩国研究者的研究宗旨是提高退休年金,因此把退休年金加入时间设定得较短,领取年龄也设定较低,存在过低预测了收入替代率的倾向。在柳建植、金东兼 (2008) 的研究中,假设加入时长为28年,54岁开始领取,收入替代率为12.5%。收入替代率的估算需要分为加入30年或40年后的名义收入替代率和考虑实际加入时间的实际收入替代率分别进行估算。关于名义收入替代率,文亨标 (2004) 推测出加入30年之后的收入替代率为20%。牛海峰、韩正林 (2015) 的研究,以出生时间为标准 (1952—1984年) 估算实际收入替代率,发现出生年度收入替代率在不断上升[2],认为退休年金的收入替代率中长期内可推定为18%—20%的水平。

1. 退休金给付形态

原则上,如同国民年金,退休年金作为老年人收入保障方式,以终身年金的形式提供更符合制度宗旨。但是韩国政府对于退休年金的给付形态并没有限制,企业通常采取一次付清的方式。不管从账户数量来看还是从领取金额来看,一次付清型占压倒性的比例。而且,年金领取也只是一定期限内的分期支付,持续到死亡的给付形态并不存在。

---

[1] 这种估算并不具有普遍意义,因为需要具备去除中间清算、统一年金支付方式、退休年金制度的成熟等多种前提条件。

[2] 1964年出生人口,DB方式为10.03%,DC方式为11.35%。1974年出生人口,DB方式为14.79%,DC方式为16.48%。1984年出生人口,DB方式为18.94%,DC方式为20.99%。

表 3　　　　　　　　　　　退休金给付领取状况

年金型		一次付清型		合计	
账户数量（比例）	领取金额（比例）	账户数量（比例）	领取金额（比例）	账户数量（比例）	领取金额（比例）
4672 个（1.9%）	10756 亿韩元（21.6%）	236783 个（98.1%）	39039 亿韩元（78.4%）	241455 个（100%）	49795 亿韩元（100%）

出处：韩国金融监督院网站。

2. 给付决定方式

韩国刚开始实行退休年金制度时，围绕 DB 方式和 DC 方式产生了很多意见分歧。但从实际落实情况看，分歧并没有想象的那么严重。在韩国，如果实施 DB 方式，由雇主承担风险；如果选择 DC 方式，属于雇员直接投资，由雇员承担相应风险。截至目前，选择 DB 方式的比例较高，反之，雇主即使选择 DC 方式，也设置成保障本金的形式，选择纯粹意义上 DC 方式的并不多。

表 4　　　　　　　　　　　退休年金给付方式

类别	全部	DB 方式	DC 方式	IRP 特例	同时加入
实施企业数量	34 万个	10.85 万个	18.22 万个	2.59 万个	2.34 万个
（比例）	（100%）	（31.9%）	（53.6%）	（7.6%）	（6.9%）
雇员加入数量	481.02 万人	331.73 万人	234 万人	6.75 万人	8.54 万人
（比例）	（100%）	（57.1%）	（40.3%）	（1.2%）	（1.5%）

注：企业雇员加入两种以上的退休年金时，将其分类为"同时加入"。
出处：韩国统计厅，2017。

DB 方式下，企业需要将给付年金额度的一定比例提存到金融机构；DC 方式下，企业需要将给付金额的 1/12 以上提存到金融机构。DB 方式，法律规定的筹集标准不断提高。在企业从退休金制度转变为退休年金制度时，为减免其基金筹集负担，没有根据完全筹集标准来执行。但目前 80% 以上的筹集标准在逐渐提高，预计到 2021 年外部资金筹集率将达到 100%。金峰焕（2017）认为，目前 DB 退休年金的外部资金筹集率平均为 45%，无条件的提高将带来问题。例如因经济变动或投资失败，外部筹集资金大幅下滑时，缺乏如何解决这一问题的解决方案。目前退休年金制度缺乏资金筹集不足时的适时调整措施；此外，企业不按时缴纳分摊额时，也没有相关的强制措施。

3. 给付保障

韩国《工资债权保障法》规定，企业破产时，要保障破产前3年的退休金制度。2012年7月开始，工资债权保障范围经历了从退休金向退休年金扩大的重大转变，但保障范围仍是最近3年的退休金，作为实际支付保障，其功能并不充分。美国或英国实施PBGC制度[①]，韩国并没有准备充分的相关措施。特别是韩国退休年金制度实施时间不长、储蓄水平较低，在之后的资产累积过程中，如果金融公司投资失败，企业负担将会大大增加。如果企业破产，年金参保人很有可能失去自己的退休年金。此外，运营退休年金的金融机构可能发生破产或不能支付的情况。目前在韩国，对于《存款人保险法》所保护的本金保障商品，根据不同金融机构，人均保障金只有5000万韩元。与金融商品不同，退休年金限制中间过程取款，所以将其与普通金融商品同等对待，显然是有局限性的。

4. 个人退休年金

在韩国，考虑离职等原因，还运行个人退休年金（IRP）制度。2013年7月起，退休年金参保人若在55岁之前退休，需要义务性地将退休金转入其IRP账户。但退休人员十有八九会在转到IRP账户之后立即取出，因此政策实效性并不大。实际上，这种操作需要花费更多的行政费用。有资料显示，自收到年金之日起计算，IRP账户总管理运营费用达到本金额度的20%。

（四）管理运营

根据韩国《退休给付保障法》第26条内容，具备参与退休年金项目资格的机构有：①投资商、投资经纪人或集合投资商；②保险公司；③银行；④信用合作社中央联社；⑥新村金库中央联社；⑤劳动福祉公团。换言之，以民间金融机构为主参与退休年金项目，银行是最重要的运营商。

[①] 在DB方式中另外设立基金，在公司破产导致无法累积一定水平以上的储备金时作为一种保险保障。

表5　　　　　　　不同金融领域筹集金状况　　　　　（单位：亿韩元）

类别	银行	生命保险	财产保险	证券	劳动福祉公团
2014年12月	529781	277733	74520	183000	5651
（比例）	（49.5%）	（25.9%）	（7.0%）	（17.1%）	（0.5%）
2015年12月	633703	317296	84327	220048	8626
（比例）	（25.1%）	（25.1%）	（6.7%）	（17.4%）	（0.7%）
增加	103922	39563	9807	37048	2975
增长	19.6%	14.2%	13.2%	20.2%	52.6%

出处：韩国福利研究院，2018：280。

退休年金手续费包括运营/资产管理手续费、基金报酬（销售、应用、委托、业务管理）、基金销售手续费等。根据韩国雇佣劳动部和金融监督院网站公示，为便于比较不同金融领域的手续费比例，需要各机构公布其"总费用负担率"。总费用负担率，用退休年金参保人1年内负担的总手续费除以年末退休养老储备金计算得出。最近5年的平均总费用负担率，证券公司DC型为年0.8%，生命保险公司DC型为年0.64%，财产保险公司DC型为年0.57%，银行DC型为年0.54%。

二　韩国退休年金制度面临的政策课题

（一）发展退休年金制度的必要性

韩国的年金制度不仅包括国民年金、特殊职域年金、基础年金等公共年金制度，还包括退休年金和个人年金等私人年金制度。形式上看，韩国具备了不亚于发达福利国家的多层次老年人收入保障体系。为消除老年贫困、保障老年人维持退休前的消费水平，韩国老年人收入保障体系的第一层为国民年金和基础年金，第二层为以团体协商或个别雇佣关系为基础的企业年金，第三层是以个人责任为基础的个人年金等，在保障老年收入方面发挥综合性作用。针对公务员、教师、军人等从事特殊职业的人员，韩国实行综合第一层和第二层制度功能的特殊职域年金制度。第一层公共年金是普惠型社会保障制度，既有仅发挥救助功能的基础年金制度，也有发挥维持收入功能的国民年金制度，既有收入再分配功能，也具备社会保险功能。以第一层保障制度为基础，第二层的企业退休年金制度具有一定程度的参与自发性，费用缴纳完全由雇主和雇员等当事人负担，更强调个人自助原则。第三层个人年金是中高收入群体自发的、追加性的老年人收入保障手段。

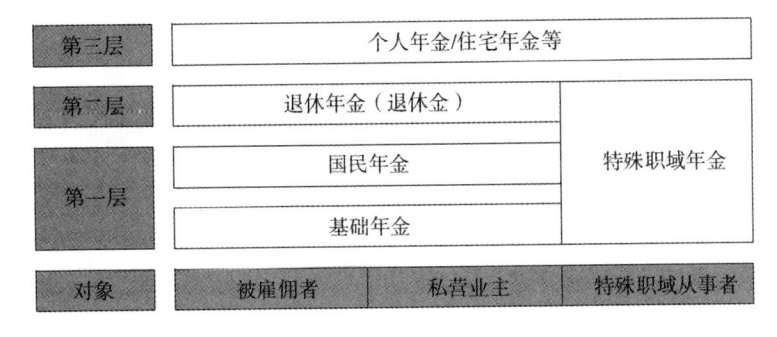

第三层	个人年金/住宅年金等	
第二层	退休年金（退休金）	
第一层	国民年金	特殊职域年金
	基础年金	
对象	被雇佣者　　私营业主	特殊职域从事者

图 1　韩国的年金体系

多层次老年人收入保障体系在韩国一直是热议话题，讨论的核心是将公共年金、企业年金、个人年金共同作为老年人收入来源，多角度应对老年人收入不足问题。从批判性角度来看，多层次老年人收入保障体系事实上包含市场主义意图，是激活个人年金的一种手段。相反的观点则认为，在人口老龄化时代，这是当前仅依托于公共年金制度的有效应对方案。与拥有多层次收入保障的福利发达国家相比，韩国在公共年金尚未完善的情况下，推进私人年金并期待其发挥作用。虽然退休年金和个人年金市场持续扩大，但是到目前为止，私人年金尚不能发挥补充公共年金的老年人收入保障功能的作用。因此，为了更好地发挥私人年金的补充作用，消除公共年金的盲区问题仍是韩国政府优先推进的课题。

（二）退休年金制度需要克服的问题

国民年金制度的两次改革导致收入替代率大幅下降，因此退休年金制度作为养老收入的补充手段，发挥着不可或缺的作用。但事实上退休年金制度自实施以来，成为活化金融市场的工具，大多数雇员并没有将退休年金制度视为老年人收入保障手段。退休年金作为多层次老年人收入保障体系中的第二层，未能发挥其预期作用。退休年金需要从多个层面上进行改善。

为使退休年金充分发挥第二层年金制度的作用，需要加强各种制度性措施。虽然退休年金制度具有年金性质，但允许一次性领取的制度设计缺乏合理性。尽管雇员倾向于一次性领取，但允许雇员在退休后可以不加限制地一次性领取，实际上是对老年人收入保障制度的自我否定。年金制度是为了应对长寿带来的社会风险，理论上应该是终身型年金，但目前韩国没有这种类型的年金。另外，DC方式类似于个人投资，这种制度设计也与老年人收入保障宗旨相差甚远。DC方式中需要保障老年人收入的最低收益率，DB方式下资金筹集不足时需要提供及时纠正措施。另外，国民年金改革带来年金额度减少，减少的部分包括老龄年金、残疾年金、遗属年金，但退休年金仅提供老龄年金。这意味着即使退休年金发挥第二层保障作用，但它不能系统地保障残疾和死亡等社会风险。

此外，需要加强退休年金制度的稳健性（郑昌率，2014；2015）。首先，目前领取保障需要强化。按照当前《工资债权保障法》的规定，对参保人的领取权保障较为薄弱。另外，需要修订当前的通算规定。目前退休年金的通算规定仅存在于IRP，大部分雇员在离职或退休后，需要将退休年金转到IRP后进行领取。最后，关于手续费，目前韩国退休年金的运营基于市场基础上民间机构的自主竞争。尽管利润率下调，但手续费比例仍保持与过去相似水平，其结果便是收益率下降的损失全部由参保人来承担。

加强这些制度性措施，充分发挥第二层保障制度的功能，退休年金将会成为完善国民年金制度的实质性保障制度。如前所述，具有平均薪资水平的雇员在加入30年后，通过国民年金将获得30%的收入替代率，通过退休年金将获得20%的收入替代率，总共可以获得50%的收入替代率，退休年金可以在很大程度上弥补国民年金不充分的养老保障功能。如果想让这种总收入替代率发挥实际作用，还需要扩增加入对象。尽管退休给付制度的加入对象是全体雇员，但如前所述，主要集中在中小企业以上的雇员群体。退休年金制度是否应该像公共年金一样义务化，目前在韩国尚有争议。退休年金参保人范围扩充是金融机构面临的长期难题。

最近韩国政府试图引进基金型退休年金，这与民间金融机构无法吸收小规模企业雇员加入退休年金有很大关系。基金型退休年金是企业通过筹集退休年金基金，并在劳资协商下独立运用基金的形式，符合企业年金宗旨。但是，在韩国，这种基金模式比较陌生，一直习惯于由金融机构设计出退休年金商品，让企业从中选择的合约型支配结构。如果各种前提条件无法得到满足，那么退休年金义务化的计划会带来副作用。

多层次老年人收入保障体系构建过程中，退休年金已不仅是企业人事劳务管理范围内的企业福利手段，也是老年人收入保障制度中的重要一环。尽管如此，退休年金制度并没有发挥预期作用。在韩国，国民年金由保健福祉部负责，退休年金由雇佣劳动部主管，个人年金由金融委员会负责，所以多层次老年人收入保障体系的发展不尽如人意。负责退休年金的雇佣劳动部将退休年金视为退休金制度的延长，并没有将其看作补充国民年金的老年人收入保障手段。应该从整体角度而非部门角度重新审视退休年金在整体老年人收入保障结构中发挥的作用。

第四章　韩国的医疗与健康保障制度

医疗保障制度是指以最低限度的经济负担来保障国民对卫生医疗可及性的制度。医疗保障制度宗旨为对国民（或医保对象）因疾病导致的收入中断或治疗费负担等经济威胁因素进行社会保护。韩国《社会保障基本法》规定，社会保障制度中社会保险以保险的方式应对国民可能发生的社会风险，保障国民健康及其收入。韩国的医疗保障制度主要包括社会保险制度方面的国民健康保险制度和以低收入老年人群体为对象的公共救助性质的医疗补助制度。除此之外，涉及健康和照护方面的社会保障制度还有老年人长期照护保险制度，以及虽然不是社会保障制度，但对健康保险制度起到补充作用的民间医疗保险制度。

1977年实行的韩国医疗保险制度，作为以全体国民为对象的社会保险，发展迅速，部分实现了国民医疗保障的目标。本章节介绍韩国医疗和健康保险制度的发展历程，梳理韩国健康保险制度的保险费征缴体系调整、增强保障功能、提高公共医疗服务可及性以及财政稳健性等政策内容，并对韩国医疗保障向健康保障的方向转变进行展望。

一　医疗保险转变为国民健康保险

韩国医疗健康保险参保人分为职场参保人与地区参保人两种类型。职场参保人包括所有工作单位的雇员、雇主以及公务员和教职员等。职场参保人及其扶养对象之外的农渔村居民、城市自营业主等，属于地区参保人。加入健康保险的基本前提是缴纳保险费。为了推动地区居民加入健康保险制度，需要对保险对象进行资格管理并掌握其收入情况。但农渔村居民、自营业主等地区居民的收入情况不好把握，因此韩国政府一直推迟地区居民加入健康保险的时间（韩国医疗保险联合会，1997）。

（一）国民健康保险制度的确立

韩国的全民医疗保险始于1989年7月1日，所有国民都纳入健康保险制度或医疗补助制度范畴，获得医疗保障。1986年，韩国首次实现贸易顺差。为了推进国民福利，韩国政府以国库拨款方式下调了保险费率。社会经济状况的改善对医疗保险制度的推行产生了积极的影响，财政收支趋向稳定化。鉴于此，韩国政府于1986年9月确定了全民医疗保险实施计划，内容包括：农渔村居民从1988年1月起，城镇自营业主从1989年7月起，纳入医疗保险范围。这奠定了医疗保险制度在韩国社会保障体系中的中轴作用（韩国保健福祉部，2018）。

1998年，韩国的医疗保险转变为国民健康保险。为了保护国民的健康权并增进社会保障，1999年2月，韩国制定了《国民健康保险法》，实行健康保险制度。《国民健康保险法》的制定，意味着医疗保障概念发生了质的变化，从单纯医疗保障扩大到健康保障。

根据《国民健康保险法》，2000年1月韩国政府计划将140个单位工会和国民医疗保险管理公团合并成立国民健康保险公团。随着执行日期的推迟，2000年7月，作为单一保险主体，韩国新成立了国民健康保险公团。2002年1月，韩国政府制定并实施了《国民健康保险财政稳健特别法》，同时根据《国民健康保险法》修订案，从2003年7月开始，国民健康保险公团统一运营保险财政。

国民健康保险制度的建立宗旨为针对国民的疾病和伤势进行预防、诊断、治疗、康复以及对生育、死亡和健康增进进行保险给付，从而提高国民健康和增进社会保障（韩国国民健康保险公团，2017）。所有韩国国民都义务加入健康保险，资金来源根据共同负担原则，由参保人、投保对象和政府三方共同负担，根据负担能力按比例分配，具有向所有国民提供同等给付水平的社会保险的特征。

2017年年底，韩国国民健康保险制度适用人口为5227万，占韩国全体国民的97%。此外，包括基础生活保障对象等共151万人被纳入医疗补助制度（韩国保健福祉部，2017）。

表1　　　　韩国国民健康保险制度医疗保障状况（2017年）

类别		适用人口（万人）	比例（%）
总计		5227	100
健康保险	合计	5076	97.1（100）
	职场	3667	（70.2）
	地区	1409	（26.9）
医疗补助		151	2.9

出处：韩国统计厅，KOSIS。

韩国的健康保险给付费用，2008年年末为5549亿韩元，2015年年末增加到43139亿韩元（韩国国民健康保险公团，2015）。2015年健康保险人均给付费用约为87万韩元，但65岁以上老年人口的人均给付费用约为272万韩元，是所有给付对象平均费用的3倍多。同时，2015年医疗补助对象老年人口的人均给付费用约为540.9万韩元，是健康保险对象老年人口给付费用的两倍。

（一）国民健康保险制度的变化

1. 调整健康保险征缴体系

2000年韩国健康保险合并运营之后，围绕健康保险费征收标准的争论持续至今。2017年1月23日，韩国政府发布了健康保险费征收标准初步调整方案；2017年3月30日，《国民健康保险法》修正案经国会讨论通过，于2018年7月开始实施。根据《国民健康保险法》修正案，健康保险费调整分为两个阶段进行，核心内容是按照符合收入水平的公平标准调整健康保险费征收标准。

（1）收入评估方式调整

健康保险征缴体系最大的调整是首次废除了针对地区参保人的收入评估方式。收入评估方式是指不考虑参保人的收入，而是根据家庭成员的性别、年龄、财产、收入、汽车等计算保险费的方式。这种收入评估方式导致即使参保人没有实际收入，也会根据推算出的可能性收入数据缴纳保险费，从而导致出现大量生计型滞纳者。截至2016年6月，在地区参保人6个月以上未缴纳保险费的长期滞纳家庭中，年收入在500万韩元以下的低收入阶层占比高达88%（韩国国民健康保险公团，2016）。为解决这种问题，《国民健康保险法》修正案规定，年收入在100万韩元以下的低收入地区参保人统一征收13100韩元的最低额度保险费，超过100万韩元的地区参保人则根据实际收入水平差额缴纳保险费。大约589万户的地区参保人的保险费平均每月减少了21%。在2018年开展的保险费调整的第一阶段，上调了收入排在前2%或财产额度排在前3%的地区参保人的保险费；公共年金收入和临时雇员劳动收入的保险费征缴则由原来的20%上调到30%。第二阶段调整计划将于2022年7月开始执行。

（2）抚养对象调整

以提高公平性为出发点，对照新标准要求细化优化认定标准，约7万户的高收入抚养对象群体和约23万户的职场参保人的直系亲属被判定为具有缴纳保险费的能力，转变为地区参保人并缴纳健康保险费。同时，针对新转变为地区参保人的抚养对象，提供在投保前4年减免30%保险费的优惠政策。

（3）职场参保人薪金外收入追缴保费

健康保险制度实施以来，职场参保人在除了薪金之外其他收入超过7200万韩元的情况，需要追加征收保险费，但对不同境遇的人使用统一的标准。由于缺乏对缴费人家庭结构、家庭成员就业状况差异的考量，使薪金收入相同但经济境况不同的人缴纳相同的保险费，不符合公平原则。因此，通过调整，对那些租赁、利息、分红、营业收入等年收入超过3400万韩元的收入前1%的职场参保人追加征收保险费。其结果，约14万户（职场参保人的0.89%）的保险费上涨了12.6万韩元。在第二阶段调整中，韩国政府计划上调薪金外年收入超过2000万韩元的收入前2%的职场参保人的保险费。

（4）保险费上限调整

韩国健康保险征缴体系调整还变更了保险费上限调整标准。韩国健康保险制度执行的现行保险费上限是平均保险费的30倍，自2010年确定之后未作调整。《国民健康保险法》修正案规定，自2018年开始，保险费上限与上一年度的平均保险费进行联动，每年进行动态调整。作为调整结果，2018年职场参保人的0.02%（约4000户）的保险费平均上涨了21%（50.4万韩元）。

2. 增强健康保险的保障功能

虽然韩国健康保险实现了较快的发展，但是保障率较低，限制了医疗服务的可及性，医疗费依然是韩国家庭的主要负担。韩国的健康保险保障率从1983年的33.4%上升到2016年的62.6%，实现了较大幅度的提高。但与OECD国家平均80%的保障率相比，仍然偏低。另外，从韩国近几年保障率变化来看，呈现出有升有降但整体下降的趋势。2009年韩国的健康保险保障率达到峰值65.0%，2013年跌至62.0%，2015年又上升到63.4%，2016年再次跌至62.6%。如果分别统计重症疾病的保障率和其他疾病的保障率，可以发现癌症、脑血管疾病、心脏病以及罕见疑难杂症等四大重症疾病的保障率从2011年的76.2%上升到2016年的80.3%，但其他疾病的保障率同期从60.1%降低到57.4%。

虽然韩国政府一直在为增强健康保险的保障性而努力，但保障率仍然较低的原因在于，随着医疗技术的迅速发展，非给付性个人负担逐渐加重。与2015年相比，2016年健康保险公团的支出金额增加了11%，但同期个人非给付医疗费增加了17%。2015年2月，韩国政府根据"健康保险中期保障性强化计划"，宣布将阶段性地减少与四大重症疾病、高档病房、选择性诊疗费等相关的非给付项目。2017年8月，文在寅政府发布了被称为"文在寅照顾"的"增强健康保险保障性的对策"，并宣布到2022年将取消所有非给付性医疗项目，将健康保险保障率提高到70%。"对策"的主要内容还包括：消除并防止非给付支出的发生，医疗费适度上限管理、灾难性医疗费资助制度化及对象群体扩大化。

第一，消除非给付项目。这项对策的主要内容是将诊疗必需的非给付项目纳入健康保险范围。原来健康保险的三大非给付项目——选择性诊疗、高档病房、护理中的选择性诊疗费用（特诊费）在2018年1月全面废除；2018年7月开始，在综合医院以上级别医疗机构2—3人/室的高档病房费用纳入健康保险；护理费用方面，到2022年，将照顾护理综合服务范围扩大到10万张病床。

第二，医疗费适度上限管理。医疗费上限管理对象包括儿童、女性、老年人、残疾人等弱势群体。15岁以下儿童住院就诊，个人最高负担率从20%下调到5%；18岁以下青少年和儿童补牙，个人最高负担率从60%下调到10%。以女性为诊治对象的不孕手术与妇科超声波等的给付比例也进行了调整。针对失智症患者，重症患者的个人最高负担率从60%降至10%。同时，减轻了医科、韩医科、牙科、药店等的老年人外部定额制负担。另外，将收入在下游50%人群的个人负担上限额降低到年收入10%的水平，减轻低收入阶层的医疗费负担。

第三，扩大"重症灾难性医疗费资助事业"的范围。"重症灾难性医疗费资助事业"的对象范围此前只包括患有四大重症的低收入家庭，韩国政府计划将范围扩大到与疾病无关、收入在下游50%的人群。此外，该政策还包含对患者个人负担费用提供最高资助2000万韩元的内容。

3. 提高公共医疗服务的可及性

韩国农渔村等弱势地区存在缺乏医疗服务供给的问题。因此，针对弱势地区居民在获得医疗服务方面存在的困难，有必要对现行政策进行研究调整，促使国家和地方自治团体以及健康保险支助体系发挥最大的作用。有研究者建议，可以考虑减轻弱势地区居民个人负担或对医疗弱势地区的医疗服务建立单独的给付体系。

在韩国，公立医院的数量和病床数量在持续减少。2009年，韩国公共卫生医疗机构数量占全部医疗机构的6.1%，2013年减少到5.7%，2016年为5.8%（220处）；公共病床的比例同样呈现持续下降的趋势，2009年为11.2%，2013年减少到9.5%，2016年小幅增加到10.5%（韩国统计厅，2018）。在OECD国家中，2011年每千名人口中公立医院病床数平均为3.25张；韩国的总病床数量在OECD 31个国家中排在第二位，超过平均水平两倍，但每千名人口在公立医院的病床数仅为1.19张，排在倒数位置（韩国经济正义实践市民联合，2014）。虽然韩国医疗设施整体处于供应充足的状态，但是公共医疗设施却远远不够。推行扩充公立医院数量、强化非营利性医院的公共性等政策，有助于确保韩国公共医疗服务的可及性。

4. 确保中长期财政稳健性

由于人口老龄化、医疗技术的发展等，国民对医疗服务的需求今后会持续增加。2018年开始，韩国政府强化了健康保险相关保障性政策。2008年韩国健康保险支出为27.5万亿韩元；2016年增加到52.6万亿韩元，翻了一番。从健康保险收支来看，2011年转为盈余后一直到2016年保持顺差。2016年累积收支为20.1万亿韩元，本期收支为3.1万亿韩元。韩国政府将部分本期收支作为2018—2022年强化保障性措施的财源来使用（金允熙，2017：73）。

一方面，政府要筹措激增的医疗费，并突显健康保险的保障作用；另一方面，政府要承担适当水平的保险费负担，通过医疗费支出管理，确保财政的稳健性。韩国2018年的健康保险费率为6.24%，远低于OECD平均12%的水平。如果上调保险费率，与保险费收入相关联的国库补助金额也会增加，通过调整课税体系，可以追加财政收入。为了防止老年人医疗费支出的大幅增加，加强慢性病的预防及管理体系、调整健康保险给付制度、出诊医疗机构和上级医院之间的作用分担等，都将对健康保险财政产生积极的影响。

根据2016年8月修订的《国民健康保险法》，制定"国民健康保险综合计划"成为韩国政府的义务事项。2018年9月开始推行的第一次国民健康保险综合计划提出，每5年进行一次中长期财政展望，通过专家们的研究讨论，提高中长期财政的稳健性。

二 医疗保障向健康保障转变

随着社会环境的改变，医疗领域逐渐呈现以慢性病和长期照护为主的诊疗趋势。根据社会变化，"医疗保障"的概念需要拓宽，从狭义的疾病治疗扩延到注重疾病预防和健康增进的"健康保障"范畴。

（一）医疗保障概念的延伸

1948年世界卫生组织提出，"健康并不仅仅是没有疾病或缺陷的状态，而是一种身体、精神、社会三方面的安宁状态"。在这种健康概念下，疾病被视为非正常状态，为了达到健康这一完全的安宁状态，要以祛除疾病为目的进行治疗，同时解决成为治疗疾病障碍因素的心理和社会问题。医疗保障的必要性显现出来。医疗保障是指，以医院为主的多种形态的卫生医疗机构，作为医疗服务的一部分，为恢复患者及其家属的健康状态，利用社会福利知识和技术提供的一系列服务。

在韩国，医疗保障的概念为"以对疾病的多角度接近为基础，将焦点放在患病的个人与环境的相互关系上，作为医疗的一部分，为提高患者及其家属的社会机能，运用专业的实践方法，囊括疾病的预防、治疗和康复等多种活动的社会福利专业领域"（韩仁英等，2006）。

尽管"健康"并不仅仅是一种单纯的无疾病状态，但当前医疗服务中仍视健康为祛除疾病的状态，将重点放在治疗非正常状态的疾病方面。Bircher（2005）将健康定义为"符合年龄、文化、个人责任等要求的，身体和精神力量的动态协调状态"。根据这样的健康概念，结合当前的医疗环境变化，部分韩国研究者提出需要跨越狭隘的医疗保障概念，使用广义性质的健康保障概念。换言之，随着医疗技术的发达，社会福利实践过程不应仅局限在住院治疗期间，在结束治疗回归社区生活之后也需要多元化的健康支持。因此，不仅在医疗机构内，在社区范围内也应提供相关健康干预服务。而且，健康保障不只是提供直接的服务，还通过国家健康政策、行政、社区等宏观手段进行干预，是一个十分广泛的领域。在韩国，健康保障至今仍停留在医疗保障概念的狭义范畴阶段，健康保障的领域还需要持续拓宽。

（二）韩国的健康保障模式

当前卫生医疗环境发生变化，主要体现在人口老龄化和医学技术发展带来的患者的长期生存可能性等方面。这就要求跳出从前以住院患者为主要服务对象的医疗保障范畴，向健康保障服务方面转变。

老年人口的增加对老年人照护的社会化提出了要求。为了减轻家庭成员照顾老人的负担，韩国于2008年推行老年人长期照护保险制度，成为代表性的社会化老年人服务。此后，越来越多的非医疗机构、以照护为目的的社会福利师参与各种相关活动和工作，增强了老年服务领域的专业性。步入老年期，不仅需要心理、社会方面的健康服务，更需要身体健康方面的集中服务，因此在老年医学和社会福利学学科之间的联动和实践需要进一步加强。考虑到照护的连续性，在老年照护领域，首先应该努力寻找医疗与老年人福利之间的连接点。在老年人福利领域，需要加强老年人医学方面的教育培训。在加强医疗保障专业性的同时，拓宽医疗保障领域。如前所述，医疗环境的变化不仅体现在医院服务方面，更多体现在国家政策和地区社会层面。

地区社会公共服务和公共医疗机构的联动，是民间力量与市场所不能代替的，也是公共医疗提供的代表性社会保障服务（韩国保健福祉部，2011）。尽管广义上的医疗保障，包括疾病预防和出院后返回到社区的延长性服务，但现实中很难要求民营医疗机构在病人出院后仍以公益为目的进行延长性管理和提供服务。这也是医疗保障和健康保障理论与现实实践之间出现空白的原因。但是公共卫生医疗将公共利益放在首位，因此在一定程度上可以考虑为患者提供持续的后期服务。

在公共医疗领域强化社会福利的作用，首先体现在疾病预防方面。公共卫生医疗虽然以治疗为目的的医院服务为主，但公共卫生领域不仅包括医院，还包括基层的公共医疗机构——地区社会内的保健所等。目前韩国的保健所没有安排社会福利工作者，但如果与公共领域的社会福利公务员或地区社会福利机构的社会福利工作者联动起来，可以开展社区居民的疾病预防和健康增进项目。文在寅政府上台以后，地区社会内的健康服务和社会福利的整合趋势逐渐加强。

考虑到"预防—治疗—后期管理"的健康连续模式以及从以医院为主到以地区社会为主的连续性，崔权虎（2015）提出了不同的健康保障模式。其中，以预防和后期管理为主的健康保障模式内容如下。首先，以地区社会为基础的预防干预。考虑到增进社区居民健康和预防疾病的普遍性要求以及尽量减少低收入阶层与其他阶层之间的健康差距，预防干预是重要的健康保障模式。这要求社区范围内以健康增进为目标的健康服务和社会福利的有力结合。其次，以社区为主的后期管理干预。以地区社会为主的后期管理干预，通常是指重症患者出院后接受地区社会保护或照顾的过程。文在寅政府推行的"失智症安心照护制度"和"地区社会为主的社区照护"等政策，在一定程度上体现出健康服务和福利服务的整合趋向。

第五章 韩国的长期照护保险制度

韩国的人口老龄化速度逐步加快,与老龄化相关的各种问题逐渐暴露出来,成为日益严重的社会问题。老年人随着年龄增长变得比较脆弱,具有身体及认知功能减弱、慢性病多发等特点,与其他年龄群体相比有特殊的照护需求。为了更好地满足老年人的多元化需求,不仅需要提供健康保险领域的治疗性照顾(cure),而且需要长期照护(care)。

老年人长期照护(long-term care for elderly),是指针对因高龄或老年性疾病而日常生活需要照顾的老年人,为满足他们的日常需求并尽可能使他们保持独立生活而提供的长期、广泛的服务。通常来说,长期照护服务包括传统的医疗服务和社会服务两部分(McCall,2001)。OECD建议,"将长期照护服务纳入现有的社会保障体系,作为社会保险或公共扶助的一部分"(Colombo,Lena Nozal,Mercier & Tjadens,2011),视长期照护状态为疾病状态的延续。但在韩国,长期照护与疾病被视为两种独立的社会风险,具有单独的运行体系。长期照护的核心是帮助因年老、疾病等导致日常生活自理困难的人,帮助的重点是提供社会服务,而不是传统的医疗服务。因此,韩国的长期照护服务概念更倾向于是一种社会服务范畴。韩国推行长期照护保险制度已经10多年了,初期存在的问题得到了很大程度的改善。本章重点考察韩国老年人长期照护保险制度运行体系。

一 韩国长期照护服务支持体系的建立

在韩国,以前针对老年人的长期照护主要是在家庭内部进行,或者只针对领取国民基础生活保障的低收入阶层,保障范围较小。但随着老龄化社会的推进、核心家庭化、女性社会活动增加等社会环境变化，失智及中风等需要照护的老年人数量大幅增加，而家庭的养老功能却明显弱化。老年人长期照护是一个持续的长期的过程，需要长期照护的老年人完全恢复或治愈的可能性较低，从其成为长期照护的对象直到死亡都需要持续进行照护。同时，由于老年人的需求呈现多样性的特点，很多情况下需要同时接受医疗和照护服务，导致老年人的赡养成本不断上升。以往选择性地针对贫困家庭老年人提供长期照护的做法已经不能满足社会需要，普惠型社会保险形式的长期照护制度需要提上日程，即不论收入水平高低，只要具备一定资格的老年人，均可以享受老年人长期照护保险给付。

为推动长期照护从只针对低收入层老年人的选择救助型模式转变为只要是有长期照护需要的老年人都可以得到照护的普惠型模式，2000年初期，韩国政府将建立老年人长期照护保险制度提上议事日程。2003—2004年期间，韩国成立了"公共化老年人照护保障促进企划团"和"公共化老年人照护保障制度执行委员会"，为推行普惠型老年人照护保障制度进行筹备工作。2005—2008年期间，韩国政府先后进行了三个阶段的试点工作。2005年7月至2006年3月进行了第一次试点，试点范围是居住在光州南区、江陵、水原、扶余、安东、北济州6个市/郡/区的65岁以上领取基础生活保障金的老年人；2006年4月至2007年4月进行了第二次试点，在上述地区基础上新增了釜山北区和全罗南道莞岛，试点范围扩大到8个市/郡/区的65岁以上老年人，同时扩大了试点地区和人员范围；2007年6月至2008年6月的第三次试点，新增了仁川富平区、大邱南区、清州、益山、河东5个地区，再次扩大了试点地区范围，以居住在上述13个市/郡/区的65岁以上老年人为实施对象。

通过试点工作，韩国政府完成了在全国实施老年人长期照护保险制度的各项准备工作。2007年4月，韩国政府公布了《老年人长期照护保险法》。2008年7月1日，韩国正式推行老年人长期照护保险制度。在制度建设方面，除了制定并实施老年人长期照护保险制度之外，还先后制定了外国雇员长期照护保险参保人除外制度、农渔村地区人员个人负担金额减额制度、长期照护机构负责人义务及保险公团长期照护机构设置规定、制定长期照护机构运营秩序条例及加强管理的规定等多个制度规定。在照护等级方面，2014年新设了失智症特别等级（五级），将老年人长期照护等级体系从原来的三级体系调整为五级体系，改变了原来只注重身体功能方面的做法，扩增了长期照护对象范围。

韩国的长期照护服务包括国民健康保险公团运作下的老年人长期照护保险制度和地方自治团体开展的地区社会老年人保健福利服务两部分。

表1　　　　　　　　韩国长期照护服务支持体系

类别	需要照护的老年人			
	长期照护保险1—5等级		等级外人员（A—C）	
制度	老年人长期照护保险制度		居家福利服务支持体系	
管理运营	国民健康保险公团		地方自治团体	
	居家给付	机构给付	福利服务	保健服务
服务	上门照护 上门洗澡 上门看护 昼夜托管 短期托管 福利用具	援助身体活动维持身心功能	老年人照看基本服务 老年人照看综合服务 居家老年人福利机构服务 居家福利服务 居家福利志愿服务 老年人保护服务	上门健康管理项目 失智症管理服务
提供机构	居家老年人福利机构 上门照护服务 日间托管服务 短期托管服务 上门洗澡服务	老年人照护机构 老年人照护共同生活家庭	老年人福利馆 社会福利馆 地域康复中心 居家老年人福利机构 居家老年人援助服务中心 农渔村居家福利机构 居家老年人援助中心 老年人保护专业机构	保健所 广域市失智症中心 失智症咨询中心

本章主要论述老年人长期照护保险制度方面的内容，但考虑到照护服务的连续性，同时也对韩国长期照护服务的整体支持体系进行简要论述。在韩国，老年人长期照护保险对因高龄或老年性疾病等原因导致6个月以上不能独立进行日常生活的人员，提供机构给付或是居家给付。地区社会

老年人保健福利服务是按照老年人长期照护保险制度的等级判定,对长期照护等级为 A 或 B 的老年人提供家务和活动援助以及日间托管等综合性照护服务。

二 韩国长期照护保险的适用对象和给付对象

韩国老年人长期照护保险与国民健康保险相同,适用对象均为全体韩国国民。这反映了对长期照护这一新的社会风险,国家及社会应该共同解决;对老年人的赡养,不仅是老年人自身及家庭,也是全体国民应该共同应对的制度宗旨。韩国老年人长期照护保险的适用对象包括健康保险参保人和医疗给付资格对象。尽管医疗给付资格对象不属于健康保险和长期照护保险的参保人范围,但通过国家和地方自治团体的财政补助,也可以作为长期照护保险的给付对象。

老年人长期照护保险的给付对象只限于 65 岁以上的老年人以及未满 65 岁患有老年性疾病(失智症、脑血管疾病、帕金森病等),且在 6 个月以上的时间里不能独自进行日常生活的人员。给付对象与适用对象不同,设定了年龄或疾病方面的限制条件。具体来说,65 岁以上的老年人,不论是何种疾病,如果被认定 6 个月以上不能独自生活,就可以获得接受老年人长期照护服务的资格;如果未满 65 岁,必须兼具患上老年性疾病且 6 个月以上不能独自生活两项,才能成为给付对象。

韩国老年人长期照护保险适用对象与给付对象的状况,如表 2 所示。长期照护等级认证人数正在逐年增加。截至 2016 年 12 月底,老年人长期照护保险等级认证人数为 52 万人,占韩国 65 岁以上老年人口的 7.49%。

表 2　　韩国老年人长期照护保险适用对象与给付对象　　(单位:万名)

类别	2008 年	2009 年	2010 年	2011 年	2012 年	2013 年	2014 年	2015 年	2016 年
适用对象	5000	5029	5058	5091	5117	5145	5176	5203	5227

续表

类别		2008年	2009年	2010年	2011年	2012年	2013年	2014年	2015年	2016年
给付对象	认证人数	21.5	25.9	27.0	32.4	34.2	37.9	42.5	46.8	52.0
	占65+比例（%）	4.22	4.89	4.96	5.75	5.77	6.11	6.57	6.96	7.49

出处：韩国国民健康保险公团，2008—2016年。

除韩国之外，德国和日本也将长期照护作为独立的社会风险，把长期照护视为社会保险的独立部分，实行单独的应对制度。与韩国老年人长期照护保险相似的德国照护保险，其适用对象与健康保险的适用对象相同，但与韩国不同的地方在于，在德国，一定收入以上的高收入者被排除在保险对象之外。日本的介护保险与韩国、德国不同，并不是全体国民，而是只有65岁以上老年人（第1号被保险人）和40岁以上65岁以下健康保险参保人（第2号被保险人）是适用对象。德国具有全体国民都具备适用及给付资格的普惠性特征，日本则具有根据年龄阶层以及特定疾病限制适用对象的选择性特点。韩国与德国一样，允许全体国民加入老年人长期照护保险，但给付资格限制在65岁以上老年人和65岁以下患有老年性疾病的人，具有部分选择性特征。

三 韩国长期照护保险的给付程序

（一）等级评定程序

为获得老年人长期照护保险的给付，老年人长期照护保险的参保人或是被抚养人首先必须提出长期照护申请，然后通过等级评定得到等级认可。为了获得长期照护认可，当事人要向健康保险公团提交长期照护申请书，并附上医生或韩医师开出的意见书。行动不便或居住在偏远岛屿无法访问医疗机构的人可以不提交医师意见书。长期照护申请除了当事人，还可以由亲属、有利害关系的人以及获得个人或家人同意的社会福利专职公务员进行代理申请。

提交长期照护申请后，国民健康保险公团将派遣由接受过正规培训的护士、社会福利师等人组成的评估调查组到申请人居住地进行访问调查。

评估调查员根据"长期照护评估调查表"开展 65 个项目的调查以及特殊事项调查，从而算出申请人的长期照护评估分数。65 个项目包括身体功能（13 项）、认知功能（10 项）、行动变化（22 项）、护理措施（10 项）、康复（10 项）等内容。

根据长期照护评估调查表的评估项目，评估调查员计算出长期照护评估分数，并连同医师意见书一起提交到等级评定委员会。等级评定委员会将根据申请者的身心状态与服务需要情况，根据等级分类体系确定其等级。长期照护等级在制度设立初期分为 3 个等级，2013 年开始，患有失智及中风等疾病需要照护的人也被纳入长期照护服务对象范围，放宽了 3 个等级标准分数，新设了失智症特别等级（5 等级）与认知支持等级。那些虽然存在认知功能障碍和行动问题，但相对身体功能较好，未能获得长期照护等级的轻症失智老年人也可以获得相关服务支持。

表 3　　　　　　　　韩国长期照护认定分数及等级

等级	认定标准
1	身心功能状态存在障碍，日常生活完全依靠他人帮助，长期照护认定分数在 95 分以上
2	身心功能状态存在障碍，日常生活绝大部分依靠他人帮助，长期照护认定分数在 75—95 分
3	身心功能状态存在障碍，日常生活部分依靠他人帮助，长期照护认定分数在 60—75 分
4	身心功能状态存在障碍，日常生活一定部分依靠他人帮助，长期照护认定分数在 51—60 分
5（等级外 A）	失智症患者（限于《老年人长期照护保险法施行令》第 2 条提到的老年疾病），长期照护认定分数在 45—51 分
认知支持等级（等级外 B,C）	失智症患者（限于《老年人长期照护保险法施行令》第 2 条提到的老年疾病），长期照护认定分数在 45 分以下

出处：韩国老年人长期照护保险网页。

长期照护等级的有效期为 1 年以上，申请结果更新之后，如果与之前等级一致，可以延长有效期（长期照护 1 等级为 4 年，长期照护 2—4 等级为 3 年，长期照护 5 等级及认知支持等级为 2 年）。

按照韩国现行政策规定，通过长期照护等级评定的当事人不能同时享受残疾人活动援助给付和长期照护给付。因此，部分通过长期照护等级评定的 65 岁以下的残疾人为了获得残疾人活动援助给付，要求放弃长期照护等级。为此韩国设置了放弃长期照护等级的程序。申请放弃等级的残疾人长期照护给付对象，可以获取残疾人活动援助给付、就业援助等服务[①]。

（二）给付使用程序

如果通过评定并获得了长期照护等级，给付对象会收到长期照护评定书、标准长期照护使用计划书、福利用具给付确认书。（1）长期照护评定书中包括长期照护等级、给付种类和内容以及长期照护评定的有效期限等。长期照护评定是给付对象确认个人具有给付权利的凭证。（2）标准长期照护使用计划书是指，为给付对象提供适合的长期照护给付的使用计划书。在日本等有照护管理政策的国家，会有照护经纪人负责制订照护计划。但在韩国，因为没有照护管理政策，标准长期照护使用计划是韩国健康保险公团为不知道要获得哪种给付及获得额度的给付对象提供的一种指导计划。标准长期照护使用计划书中含有根据照护等级可以使用的月限额和个人负担情况、长期照护问题及目标、长期照护必要领域、长期照护必要内容、长期照护给付费用等内容。长期照护目标及必要领域等内容，是评估调查员调查长期照护申请者时，以决定其等级评定分数的 65 个调查项目和 25 项需求调查内容为依据制作而成。（3）福利用具给付确认书是根据给付对象的身体及功能状况，可购买或租赁的物品种类的凭证。

给付对象可以自长期照护评定书到达之日起即获得相应服务。但没有家人照顾的情况，给付对象从提交长期照护申请书之日至长期照护评定书到达之日期间，也可以获得长期照护给付。

给付对象领取长期照护评定书、标准长期照护使用计划书等所有必要

---

① 但残疾人活动援助给付对象达到 65 岁成为长期照护给付对象之后，不能继续领取残疾人活动援助给付。

文件后，可以与有意向的长期照护机构签订合同，获得给付。给付对象可在老年人长期照护保险网站内查询长期照护机构，直接联系有意向的长期照护机构，咨询给付类型及费用。如果选择了有意向的长期照护机构，给付对象可以提交长期照护评定书、标准长期照护使用计划书、福利用具确认书、个人负担金额减额对象证明书（仅限个人），与长期照护机构签订给付合同。如果属于个人负担金额免除对象的国民基础生活保障（医疗给付）领取者，在直接与长期照护机构签订合同之前，须向所辖市/郡/区提出使用申请，签订给付合同。

（三）咨询服务

如果开始接受给付，韩国健康保险公团将提供长期照护使用咨询服务，健康保险公团将向给付对象或其家属说明长期照护评定书和标准长期照护使用计划书的内容，并说明长期照护给付的一般信息、使用程序及方法等。长期照护使用给付咨询，根据时间可分为首次咨询、定期咨询、随时咨询；按照咨询方法，可分为入户访问、来访、电话咨询等。(1) 首次咨询是指，当给付对象首次接受给付时，通过给付使用说明会或个别面谈，获得综合性咨询服务。之后给付对象在接受给付过程中，如果产生需求或问题时，可以从公团职员那里获得相应的给付使用咨询。(2) 定期咨询的目的是通过了解给付对象的需求状况，确认支持体系及功能状态，掌握是否获得适当的给付。定期咨询又分为机构咨询、入户咨询和未使用咨询。机构咨询由咨询师直接到机构提供咨询服务，通过与给付对象和机构负责人面谈，确认给付对象的情况。入户咨询根据给付对象的特征分为1—5群体。第1群体是需要集中咨询的对象，主要面对的是在给付方面有困难或需要医疗处理或缺乏照料者的人。第2群体为需要保护观察的对象，是生平首次被认定为给付对象、独居者、因功能状态变化而有可能改变给付计划的人、因认知障碍而照护负担较大的人等。第3群体是需要定期核实的对象，是指给付对象的生活环境或卫生状况等需要调整给付或改善服务的人。第4群体是需要每年核实1次的对象，是在家庭照护保护师的指导下接受长期照护服务的人。最后，第5群体是预备咨询对象，是从负责人咨询师的判断来看，没有必要进行定期咨询的人。(3) 对于通过定期咨询无法满足需求的给付对象或需要进行特别管理的给付对象,可以进行随时咨询(金镇洙等,2014)。

表4　　　　　　　韩国长期照护使用给付咨询管理体系

类别	群体		周期	方法
首次咨询	生平首次被认定为给付对象		等级评定注册日开始的14天之内	上门访问、来访
定期咨询	机构咨询	入住机构(日间、夜间以及短期托管)的给付对象	6个月	上门访问
	入户咨询	第1群体　需要集中咨询的对象	1个月	上门访问、来访、电话
		第2群体　需要保护观察的对象	3个月	
		第3群体　需要定期核实的对象	6个月	
		第4群体　需要每年核实1次的对象	12个月	
		第5群体　预备咨询对象	无	
	未使用咨询	当前未使用长期照护给付的人	6个月	
随时咨询	根据给付对象要求等需要咨询时;特别管理对象群体(有被虐待迹象的人等)		需要时,下个月	

出处:韩国国民健康保险公团,2014。

(四)给付类型和内容

韩国长期照护的给付原则是提供实物服务,给付类型分为居家给付、机构给付、特别现金给付三种。

1. 居家给付

居家给付是指给付对象在家中,长期照护人员到给付对象家中,或给付对象在一定时间或一段时间内到长期照护机构接受服务的给付类型。老年人长期照护保险的居家给付分为上门型居家给付(上门照护、认知活动型上门照护、上门洗澡、上门护理)、结合型居家给付(日间和夜间托管、短期托管）和其他居家给付（福利用具）几种类型。

（1）上门型居家给付是指长期照护人员访问给付对象的家庭，对其身体活动、家务活动等进行援助服务。新设的认知活动型上门照护作为提供社会训练的给付方式，以刺激给付对象的认知活动、维持和提高其残存功能为目的。之前的上门照护并不提供洗衣、餐饮准备等家务援助，但认知活动型上门照护是为了维持和提高给付对象的残存功能，可以与其一起进行叠衣服及做饭等活动。上门洗澡是指长期照护人员使用装置洗澡设备的车辆到给付对象家中进行上门服务。长期照护人员使用给付对象家中的卫生间提供洗澡服务属于上门照护，只有用配备洗澡设备的车辆提供洗澡服务时，才被认定为上门洗澡。上门护理是指护士、助理护士或牙卫生师根据医生、韩医师或是牙医的指导，到给付对象家中进行护理咨询或提供口腔卫生服务等。

（2）结合型居家给付包括日间和夜间托管、短期托管等类型。日间托管及夜间托管，是指给付对象在一天中的一定时间（白天或晚上）托管于长期照护机构，并接受洗澡、吃饭、基本护理、失智症管理等维持和提高身心功能的服务。短期托管，是指给付对象一个月的15天之内由长期照护机构托管，并接受基本的照护服务。虽然是在机构内的短期托管给付，但由于是临时性的给付，因此被划入居家给付类型。短期托管给付是在紧急情况下，将给付对象委托给长期照护机构，有时也作为机构给付的过渡阶段，主要是为了让给付对象的家人可以获得必要的休息。

（3）其他居家给付，是指对给付对象的日常生活或身体活动所必需的用具即福利用具进行援助。福利用具包括10种购买型产品[①]、7种租赁型产品[②]和1种购买或租赁型产品[③]。其中，"徘徊感应器"是韩国政府最近新增加的产品，目的是预防失智症老人失踪，其家人可以随时查询失智症老人的位置。购买型产品的费用由给付对象自行支付。租赁型产品由给付对象支付租金，在一定租赁时间内使用。2018年，福利用具的年给付限额为160万韩元。如果福利用具给付费用（公团负担金额及个人负担

---

① 移动马桶、沐浴椅、成人步行器、安全扶手、防滑用品、简易坐便器、拐杖、预防褥疮坐垫、变换姿势用具、尿失禁内裤。
② 手动轮椅、电动床、手动床、移动浴缸、沐浴升降机、徘徊感应器、斜坡装置。
③ 预防褥疮床垫。

金额合计）超过 160 万韩元，超出金额全部由个人承担。可以使用福利用具的给付对象仅限于居家给付对象。如果属于机构给付，就不能购买或租赁福利用具，在住院期间也不能使用电动/手动床、移动浴缸和沐浴升降机。

2. 机构给付

机构给付是指在长期照护机构运营的老年人照护机构或共同生活家庭长期居住，接受维持和提高身体活动及身心功能服务的给付类型。机构给付型长期照护机构分为老年人照护设施和老年人照护共同生活家庭两种。老年人照护设施是将老年人长期照护保险制度实行之前就存在的老年人照护设施、老年人专门照护设施、收费老年人照护设施等老年人医疗福利设施综合在一起的概念。老年人照护共同生活家庭是老年人长期照护保险实施后的新类型。此外，老年人长期照护保险制度设立之初新建了老年人专科医院，但因与健康保险制度运营下的照护医院作用重复，被排除在机构给付之外[①]。

3. 特别现金给付

现行的老年人长期照护保险是以实物给付为原则，但如果有特殊情况，也允许进行现金给付。特别现金给付包括家庭照护费、特殊照护费、照护医院护理费。家庭照护费是指，给付对象居住在岛屿或偏僻地区或因天灾、个人身体/精神/性格等原因，不能从长期照护机构获得长期照护给付，而由家属等提供长期照护服务时的给付费用。特殊照护费是指，给付对象在不是老年人长期照护保险指定的长期照护机构的（老年人照护）设施获得长期照护给付时，将长期照护给付费用的一部分支付给给付对象的给付类型。照护医院护理费是在照护医院住院时获得的给付类型。目前，特殊照护费和照护医院护理费只是名义上存在，实际只对家庭照护费进行给付。

（五）给付额度及个人负担

韩国老年人长期照护保险的给付金额应控制在月上限额度范围之

---

① 老年人专科医院和照护医院之间的作用重复问题不存在了，但老年人长期照护保险中的照护设施和在健康保险中的照护医院如何明确其作用成为新的问题。

内。在月上限额度范围内,给付对象可以在居家给付或机构给付中进行选择。选择居家给付的老年人,每月的上限额度按照评定的长期照护等级进行确定。选择机构给付的老年人,每月的上限额度按照等级与使用次数确定。

表5 韩国长期照护给付的月上限额度及1天给付费用（2018年）

类别	等级	月上限额度		
居家给付（不含福利用具）的月上限额度（万韩元）	1	139.62		
	2	124.11		
	3	118.94		
	4	108.59		
	5	93.08		
	认知支持等级	51.78		
类别	等级	一般	失智症老年人	
			房间面积增大	房间面积不变
老年人照护设施1天给付费用（万韩元）	1	6.519		
	2	6.049	7.460	6.714
	3—5	5.578	6.879	6.191
老年人照护共同生活家庭1天给付费用（万韩元）	1	5.696		
	2	5.285	6.552	
	3—5	4.872	6.041	

出处：韩国老年人长期照护保险网页。

在长期照护给付费用中,针对不同给付对象类型设定了不同的负担比例。一般给付对象,个人负担总给付费用的20%（机构给付标准）或15%（居家给付标准）；低收入阶层或患有稀有疑难杂症、慢性病的中高收入阶层,个人负担金额最高可减少应付金额的60%；领取国民基本生活保障金的人,个人负担金额可以全部免除。

2018年8月之前,长期照护给付费用减额对象可以减少个人负担金额的50%。根据《关于长期照护个人负担金额减额的通知》第2章第1条第4款和第2条的规定,2018年8月以后可以减少60%或40%。

表6 韩国长期照护给付减额对象标准

类别	定义
个人负担金额减少60%	—职场参保人 根据国民健康保险参保人类型及参保人数量（包括本年度被抚养者），国民健康保险每月保险费额度排名在0—25%以下，财产在一定标准以下 —地区参保人 根据国民健康保险参保人类型及参保人数量，国民健康保险每月保险费额度排名在0—25%以下
个人负担金额减少40%	—职场参保人 根据国民健康保险参保人类型及参保人数量（包括本年度被抚养者），国民健康保险每月保险费额度排名在25%以上50%以下，财产在一定标准以下 —地区参保人 根据国民健康保险参保人类型及参保人数量，国民健康保险每月保险费额度排名在25%以上50%以下

出处：韩国老年人长期照护保险网页。

在国民健康保险每月保险费额度排名中，家庭成员数量是重要的影响因素。根据家庭成员数量的不同，每月保险费额度和财产课税标准如表7。

表7 韩国长期照护给付减额对象的保险费额度

家庭成员（参保人数量）（人）	个人负担金额减少60%			个人负担金额减少40%		
	地区参保人	职场参保人		地区参保人	职场参保人	
	每月保险费（万韩元）	每月保险费（万韩元）	财产征税标准（亿韩元）	每月保险费（万韩元）	每月保险费（万韩元）	财产征税标准（亿韩元）
1	<1.310	<4.680	<1.22	<2.116	<6.240	<1.22
2	<2.519	<5.111	<2.07	<9.150	<7.800	<2.07
3	<4.114	<5.723	<2.68	<10.631	<9.360	<2.68
4	<5.782	<6.240	<3.89	<11.914	<11.232	<3.89
5	<6.085	<8.187	<3.89	<12.509	<13.790	<3.89
6人以上	<8.065	<9.984	<4.50	<14.810	<15.625	<4.50

出处：韩国老年人长期照护保险网页。

长期照护给付减额对象的个人负担比例也发生了变化。之前的标准是按照给付类型分别确定，居家给付统一为7.5%，机构给付统一为10%。目前的标准则对不同的给付类型设定了不同的负担比例。

表8　　　　　　　　韩国长期照护给付减额对象个人负担比例

类别		个人负担金额减少60%	个人负担金额减少40%	非减额对象
对象确定标准		健康保险费排名在0—25%以下	健康保险费排名在25%以上50%以下	健康保险费排名超过50%
个人负担比例	机构给付	8%	12%	20%
	居家给付	6%	9%	15%

出处：金镇洙等，2018。

四　韩国长期照护保险的运营与管理

（一）韩国长期照护保险的费用分担

老年人长期照护保险费用包括参保人缴纳的长期照护保险费、国家和地方自治团体提供的财政支持、长期照护给付对象个人承担金额三部分。老年人长期照护保险参保人也是国民健康保险参保人。长期照护保险费用是健康保险费金额乘以长期照护保险费率计算出来的，约占平均收入的0.46%。长期照护保险费率从2009年的4.78%，2010年上调到6.55%之后，保险费率一度被冻结。但随着人口老龄化带来给付对象增加等原因，2018年保险费率再次上调为7.38%。

国家层面的负担金额，包括国库补助和国家及地方自治团体负担金额。国库补助是指，国家在每年预算范围内提供本年度长期照护保险费预期收入的20%。国家和地方自治团体负担金额是指，医疗给付对象产生的长期照护给付费用、医师意见书费用、访问护理指导手册费用中，必须由健康保险公团负担的费用及全部的管理运营费用。保险费和国家负担金额以外的长期照护保险资金源自个人负担。居家给付对象支付长期照护给付费用的15%，机构给付对象支付长期照护给付费用的20%。根据《国民基础生活保障法》享受医疗给付的人可以完全免除个人负担金额，因收入、财产等原因难以维持生计的人只需支付个人负担金额的 1/2。

（二）韩国长期照护保险的运营

老年人长期照护保险未设立专门的管理运营机构，而是将给付的财政管理主体与健康保险公团一元化，以提高管理运营的主体责任和效率。国民健康保险公团的责任包括：长期照护保险参保人及其抚养对象和医疗给付对象的资格管理、长期照护保险费的征收业务、对申请人的环境及需求等的调查、等级评定委员会的运营、长期照护等级评定、长期照护评定书的制定、标准长期照护使用计划书的提供、长期照护给付对象的管理、对给付对象的信息提供—指导—咨询等长期照护给付相关的使用援助、长期照护费用的审核和支付、长期照护事业的调查研究及宣传、长期照护机构的设立和运营等。

为了实现老年人长期照护保险的顺利运行，国民健康保险公团设立了长期照护委员会、等级评定委员会、长期照护审核委员会。（1）长期照护委员会是审议长期照护保险费率、居家和机构给付费用、特别现金给付（家庭照护费、特殊照护费、照护医院护理费等）支付标准等的机构，由雇员团体、使用者团体、市民团体、老年人团体等适用对象代表和由长期照护机构或医疗人员等组成的长期照护机构代表、学术界代表、高层公务员、公团推荐的公益代表担任。包括委员长在内，长期照护委员会由 16 人以上 22 人以下数量的委员组成。（2）等级评定委员会是审议长期照护评估及等级评定等事项的机构，负责审议申请人是否需要长期照护并根据等级评定标准确定长期照护的等级。等级评定委员会包括委员长在内，由 16 人以内的委员组成。委员一般由市/郡/区所属公务员、社会福利师、医疗人员以及相关专家担任。（3）长期照护审核委员会针对国民健康保险公团存在违法或不正当行为时，审理及表决长期照护认定、照护等级、照护给付、不当收入、长期照护给付费用、长期照护保险费等相关方面的异议事项，以保障国民权利与行政业务正常运营。长期照护审核委员会包括委员长在内，由 50 人以内的委员组成，委员一般由医生、牙科医生、韩医师、护士、社会福利师、公团工作人员、法学及长期照护相关专家等担任。

五　韩国长期照护保险的未来改善方向

针对韩国政府公布的第二次长期照护基本规划（2018—2022）内容，韩国保健福祉部（2018）对当前韩国的长期照护保险制度作出如下评价。第一，老年人长期照护保险的最大成果是扩大了政策受益面，给付对象从1—3级扩大到1—5级，范围的狭隘性问题得到初步改善，提高了对等级外人员的支持力度，扩大了减轻个人负担群体的范围，保障性比制度初期得到了大幅提高。第二，通过提高居家给付的月度上限额、开展使用援助及整合居家示范项目等激活居家给付措施，老年人长期照护保险的服务质量得到了明显提升，但仍然存在偏重上门照护方面的给付内容、照护师等专业性服务质量不高等问题。第三，老年人长期照护保险的供应基础设施，比长期照护保险初期大幅提升，初步实现了长期照护机构和人员数量增长，建立了管理体系，但质量提升及管理方面仍显不足，地区间差异较大。

以韩国老年人长期照护保险10年来的成果与评价为基础，今后还需要重点解决以下几个方面的问题（韩国福利研究院，2018：258—260）。

第一，积极扩大受益面。虽然通过多样化的措施，给付对象的狭隘性问题得到了很大改善，但是对于失智症轻症患者及65岁以下长期照护对象等的保障力度和范围明显不足，需要积极考虑进一步扩大受惠对象规模的方案。

第二，为准确反映在等级评定及使用援助阶段上的个人多样化的需求，有必要进一步细化优化等级评定体系，建立"事例管理或使用援助体系"。目前，进行老年人长期照护保险评估调查及需求调查时，规定调查组由护士和社会福利师等不同专业2人组成。但实际上由于人力不足，大多数情况是仅有1人实施评估调查及需求调查（金镇洙、申惠利，2015）。下一步，要重点解决在如实反映护理、社会福利、康复等多元化领域里的复合性要求以及设定与此相适应的等级基准线及等级标准等方面存在的问题。此外，有必要将目前由健康保险公团负责的使用援助业务扩大到照护管理方面。有学者指出，目前韩国老年人长期照护保险给付对象并没有得到符合其需求的服务（崔仁德，2014）。因此可以制定反映个人需求的照护计划案例管理系统或延伸型的使用帮助系统,并加大系统运营管理员、照护经纪人等专业人才的培养力度。

第三,推动居家给付服务扩量提质。2018 年,韩国政府决定进一步推动社区照护服务,"给那些需要照护的人提供在社区生活的同时可以享受满足个性需求的福利待遇和服务,构筑个人与社区和谐发展、实现自我的社会服务体系"(韩国保健福祉部、社区照护促进团,2018)。老年人长期照护保险有必要配合社区照护的发展目标,使人们能够自由选择居家给付服务,改善给付的数量和质量。下一步,需要通过扩大综合居家给付服务①的范围,扩充居家给付照护类型等措施,提升社区照护服务水平,推动居家给付服务扩量提质。综合居家给付的目的是提供符合用户个性需求的服务,积极实现社区养老。目前综合居家给付正在进行示范建设。如果没有照护管理,就会成为单纯的服务整合,因此,为了做好综合居家给付,有必要扩大使用援助范围或进行案例管理。此外,在居家给付方面,应该使给付类型变得更加多样化。只要是老年人有需求的领域,都可以新设并进行持续性扩展。例如,上门照护给付,虽然身体照顾领域和家务照顾领域不同,但大部分的上门照护给付都只提供以家务照顾为中心的服务,有必要对这两个领域进行区分。另外,送餐等营养领域、移动及外出帮助等活动领域、住宅改造服务等居住领域对老年人日常生活产生极大影响的领域被排除在给付范围之外。需要不断扩大给付范围,开拓新的服务领域。

第四,扩大福利用具领域及范围。目前,老年人照护科学技术在生活及移动帮助、身体功能复原、康复治疗、移动远程诊疗、健康管理服务等多个领域,已经发展到高水平技术(high - end technology)和低水平技术(low - end technology)共存的情形。许多国家都在积极使用科学技术来应对老年人照护问题,例如日本正在开发护理工作援助型机器人、可以独立进行步行、康复、饮食帮助的机器人等,力图将新技术运用到老年人照护事业上。多元化照护技术的运用能够提高居家老人的生活质量,因此福利用具领域不能仅局限于拐杖、轮椅等较低水平的产品,还需要考虑具有尖

---

① 所谓综合居家给付是指,按照给付对象的需求,综合各项居家给付项目进行统一定额支付。

端技术等较高水平的老年人照护产品。

第五,建立稳定的财政体系,推动老年人长期照护保险制度持续改善和稳定运营。目前,随着给付群体的持续扩大和给付水平的持续提高,韩国老年人长期照护保险的保险费率偏低的弊端逐渐显现。因此,为逐渐确保稳定的财源,有必要重新调整收费体系,优化保险费的计算方式。

最后,为了给老年人长期照护保险给付对象提供更有效的照护,以提供整合型照护(integrated care)为出发点,实现医疗领域和长期照护领域的有效衔接。在等级评定阶段同时测定给付对象的医疗需要和照护需要程度,在给付利用阶段,照护医院与照护机构之间的转院体系、护理及委托服务等进行有效衔接。目前照护医院和照护机构间的责任分工还不够明确,导致给付利用尚不能完全满足当事人需求。长期来看,应进一步综合考虑照护医院和照护设施之间的评价方式,通过建立共同的评价方式进行审查和评定,使给付对象可以根据需求和实际状况在照护医院和照护机构之间进行选择,更好地实现对给付对象的引导和帮助。

第六章　韩国的失智症管理政策

失智症是一种脑部疾病，伴随认知和记忆力丧失等临床症状，会影响患者的日常生活，导致行动不便，严重的情况下生活不能自理，需要他人照看（WHO，2012：6—8）。世界卫生组织将失智症判定为"人类面临的主要健康威胁因素"，并督促全球为解决这一问题而努力。通常来讲，老年人群体失智症发病率高。因此，伴随日益严峻的人口老龄化进程，老年失智症患者的数量明显增多。世界阿尔兹海默症协会（ADI）的数据显示，65岁以上老年人，年龄每增长5岁，失智症发病率就会增至两倍；2018年全世界失智症患者数量为5000万，预计2050年将增至1.15亿。失智症问题不再是哪个人或哪个家庭的问题，成为全球性社会问题。国际社会对于失智症的关注度也在不断提高，继2013年举行G8失智症首脑会议之后，在OECD和WHO等国际组织的引导下，不少国家制定了或正在探索制定失智症管理政策，并通过各国之间多方面的合作，共同探索有效的失智症应对策略。

人口老龄化背景下，韩国的老年失智症患者与日俱增，制定失智症政策的必要性日益凸显。韩国政府将失智症定位为国家重大问题，2008年开展了"与失智症的战争"的活动，2011年制定了《失智症管理法》，并且先后发布了三次《国家失智症管理综合计划》。本章对韩国失智症老年人照护相关政策进行梳理和分析，具体考察韩国三次《国家失智症管理综合计划》的核心内容；并以OECD提出的失智症政策制定方向及战略为参考，对比分析韩国失智症管理政策的成绩与不足。

一 韩国的失智症老年人照护政策

随着人口老龄化程度的加剧，2018年韩国65岁以上老年人口已占总人口数量的14%，到2030年和2050年，韩国65岁以上老年人口的比例将分别达到24.5%和38.1%。随着老年人口的增加，最近5年内，韩国老年失智症患者每年以11.7%速度增长；韩国老年失智症患者将从2015年的65万人，2030年增至127万人，2050年将增至271万人（韩国保健福祉部，2018）。2015年韩国65岁以上老年人口中失智症患者的比例为9.8%，预计2060年将上升到16.7%（韩国保健福祉部，2016：12）。

失智症发病率与人口老龄化同步，呈现加剧趋势。这也意味着失智症管理方面的投入费用需要持续增加。2015年韩国失智症管理总支出为13.2兆亿韩元，预计2050年将达到106.5兆亿韩元（金基雄等，2016：21）。失智症应对不仅需要增加财政支出，由于患者病情的特殊性，患者照看也成为重要的社会问题，需要增加人力投入。失智症，不仅事关患者个人的健康问题，对患者家庭及社会的正常运行带来威胁，是国家层面必须进行应对的重要福利政策课题。

（一）老年人长期照护保险中的失智症等级制度

作为社会保险制度的老年人长期照护保险，面向因高龄或老年性疾病等日常生活不能完全自理的老年人，在家庭或照护机构中为他们提供身体活动、家务援助等照护服务，通过增进老年人的健康、实现生活稳定，减轻家庭赡养负担，达到提高国民生活质量的目的。如果被判定为6个月以上难以独自进行日常生活，根据身心状况及需要长期照护的程度等等级评定标准，由长期照护等级评定委员会认定为给付对象。如果老年人为治疗疾病需要看病或用药时，可以同时接受国民健康保险给付和老年人长期照护保险给付。

2008年开始实行的韩国老年人长期照护保险制度，考虑到制度环境、财政以及基础设施等方面，初期对给付对象范围和给付内容进行了限制。老年人长期照护保险的适用对象为老年人长期照护保险参保人，与国民健康保险参保人一样，此外还包括医疗给付对象。长期照护给付对象包括，

65岁以上的老年人和64岁以下患有老年性疾病、向国民健康保险公团提出长期照护认证申请,并得到1—5等级认证的人。随着长期照护需求的增加,老年人长期照护给付对象的范围不断扩大,将身体功能几乎不受限制但因患失智症需要监护的人纳入失智症特别等级,建立了针对失智症管理的特殊给付体系。失智症特别等级制的实行,使得长期照护等级以外的对象,虽然照护需求比1—4等级要低,但因患有失智症需要照护的人也被纳入其中。老年人长期照护保险的长期照护评定分数,在2012年7月从55分下降到53分;2013年7月下降到51分;2014年7月下降到45分。韩国政府将45分以上的评定对象中的失智症患者纳入给付对象范围,将等级体系从原来的3级体系转换为5级体系。通过下调认证分数,相当一部分等级以外的人被纳入等级以内,照护服务对象范围扩大了。实行"失智症特别等级"制度,对扩大长期照护对象范围、提高失智症照护的专业化和服务人员质量等具有重要的意义。

从2008年长期照护保险制度开始实行到2015年10月,长期照护服务申请人共有144.96万人,但长期照护认证率仅为58.9%;尽管长期照护保险制度的对象范围在不断扩大,截至2017年6月,长期照护保险累计认证人数仅为55.24万人(韩国国民健康保险公团,2017)。韩国政府提出需要继续扩大给付对象范围,尤其是失智症轻症患者需要纳入服务对象范围。

长期照护给付分为居家给付、机构给付和特别现金给付。长期照护1—2等级的给付对象可以享受居家给付或机构给付;3—5等级的给付对象,可以申请居家给付,在需要使用机构给付时也可申请"长期照护给付种类和内容变更"。"失智症特别等级"对象优先考虑居家给付,目前,韩国政府将重心放在"日间/夜间托管"、维持服务质量及强化管理等方面,旨在建立减轻失智症老年患者家属照护负担的给付结构,提供维持服务对象的认知功能或防止病情恶化的服务。为"失智症特别等级"对象提供的认知活动型项目,旨在减轻抑郁情绪提高记忆力,维持或提高给付对象日常生活残存能力。"日间/夜间托管",开展丰富的个人项目、团体项目;认知活动型项目中的入户照护,考虑到给付对象的需求及状态,照护保护师与给付对象一对一根据失智症患者的特殊性,优先开展认知活动。通过为家属提供咨询援助服务,营造社会问题共同解决的社会环境。

为了预防失智症老年患者失踪事件的发生，扩大"徘徊感应器"的普及范围。充实入户服务，与护士、社会福利师等进行团队合作，为早期失智症老年患者提供照护、沐浴、护理、咨询等综合上门服务，并向新获得最低等级认证的失智症老年患者提供利于稳定早期病情的免费护士服药指导及失智症患者护理知识。新增的失智症轻症老年患者的给付内容，主要是为减少失智症老年患者家庭负担，提供多样化的上门服务。

（二）老年人健康援助

老年人健康援助工作包括诸多内容，为了加强老年人的健康管理，开展老年人健康诊断、老年人实名预防失智症工作、设立失智症咨询中心、开展失智症诊断工作等失智症治疗与管理工作、预防失智症老年人失踪及失踪者的寻找工作、为食物短缺老年人免费供餐、设立公立照护医院、设立促进老年人健康的香薰保健所等，但仅限于为低收入老年人提供服务。其中，失智症咨询中心根据《失智症管理法》和《地区保健法》建立，为顺利开展本地区的失智症患者管理工作，对失智症老年人进行登记，提供必要的咨询和援助等服务。开设失智症咨询中心的保健所将从医生、护士和精神保健专业人员中指定专门负责失智症管理工作的咨询专务人员，对老年失智症患者进行登记和管理，对老年失智症患者和其监护人提供咨询和援助，针对失智症预防和护理纲领进行培训，对失智症老年患者进行上门访问和管理，对失智症老年患者的社会支持进行引导。根据《失智症管理法》，2006年韩国开始进行失智症筛查。通过对60岁以上老年人进行早期筛查，尽早发现，及时管理。2015年开始，韩国的地区保健所和定点医院对60岁以上的所有老年人进行失智症筛查。失智症治疗管理费援助是指，家庭收入低于全国家庭平均收入100%的60岁以上老年人中，针对被诊断为失智症并服用失智症治疗药物的老年人，为其援助药费和诊疗费用。老年人失踪预防及寻找工作，是根据《老年人福利法》，与中央失智症中心或警察厅182中心联动起来，开展寻找徘徊及失踪可能性较大的失智症老人的工作。失智症老人标识牌发放是指，由地区保健所向失智症老年患者发放标识牌，并登记到警察厅电算网进行统一管理。扶持公立照护医院工作，是根据《医疗法》对失智症老年患者提供专项治疗和照护服务，防止病情恶化，减轻老年患者家庭负担（权中敦，2017）。

二 韩国的失智症管理政策体系

(一) 韩国国家失智症管理政策的制定背景及过程

在经济快速发展、生活水平大幅提高的1990年代后期，随着国民预期寿命延长，韩国将失智症管理提上国家重要政策议程。1994年韩国失智症协会成立，支持失智症管理方面的研究事业，开始引起社会关注（韩淑媛，1999：97）。1996年，韩国加入UN安保理事会和OECD后，通过与各国的福利水平进行比较，针对失智症的政策需求开始增加（韩国保健福祉部，2015b：23—25）。1996年3月，韩国公布了"提高老年人、残疾人生活质量的福利综合对策"的失智症管理政策。其中名为"失智症老年人10年对策"的具体政策，致力于失智症管理的设施建设。以此为基础，1997年，韩国在市/郡/区保健所设置了失智症咨询投诉中心，配置了失智症咨询人员，为需要设施照管的失智症患者扩建诸如失智症专科医院和照护设施（赵孟济、赵成振，2000：149）。1999年发布了"老年人福利中长期发展计划"，针对老龄化社会老年人赡养负担加重、经济活动人口减少等问题提出应对措施。之后，韩国政府于2005年发布了《少子老龄社会基本法》，以5年为单位制定和执行"少子老龄社会基本规划"，目前已先后发布了2006年、2010年、2015年共三个阶段的规划。第一阶段的少子老龄社会规划中提出构建失智症老年人综合管理及支助体系；第二阶段的少子老龄社会规划是对第一阶段规划的扩充和完善（韩国保健福祉部，2011）；第三阶段的少子老龄社会规划中，除了第一、二阶段强调的失智症管理体系、基础设施建设之外，还强调了失智症应对体系和照护体系的进一步完善，以及加大技术研发问题（大韩民国政府，2015）。

1990年代后期，韩国开始逐步制定失智症相关政策，但制定的政策主要以老年人福利及老龄化社会应对措施为重点，相关研究主要围绕老年人及失智症老年患者福利政策展开，失智症政策相关研究尚未成为独立的研究课题。但从2000年代后期开始，失智症现状研究、失智症照护人员的专业水准调查研究等针对失智症患者管理方面的政策研究、失智症管理政策存在的问题及改善方向的研究、关于保险制度和失智症政策的研究、对失智症老年患者赡养负担的研究等大量出现，这些研究都围绕失智症这个单独的议题展开，为失智症政策制定营造了积极的社会氛围。

2007年开始，韩国政府将每年的9月21日定为"失智症克服日"，每年举行宣传活动，改变社会对失智症的偏见。2008年发起"与失智症的战争"的活动，并发布了第一阶段失智症管理综合计划（以下简称第一阶段失智症计划）。2011年8月，韩国政府颁布了《失智症管理法》，紧接着在2012年11月开始了第二阶段的失智症管理综合计划（以下简称第二阶段失智症计划）。2015年12月发布了第三阶段的失智症管理综合计划（以下简称第三阶段失智症计划），当前正在推行中。第三阶段失智症计划，以对第二阶段管理成果的评价以及针对第三阶段政策的事先规划为基础，比前两个阶段更为体系化。

（二）韩国国家失智症管理政策的主要内容

从2008年到2015年，韩国保健福祉部制订并推行了三个阶段的失智症管理综合计划，对过去针对老年人对象群体的失智症相关政策进行总结和完善，形成综合性的政策内容。少子老龄社会规划中也有一部分关于失智症的政策内容。从时间上来看，第二、第三阶段少子老龄社会规划的发布时间，与失智症管理综合计划的第二、第三阶段发布时间差异不大，因此少子老龄社会规划中包含的失智症政策大部分体现在失智症管理综合计划中。

从主要政策方向来看，第一阶段失智症计划的对象仅仅局限于失智老年人，第二阶段和第三阶段逐渐将政策对象范围扩大，除了失智症患者，还包括看护人员和地方社区等。第二阶段的计划，对第一阶段进行了补充，实行时间为三年，比第一阶段和第三阶段时间短。从整体政策格局来看，第二阶段是第一阶段主要政策内容的完善版本。当前正在推行的第三阶段失智症计划，它包含了失智症患者的诊断和治疗方面的政策，还增加了减轻经济负担、支持科研开发等基础建设方面的内容。

具体分析每个阶段的政策不难看出，第一阶段计划帮助公众正确认识失智症，其特点是提高了人们对于患病初期诊断检查必要性的认知（韩国保健福祉部，2008）。这时期确立了以下三个政策方向：与健康增进工作的联动发展；分类型管理；建立综合性、系统性的失智症管理体系。采取的措施有：失智症初期筛查和预防；综合、系统的治疗管理；基础设施建设；减轻家庭负担；减少社会偏见和歧视等。2006—2012年，随着计划的逐步推进，第一阶段成果凸显，推动了《失智症管理法》的制定和颁布，构建了失智症初期筛查及后续管理工作的基本框架。

表1　　韩国不同时期失智症管理综合计划政策内容比较

类别	第一阶段失智症管理综合计划	第二阶段失智症管理综合计划	第三阶段失智症管理综合计划
时间	2008—2012年	2013—2015年	2016—2020年
目标	老年人舒适、有尊严的生活	—	患者家庭在所在社区内的舒适、安全生活
方向	与健康增进工作的联动	建立基本的失智症预防—发现—治疗—保护体系	以社区为中心、不同患病程度的治疗和照看
	分类型管理	提高失智症家庭的生活质量，减轻老年人的担忧	建立维护失智症患者权利、安全以及减轻家庭负担的支助体系
	建立综合、系统的管理体系	正确看待失智症，广泛引起社会关注	—
主要政策内容	失智症初期筛查及预防	早期确诊及加强预防	以社区为中心的失智症预防管理
	综合、系统的治疗管理	针对性治疗和照护服务	为患者提供舒适安全的诊断、治疗、照护服务
	基础设施建设	扩充基础设施	减轻失智症患者家庭负担
	减轻患者家庭负担及提高公众认知	家庭帮扶、增强社会沟通	推进研究、统计与技术基础上的基础设施建设

2013—2015年期间推行的第二阶段计划，其主要特征体现在《失智症管理法》为国家层面的失智症管理政策提供了当为性基础（原始妍，2013），初步建立起失智症管理传递体系，促进了预防、早期发现、患者照护、家属援助、基础设施等照护服务供给等措施的发展（韩国保健福祉部，2012）。这期间三个政策方向：建立基本的失智症预防—发现—治疗—保护体系；提高失智症家庭的生活质量，减轻老年人的担忧；正确看待失智症，引起广泛社会关注。第二阶段的政策主要是对第一阶段的补充，有许多内容和第一阶段是重复的。失智症早期确诊及加强预防、针对性治疗和照护服务、扩充基础设施、家庭帮扶和增强社会沟通等政策都是

为了完善失智症管理传递体系和基础设施建设。

当前韩国政府正在实施的第三阶段计划，实行时间为2016—2020年，与前两个阶段计划的不同之处在于，它不是从供给方而是从服务需求方出发，强调实质性减轻失智症患者的家庭负担。之前的失智症管理工作主要集中在失智症患者的照护和福利服务方面，在第三阶段计划中，其特征转变为借助医疗保健服务建立有针对性的失智症治疗管理体系，促进保健和福利资源的均衡发展、以科技及统计数据为基础指导政策制定，提高政策实效性（韩国保健福祉部，2015c）。在此基础上的政策任务包括以下四个方面：以社区为中心的失智症预防管理；为患者提供舒适安全的诊断、治疗、照护服务；减轻失智症患者家庭负担；推进研究、统计与技术为基础的基础设施建设，具体包括10个领域38条细化政策措施。详细内容如表2。

表2　　　　韩国第三阶段失智症管理综合计划的主要政策内容

推行政策	具体内容
以社区为中心的失智症预防管理	1. 以全体国民为对象的失智症预防支助
	2. 改善对失智症的消极认识和偏见，营造友好的环境
	3. 以失智症咨询中心为主，对失智症3大高危人群（严重认知低下者、中断失智症治疗者、75岁以上独居老人）进行管理和初步筛查支助
为患者提供舒适安全的诊断、治疗、照护服务	4. 以地方为中心建立失智症管理体系，提高专业性
	5. 为失智症患者提供可信赖的照护和设施
	6. 建立重症晚期失智症患者管理保护及防止受虐支助体系
减轻失智症患者家庭负担	7. 为照看失智症患者的家属提供咨询服务及相关教育
	8. 扩大社会对失智症患者家庭的支助
	9. 扩大财政对失智症患者家庭的支助
推进研究、统计与技术基础上的基础设施建设	10. 以研究、统计及技术支持为基础扩充基础设施

第一方面，以社区为中心，围绕失智症预防和管理，展开失智症预防实践 APP 的开发推广、配对失智症搭档、运营失智症安心团体、三大高危人群管理和早期发现援助等工作。第二方面，为失智症患者提供舒适安全的诊断、治疗、照护服务，将目前非给付范围的失智症精密筛查诊断项目转变为给付项目、设立失智症家属咨询收费标准、失智症专科病房楼示范运营。此外，还包括长期照护 5 等级改善、全天候短期入户照看服务、低收入独居失智老人公共监护制度等。第三方面，为了减轻失智症患者家庭的负担，提供咨询、教育方面的支助，心理健康检查，税收减免措施等。具体来说，包括为失智症患者家属提供线上心理咨询、设立失智症咨询呼叫中心提供 24 小时失智症患者家属咨询服务、为失智症患者家庭提供旅游代金券等。第四方面，从研究、统计和技术方面进行支持，发行失智症研究统计年报、提供失智症信息数据分析报告、持续推进失智症诊断和治疗方面的药品开发等临床研究，实施失智症流行病学调查（5 年为单位）、失智症设施和照护支助现状分析（3 年为单位）、失智症认知度调查（3 年为单位）等，为政策制定提供实际的依据。此外，鼓励以老年人适用产品和网络为基础的商业化技术开发。

三　韩国的失智症国家责任制

治疗一名失智症患者所需的年度费用高达 2330 万韩元，这对个人来说是非常沉重的经济负担。文在寅政府在第二次长期照护基本规划（2018—2022）中提出建立"失智症国家责任制"，主要内容为"以健康保险保障失智症医疗费的 90%"，进一步加强了国家对失智症患者的照顾责任。

（一）失智症国家责任制的政策目标和意义

"失智症国家责任制"设立了以下三个方面的政策目标。首先，扩充社区失智症管理基础设施；其次，缓解患者家庭的经济负担，实行失智症老年患者长期照护保险个人负担上限制，将用于失智症治疗的健康保险个人负担率降低到 10% 以内；再次，将失智症管理对象扩大到轻症患者。

具体政策内容包括：定制型案例管理（设置失智症患者安心中心）、扩大长期照护服务（等级扩大及扩充失智症患者安心设施）、加强对失智症患者的医疗援助（扩充失智症患者安心照护医院）、减轻失智症患者的医疗费及照护费（扩大患者个人负担费用的减免群体）、建立失智症预防和失智症友好型环境（加强国家健康筛查及对失智症家庭实行休假制）、扩大失智症治疗和照护技术研究（失智症预防、诊断、治疗技术开发）、失智症政策行政体系的调整（新设失智症负责部门）等（韩国保健福祉部，2018）。

韩国政府在全国设立了256处失智症服务中心，加强了咨询、检查、治疗、照顾之间的连贯性；在长期照护保险中为轻度失智症患者新设了认知支援等级，通过在失智症服务中心的早期检查，诊断为失智症患者的老年人可以申请长期照护认知支援等级并接受相关帮助。

失智症国家责任制改变了以往将失智症视为个人问题的认识，由国家分担失智症患者及家庭痛苦，通过整合本地区的基础建设，构筑实现系统化管理失智症的医疗及照护服务传递体系，通过国民健康保险或老年人长期照护保险给付，由国家分担失智症患者家庭赡养负担，体现出失智症管理范式的转变。失智症国家责任制弥补了前期失智症政策的不足。从早期诊断和预防开始，到咨询和案例管理以及医疗援助等，致力于建立综合的失智症援助体系。2007年开始，针对家庭收入在全国平均收入水平150%以下、诊断患有失智症和脑溢血的人、老年人长期照护等级以外的评定对象、1—3级残疾人、重症患者等难以独自维持日常生活的老年人，为保障他们可以度过稳定的老年生活，维持家庭的基本社会经济活动，为他们提供家务及活动援助服务或是日间托管服务[①]。

（二）失智症国家责任制的传递体系

对于失智症老年患者来说，政策传递体系组织的可及性、人力资源的专业性、职责投入度、协作性、责任性具有很重要的作用（李在满，

---

① 属于老年人援助综合服务对象的长期照护等级以外的相当一部分人群，与"失智症特别等级"患者存在重复服务现象，需要进一步明确两项政策的覆盖范围和作用。

2012；赵勇男，2015）。韩国政府为构建从失智症预防到照顾、治疗、家庭援助的失智症老年患者保障体系作出了不懈努力，现行失智症管理工作的执行部门，有保健福祉部、中央失智症中心、广域（市）失智症中心、失智症咨询中心等，在国民健康保险公团的管理监督下，照护医院和照护机构提供照护服务。

根据"失智症国家责任制"，活动能力较强的失智症轻症患者可以使用安心型日间/夜间托管机构，失智症重症老年患者则与普通患者分开，进入专门设置的安心型长期照护机构。安心型机构通过扩充地方自治团体直营机构及吸纳民间机构，计划到2022年完成阶段性扩充。失智症重症老年患者可以通过全国范围内扩充的失智症安心照护医院接受短期集中治疗，失智症安心照护医院将在全国的公立照护医院试点运营失智症患者示范病房，计划今后将分阶段扩增。作为失智症老年患者政策传递体系组织，与一般机构相比，安心型机构增加了照护保护师，提供有关维持身体和认知功能的失智症患者专属项目；作为传递体系人员，认知活动照护保护师根据提供"失智症特别等级"服务的入户照护机构负责人制订的针对各种给付对象的认知活动型项目计划开展实务工作。

但从现实情况看，一是服务传递体系内部未能充分衔接；二是对农渔村地区老年人而言，具有失智症医生的专业治疗医疗机构可及性较低；三是作为专职人员的认知活动照护保护师的配置比例不足，入户服务中的认知活动型项目很难有机会体验。

（三）失智症国家责任制的财政问题

2017年，韩国65岁以上老年人口中失智症患者有72.5万名，失智症患者的管理费用为13.2兆韩元。随着失智症老年患者的增加，预计到2050年将增加到106.5兆韩元，占GDP的3.8%（李满宇，2017）。如果将90%的失智症医疗费用纳入健康给付，并在长期照护保险给付上采用个人负担上限制，包括诊疗费用等所有费用，每个失智症患者的年均医疗费用为2030万韩元，部分患者需要1800万韩元，共需要12.1兆韩元的费用。据推算，到2050年失智症患者将达到270万人，预计韩国政府每年将要负担48.6兆韩元的费用（李满宇，2017）。失智症国家责任制的内容，除了集中针对失智症之外，韩国政府还计划新设"失智症综合诊疗给付",以便在同时出现内、外科疾病和牙科疾病等疾病的情况下也不用担心,直接接受治疗。另外,与失智症相关的综合神经认知检查(SNSB、CERAD-K等)、磁共振成像检查(MRI)也将依次纳入健康保险。除了以上诊断检查费用之外,韩国政府还将推进多元化的政策(韩国地方行政共济会,2017)。

财政的充足性对政策效果具有积极影响。如果财政来源不稳定,最终将导致服务质量的下滑。为了缓解失智症患者的医疗费及照护费负担,需要以长远的眼光考虑,进行财政方面的政策应对。

四 OECD 提出的失智症管理政策制定框架

在全球呼吁失智症需要制定国家政策的形势下,2014 年 OECD 成员国在日本举行"G7 dementia legacy event",强调在失智症政策开发方面国际性指导框架的必要性和重要性(OECD,2014:33)。尽管各成员国大都已制定与失智症相关的政策或战略,仍然有大约 4400 万失智症患者及其家属没有得到适时、充分的援助,因此 OECD 提出应优先制定失智症相关的国际性政策(OECD,2015:11)。为了提高各国失智症管理政策的效果,OECD 成员国达成构筑国际合作体系的共识。2015年 3 月,为构建国际失智症管理政策框架,OECD 提出了失智症政策的制定战略和政策方向。OECD 不仅强调制定一些利于提高失智症患者生活水平的政策,同时还提及由于失智症不同的发病特征,其治疗方法和政策需求也会有所不同,所以制定政策时应依据失智症患者病情的严重程度进行差异化应对(OECD,2015:30)。为此,OECD 提出"失智症政策制定的十大战略",包括预防阶段到病情末期的不同周期的失智症管理政策和照护者支助的技术性基础设施建设等多元化内容和领域(OECD,2015:30—32)。

如果将 OECD 提出的政策制定战略作为有效制定失智症管理政策的框架,以此对韩国的失智症政策,从基础设施建设、失智症预防和临终关怀等病情不同阶段的应对政策进行比较分析,结果如表 3 所示。

表 3　　OECD 失智症政策十大战略对比下的韩国政策

阶段		OECD	韩国
预防		将失智症发病危险降到最低	全体国民为对象的失智症预防实践
诊断		发现失智症症状及时诊断	以失智症咨询中心为重点,对三大高危人群进行管理及早期筛查发现
失智症病情阶段	早期	营造失智症患者友好型社会	改变偏见,营造友好环境
		对失智症患者看护者(亲友)进行支助	支助患者居家及设施照护
	中期	营造失智症患者安全、合宜的生活环境	建立以地方为中心的失智症治疗管理体系,提高专业水平
		提供良好安全的长期照护服务	支助患者居家及设施照护
		提供管理有效的健康服务	建立以地方为中心的失智症治疗管理体系,提高专业水平
	晚期	尊重患者意愿,有尊严的临终服务	建立保护重症失智症患者临终权利和防止被虐待支援体系
整合联动体系及技术运用		提供整合型、事先性、家庭联动的照护援助	为患者家庭提供咨询、教育、自助活动等支援;扩大社会、经济支助,减轻患者家庭的照护负担
		失智症领域潜在技术的现实运用	通过研究、统计、技术等指导基础设施的扩充

韩国的失智症应对政策基本上符合 OECD 提出的失智症政策制定十大战略,但是在政策具体化方面还有待加强,在政策实践方面也需要落到实处。韩国的政策除了诊断、治疗阶段之外,大部分集中在照护服务的提供以及对照看患者的家庭成员的社会援助等方面。由于失智症患者的特殊性,促进医疗服务和照护服务的整合、联动非常重要和必要,因此在韩国的失智症政策中该部分还有待完善。

五　韩国失智症管理政策的成果、局限性及改善方向

2008—2015 年,韩国政府共发布了三个阶段的国家失智症综合计划。从不同年份的计划树立背景和政策比较结果来看,韩国的国家失智症管理政策具有以下意义:首先,第一阶段综合计划对之前零散的失智

症政策进行整合、完善，综合、体系化地制订了最初的国家综合计划。其次，第二阶段综合计划进行过程中，2011年制定的《失智症管理法》使得国家综合计划有了法律依据，成为国家层面对失智症进行管理的政策基础。最后，第三阶段综合计划不同于第一、第二阶段，参照了OECD提出的失智症政策制定战略，根据国际标准，明确分阶段制定相应政策。

（一）成果

与其他社会问题的应对相比，韩国政府在失智症方面的政策制定较为迅速。韩国第一阶段计划的确立时间较早；从第一阶段到第三阶段，服务传递体系更加完善，除了失智症患者，照护家属也被纳入援助范围之内，政策方向也逐渐从供给侧转变为需求者为主的模式，强调对照护人员的支持和社区的重要作用，更加符合时代发展趋势。

韩国第三阶段失智症管理综合计划（2016—2020）实施之前，第一、二阶段失智症管理综合计划，取得了以下成果。一是加强了早期失智症患者的发现和预防工作。为了规避失智症诱因，加强事先应对，开发和普及失智症预防守则和活动，保健所通过早期检查工作，提高了早期失智症的确诊效率。通过推进失智症诊断工作，截至2016年，韩国失智症确诊患者约有20.3万名（韩国保健福祉部，2017）。二是加强了失智症患者的治疗和保护。为了延缓失智症进程，加强治疗援助，将长期照护对象的等级从3等级扩展为5等级，为5等级轻症失智症患者提供认知活动项目，加强对家庭照看人员的帮助，扩充了日/夜间托管机构。三是扩充了基础设施。将中央失智症中心和市/道直辖失智症中心扩大到17处。四是加强了对家庭的帮助和社会沟通。设置失智症咨询呼叫中心进行照护咨询，针对失智症患者家庭组织培训和自助聚会。但政策开展过程也发现了诸多待完善的地方，例如，面向75岁以上独居老人等失智症高发人群的针对性服务不足，针对照护等级外人员及高发人群之外的健康老年人的预防内容不足，对非药物治疗的效果性检测和标准化不足，农渔村等弱势地区失智症患者的照护体系不健全，保健所失智症咨询中心的专职人员和场所不充足，为失智症患者家属提供的社会、经济支持等实质性的减负方案也有待进一步完善（韩国保健福祉部，2015a）。

为了解决以上问题，第三阶段失智症管理综合计划提出以需求侧失智症患者的照护路径为主线［一般人→老年人→高发人群（独居老年人、认知低下人群）→轻度、中度失智症患者→重度、生命历程晚期失智症患者］，充分利用保健医疗领域的资源，为失智症患者量身打造治疗管理体系，打破此前对失智症患者的帮助主要围绕长期照护和福利服务的局面，为实现患者的福利和保健提供均衡支助。为此，韩国推进"以社区为中心的失智症防治""提供舒适安全的失智症患者诊断、治疗及照护""减轻失智症患者家属的抚养负担""加强研究统计和技术帮助"四个重点领域的协调发展，并将建立提供以社区为中心的不同程度的失智症治疗和照护。保护失智症患者的权利和安全，以及减轻家庭负担为主的支助体系作为核心目标（韩国保健福祉部，2018）。

（二）局限性

韩国的失智症管理政策取得了明显成果，但仍然存在一些局限性。第一，失智症的诊断治疗过程中，医疗体系和福利服务体系之间的联动还不够紧密。韩国的失智症政策不是以医疗保健为主，而是以福利为主，虽然建立了针对援助对象的广泛的传递体系，但是医疗与福利之间的有机结合与管理方面还有待加强。第二，主要针对老年人群体中的失智症患者，对于年轻的失智症患者的管理和服务存在不足。由于某些原因，失智症也会在年轻人群体中发生。第三，在提高公众的社会认知和整体政策的具体落实方面还有待提高。韩国的政策范围广，同时也导致在实践方面比较弱。此外，由于韩国的失智症政策是由单一部门制定的，所以对于失智症和相关问题的掌握及解决办法全面性不足。

（三）改善方向

失智症消耗巨大的人力和财力，不仅是患者个人和家庭的问题，也是社会和国家需要应对的问题。随着老龄社会进程的加速，国家失智症政策的重要性日益凸显。对于失智症问题，不能仅仅关注患者管理，应该以医疗服务体系的建立完善为基础，以社区为中心，扩大政策的覆盖范围和全面性。作为失智症患者支助体系中最重要的手段，国家失智症相关政策，在修订改进之前必须对现有政策作出评价，对于方向模糊、毫无进展的政策立即中断（ADI，2016：37）。这就要求，建立国家失智症管理政策评价体系，通过客观依据指导政策制定，促进未来政策进展，增强政策的实效性。针对韩国失智症政策目前存在的局限性，金敏京、徐庆华（2017）提出如下改善方案。

第一，在提供多种失智症管理服务方面，构建医疗和社会服务相结合的综合、联动、协调体系。针对失智症患者保健机构、医疗机构和主要相关部门之间建立合作关系，开展失智症患者登记建档工作，便于管理。在现行体系中，保健机构和医疗机构虽然都提供早期筛查服务，但由于机构之间缺乏合作，影响工作效率。第二，失智症管理政策对象从以老年人为主扩大到全体国民。将被忽略的年轻患者也纳入支助范围，针对性地制定援助政策。第三，制定政策时有必要细化政策目标和战略。在提高政策的实效性方面，比起为了完成目标而制定政策，让社会成员的理解和实践具体到行为的细化政策则非常必要。从医疗服务到社会福利服务，失智症政策涉及范围极广，需要根据病情阶段制定针对性的政策内容，从而提高政策的执行效率。第四，失智症问题已经成为社会关注的热点问题，除了保健福祉部，还应该联合多元化的部门，使得失智症管理更成体系。比如在日本，新橙色计划就是由9个部门联合出台。

在社会分配方面，对失智症老年患者的援助在持续扩大，但依然存在对失智症老年轻症患者的援助不足的情况，有必要进行完善。在社会给付方面，为失智症老年患者和其家属准备的项目还不充足。因此，为维持身体或认知功能而开展上门服务的类型，应反映出社区便利性和人员特色，使其多样化，真正帮助患者家庭和失智症老年患者维持日常生活。在传递体系方面，对于农渔村等偏远地区，应该确保足够的医疗保障机构和专业人员。今后，应通过调整照护机构和照护医院的功能，提供综合服务，严格遵守服务规则，加强对长期照护机构服务质量的管理，提高从业人员的专业性，实行长期照护机构认证更新制度，通过对从业人员实施系统的培训，提高专职人员的作用，持续推进长期工作奖金制度，进行待遇改善（韩国国民健康保险公团，2017）。此外，扩充失智症安心型机构数量，加强夜间失智症咨询热线（1899—9988）与保健福利呼叫中心（129）的联动（韩国国务调整室，2018），为失智症患者及其家属提供更多便利性。在财政资金方面,针对急剧增加的失智症老年患者产生的照护费和医疗费上涨,以及扩充失智症患者管理基础设施等导致财政资金不足的状况,需要着眼长远,及早应对。

第七章　韩国的老年人福利服务体系建设

韩国在 2018 年进入老龄社会，预计在 2025—2026 年进入超老龄社会。为应对人口老龄化，近几年韩国制定和修改了多项老年人福利制度。在老年人收入保障和雇佣保障领域，2013 年修订《关于禁止雇佣年龄歧视及促进老年人雇佣的法律》后开始实施退休年龄延长制度；2014 年颁布《基础年金法》后开始实施基础年金制度；2015 年制定《养老准备支援法》后开始实施养老准备支援服务制度；在医疗保障领域，2016 年制定《关于临终关怀舒缓医疗与临终患者延命医疗决定的法律》并开始实施舒缓医疗与延命医疗制度。

除了制定和修订上述法律法规推动老年人福利制度建设以外，文在寅政府上台后，将影响老年人福利发展的长期计划的调整提上议事日程，2016 年开始推进对老龄化社会产生全面影响的第三次"少子老龄社会基本规划（2016—2020）"。"少子老龄社会基本规划"在指导老年人福利服务的长期发展方面发挥重要的作用。该规划根据 2005 年颁布的《少子老龄社会基本法》制定，每 5 年进行一次修订。第三次"少子老龄社会基本规划（2016—2020）"试图转换范式方向，综合、系统地解决少子老龄化问题。第 3 次规划的应对范式，是通过扩大国民年金和住宅年金等方式，加强本质性养老准备，培养老龄产业等，改变老龄社会的经济、社会福利制度结构。第三次"少子老龄社会基本规划（2016—2020）"的政策内容也体现在韩国政府在 2017 年发布的"居住福利蓝图"中，提出将推动实行针对 65 岁以上老年人的年金型房屋租赁制度。在老年人雇佣保障领域，随着第三次"老年人雇佣促进计划（2017—2021）"的推进，在"55＋工作时代，工作和生活都充满活力（active ageing，积极老龄化）"的愿景下，无年龄差别、只认能力的工作制度建设提上日程。

一　韩国老年人福利服务的法律依据

通常来说，社会福利制度以福利提供方式作为划分标准，分为社会保险、公共救助、社会服务等。老年人福利制度是由针对老年人问题的社会应对方案构成的对策体系，是公共及民间各种对策体系的集合。老年人福利制度中，有包括老年人在内、针对全体社会成员的制度，也有指向性的单独以老年人为对象群体的福利制度。例如，在收入保障制度上，前者有国民年金制度，后者有基础年金制度。老年人福利服务是仅为老年人群体提供公共服务的老年人福利制度的一部分，属于社会福利制度中的社会服务范畴。

1981年颁布《老年人福利法》之后，韩国政府开始制定以老年人为单独扶持对象的特殊政策。《老年人福利法》的目的是制定必要的措施，使老年人保持身心健康和稳定的生活，增进老年人福利。《老年人福利法》制定之后进行了数次修订，在指导老年人福利循序发展发面发挥了重要作用。《老年人福利法》的基本原则是适应老龄化的社会变化态势，从以贫困老年人为主的救助性服务转变为以普通老年人为对象的普惠性服务，从以家庭为主逐渐转向强化国家的责任，由重视收容设施转向居家福利，并制定针对虐待老年人行为的法律，加强老年人人权保障，针对老龄社会的特征，积极为老年人创造工作岗位。上述变化促使韩国的老年人福利设施类型得到扩增。韩国《老年人福利法》（2017年修订版）定义的老年人福利设施，包括老年人居住福利设施、老年人医疗福利设施、老年人休闲福利设施、居家老年人福利设施、老年人保护专门机构、老年人工作支援机构、受虐待老年人专用保护站等。

为了适应老龄社会并实现积极老龄化，韩国政府制定和多次修订了老年人雇佣相关法律。随着对老年人雇佣的关注度越来越高，1991年12月，韩国政府制定了《老年人雇佣促进法》。该法律是为推动壮年期老年人（55—64岁）获得雇佣岗位而制定。该法规定了企业雇佣老年人的基准雇佣率和企业雇佣老年人的义务化。2002年12月，韩国政府对《老年人雇佣促进法》进行了第一次修订，明确规定雇主招用、聘用或解雇雇员时，没有正当理由的，不能以老年人或是准老年人的理由进行差别对待。这项内容成为防止劳动市场年龄差别对待的法律依据。2006年12月，韩国政府对《老年人雇佣促进法》进行了第二次修订，规定每5年制定一次"老年人雇佣促进基本规划"，以长期推进老年人雇佣。2008年3月，为进一步防止年龄歧视，韩国政府将《老年人雇佣促进法》修改为《关于禁止雇佣年龄歧视及促进老年人雇佣的法律》。2013年4月，《关于禁止雇佣年龄歧视及促进老年人雇佣的法律》进行了修订，将延长退休年龄列为义务事项。

2006年12月，韩国政府制定了《老龄亲和产业振兴法》，主要目的是扶持和培育老龄亲和产业，从而提高老年人生活质量和推动国民经济可持续发展。2007年4月，韩国政府制定了《老年人长期照护保险法》，主要目的是提高患有慢性疾病的老年人的生活质量，减轻家庭的赡养负担。同年4月，韩国政府制定了《基础老龄年金法》，并于2014年5月修改为《基础年金法》，成为保障老年人获取普惠性收入的重要法律依据。为了降低居高不下的自杀率，2011年3月30日，韩国政府制定了《预防自杀及创造尊重生命文化的法律》。2011年8月，韩国政府制定了《失智症管理法》，建立了一套贯穿失智症治疗、管理全过程的国家干预体系。2012年8月开始实施的《关于支助残疾人、老年人等居住弱势群体的法律》，制定了为低收入老年人家庭扩大住宅供给的制度。2015年6月，为引导国民全面做好养老准备，为国民提供关于财务、健康、休闲、人际关系状况的诊断和咨询，制定了《养老准备支援法》。2016年2月，为提高晚期癌症患者的生活质量，建立尊重尊严性死亡的制度，制定了《关于临终关怀舒缓医疗与临终患者延命医疗决定的法律》。

除了以上这些法律，老年人福利服务相关法律还有成为社会福利服务整体基础的《社会福利事业法》。另外，虽然不是专门针对老年人群体，但也构成老年人福利制度重要内容和法律依据的《国民年金法》《关于公共年金的法律》《健康保险法》《雇佣保险法》《医疗给付法》以及《国民基础生活保障法》。

二 韩国老年人福利服务的主要内容

韩国老年人福利服务的范围很广。韩国政府"第三次少子老龄社会基本规划"中老龄社会对策部分的内容可视为韩国老年福利服务政策的基本框架。

表1　韩国老年人福利服务的政策内容和服务对象（2016年）

	项目名称	福利内容及对象
保障老年人健康生活	推动老年人运动（保健福祉部）	・健康百岁运动教室（3487个敬老堂和运动自助小组） ・健康里程（示范项目、6个地区29个机构）
	老年人疾病预防及管理强化（保健福祉部/食品医药品安全厅）	・实施社区初级诊疗示范项目 ・制定老年人药物误用、滥用对策
	老年人精神健康管理强化（保健福祉部）	・以精神健康管理增进中心为主甄别老年人自杀危险群体，实施提供综合案例管理服务的示范项目
	老年人医疗费减负（保健福祉部）	・从2015年开始实施老年人手术费（人工关节）支援项目（低收入老年人） ・构建老年人照护设施内委托管理体系
	扩大一站式护理服务（保健福祉部）	・以部分民间及公立医院为中心开展看护、陪床综合服务项目，逐步扩大到地方中小医院
	加强后期医疗体系，例如激活临终关怀等（保健福祉部）	・从晚期癌症患者临终关怀试行项目（2003年）开始，扩大到家庭型和照护医院、非癌症晚期患者
扩大老年人社会参与机会	扩大老年人的休闲机会（文体部）	・为文化弱势群体启动文化使用券支持项目（与商品开发联动） ・老年人文化项目持续开发 ・为提高全生命历程的丰富性，启动终身文化艺术教育

续表

	项目名称	福利内容及对象
扩大老年人社会参与机会	老龄亲和型内容开发（文体部）	・制定国民休闲激活基本规划，进行老龄亲和定制型休闲内容的开发研究
	老龄文化、休闲基础设施改善（保健福祉部）	・开发并推广老年人福利馆标准运营模式
	加强老年人志愿者支援体系（保健福祉部）	・通过持续扩展和培训老年人志愿服务组织，提高其力量 ・退休公务员综合门户网站社会贡献联动促进 ・推进科技志愿者活动
	充实老年人社会活动支援项目公益活动（保健福祉部）	・扩大公益活动和才能分享项目
	夯实老年人教育基础（保健福祉部）	・通过将退休专业人员（退休教师、专家）委托给教育捐赠团体，促进教育捐赠活动的参与
	启用阶层定制型终身教育（教育部）	・通过构建市/道终身学习网络，扩大弱势群体（中断工作的女性、中断学业者、婴儿潮一代退休人员）的定制型项目
	市/道——市/郡/区/邑/面/洞联合型国家终身教育振兴推进体系（教育部）	・通过充实国家终身学习门户网站（终身学习）的内容等，构建市/道终身学习网络
营造老年人友好型生活环境	为老年人提供更多租赁住房（国土部）	・为低收入老年人提供公租房 ・公共银发住宅：为独居老年人提供租赁住宅和社会福利服务（11个地区） ・翻新旧住宅，作为老年人和大学生等1人家庭的租赁住宅
	为老年人提供安全舒适的居住环境（国土部）	・为低收入65岁以上个人住房补贴对象提供老年人便利设施（安全把手、去台阶化等）安装费用
	构建一站式居住支援指导体系（国土部）	・建设我的家网站（www.myhome.go.kr）

续表

	项目名称	福利内容及对象
保障老年人安全及权益	强化老人虐待防范体系（保健福祉部）	·扩充防虐待等老年人保护专业机构及专业人员，开发和推广定制型教育内容
	老年人安心生活支援（保健福祉部）	·加强老年使用及生活设施安全管理体系
	强化老年人驾驶安全管理（警察厅）	·针对老年驾驶员开发认知功能检查工具，分析老年驾驶员交通事故等
	减少老年行人交通事故（警察厅）	·扩大老年人保护区域、整顿老年人保护区域交通安全设施 ·改善步行环境，确保老年人移动便利
扩大中老年人工作机会	集中推动60岁退休制度成功实施（雇佣部）	·通过资金资助和宣传，推广薪资递减制
	探讨退休制度中长期改善方案（雇佣部）	·宣传60岁退休制度
	有效缩短壮年期工作时间（雇佣部）	·工作时间缩短补贴及新设工作时间缩短索赔
	促进中老年人就业支援（保健福祉部/雇佣部）	·财政资助老年人工作岗位项目，提高市场型工作岗位的效益 ·换岗支援服务义务化及运营中壮年就业希望中心、中壮年就业学院，实施中壮年实习项目
	强化中老年创业支援体系（雇佣部/财政规划部）	·扩大经营咨询及定制型流程管理，以促进社会企业发展 ·激活退休者合作社 ·老年人技术创业支持
	改善老年雇员友好型工作环境（雇佣部）	·制定改善老年雇员友好型工作环境的指导方针，并开发领先企业模式评估指标
	促进退休者工作经验活用制度（雇佣部/未来部/中小企业厅）	·扩大退休专业人才的社会参与机会 ·提高技术领域退休人员的贡献率 ·强化雇佣退休人员商业组织的力量

根据韩国"第三次少子老龄社会基本规划"内容整理。

(一) 保障老年人健康生活

1980 年代，韩国政府开始意识到老年人健康体检对事先预防、早期发现疾患以及根据疾病状态适时治疗及照护的重要性。1983 年，韩国 65 岁以上的低收入老年人每两年可接受一次免费健康体检，以此为开端韩国政府逐渐扩大老年人体检对象范围和检查内容。当前韩国老年人健康体检纳入"国家健康体检事业"。健康保险参保人或医疗给付对象可通过向地区保健所提出申请，每两年接受一次普通检查，符合年龄要求的可以接受一次癌症检查。此外，2007 年开始，处于生命历程重要转换期（40 岁和 66 岁）的人可以接受一次健康体检。根据韩国政府发布的"第二次国家健康体检综合计划（2016—2020 年）"，韩国政府通过扩增健康检查项目、健康咨询制度及扩充 ICT 基础等措施，依托国家健康检查体系，力图实现疾病的早期发现和治疗，获取增进健康的必要信息，加强国民健康管理。

韩国还以社区保健所为依托，实施社区综合健康增进项目（共 13 项内容）。其中以老年人为主要对象的项目有失智症管理、慢性病管理（心脑血管疾病预防管理）、健康访问、身体活动和营养保健等项目（韩国保健福祉部，2015）。

除了对身体功能方面健康状态的关注，对老年人精神健康方面的关注也越来越多。韩国政府正在推动实施相关政策，包括构建老年人自杀预防体系等。韩国不同年龄层的自杀人数统计结果显示，70 岁以上老年人的自杀死亡率最高。以 2014 年数据为例，韩国全体人口的平均自杀死亡率为 27.3 人，但 70 岁以上老年人的自杀死亡率是其两倍，80 岁以上老年人的自杀死亡率约为平均值的 3 倍。韩国政府于 2005 年开始推行自杀等危机咨询电话业务，相关职能部门于 2008 年制定了自杀预防综合对策，2011 年韩国政府制定了《预防自杀及创造尊重生命文化的法律》。2013 年，在全国 25 家急诊室实施以急诊室为基础的自杀者管理工作，并以两处社区为试点开展了老年人自杀预防项目。

为减轻老年人的医疗费用负担，针对弱势群体老年人，韩国政府组织实施了低收入阶层人工膝关节置换手术支援事业、老年人失明预防事业、居家癌症管理事业等。

韩国保健福祉部主要负责制定和落实与老年人健康相关的政策措施。

目前实施的主要政策包括推动老年人运动、强化老年人疾病预防及管理、加强老年人精神健康管理、减轻老年人医疗费用等。推动老年人运动项目，包括3487个以敬老堂和运动自助小组为对象的"健康百岁运动教室"和"健康里程"示范项目（6个地区29个机构）等。为推动这些项目的开展，2016年韩国国民健康保险公团共投入34.87亿韩元的费用。

为加强老年人疾病预防及管理，韩国实施了社区初级诊疗示范项目，并制定解决老年人药物误用、滥用等问题的相关对策。此外，为强化老年人的精神健康管理，韩国政府以精神健康管理增进中心为依托，甄别老年人自杀危险群体，实施提供综合案例管理服务的示范项目。为减轻持续增加的医疗费用负担，以低收入老年人为对象提供老年人手术费（人工关节）支援项目。

为夯实老年健康服务基础，韩国保健福祉部在老年照护机构内建立了委托管理体系；此外，还致力于扩大一站式护理服务，建设临终医疗服务等后期医疗体系。

（二）扩大老年人社会参与

随着健康程度和参与意识的增强，老年人社会参与越来越多，但有必要进一步改善老年人社会参与和休闲活动的质量。2017年老年人状况调查显示，看电视、听广播、旅游等老年人休闲活动经历为85.1%。老年人的主要休闲活动（可回答多项）中，兴趣娱乐活动最多，占50.5%；社会及其他活动为49.1%；休息活动占43.5%；终身教育参与率为12.9%；具有志愿服务活动经历的65岁以上老年人的参与率为3.9%。老年人利用最多的老年人休闲设施是敬老堂，利用率为23.0%，老年人福利馆利用率为9.3%。该调查结果显示，信息化社会中，老年人的电子产品使用率正在逐步提高，可以接收短信的老年人占全体老年人的60.9%，但掌握发送短信、照相或录视频、使用SNS社交软件、信息检索等功能的老年人只占20%—30%，因此有必要加强与信息化相关的终身教育内容。

老年人社会参与相关的2016年度政府预算（公益活动及才能分享项目除外）为1079.95亿韩元。但是老年人社会活动支援项目公益活动相关预算为5915.37亿韩元，规模非常大。公益活动相关服务介于志愿服务活动和创收活动之间,处于模糊地带。按活动内容来看,休闲活动的预算大约占3/4,剩下的预算大部分是学习活动相关项目。

为了扩大老年人的业余活动参与机会,韩国文化观光体育部通过为文化弱势群体提供文化使用券来促进老年人文化项目持续开发;为了提升老年人的休闲活动能力,开展了终身文化艺术教育活化项目。韩国保健福祉部开发并推广老年人福利馆标准运营模式。这些措施为扩大老年人休闲机会奠定了基础。

韩国的老年人休闲福利设施均以60岁以上老年人为服务对象。根据韩国《老年人福利法》的定义,韩国老年人休闲福利设施主要包括敬老堂、老年人教室、老年人福利馆等。(1) 1945年韩国就设立了敬老堂,是最早的老年人休闲福利设施。2015年已达到64658处。为促进社区内各种项目和服务的协调配合,2006年之后,每个敬老堂都设置了巡回项目管理人员。2003年起,每个市、道设立1处敬老堂广域运营支持中心,由市、道知事委托大韩老年人联合会进行运营。(2) 老年人教室没有国家财政支持,2015年在地方自治团体注册登记的共有1377处。(3) 2015年韩国的老年人福利馆数量为347处。2005年起,老年人休闲福利设施被划分为地方转让项目,新建的老年人福利馆的部分预算中央政府以分权交付税的形式进行支持。(4) 老年人休养所于1989年列入《老年人福利法》中的老年福利设施,但由于数量和使用人数极少,因此2011年《老年人福利法》进行修订后,被排除在老年人福利设施范围之外。

表2　　　　　　　　韩国老年人休闲福利设施数量变化

类别	2010年	2011年	2012年	2013年	2014年	2015年
合计（处）	62469	63375	64077	64983	65665	66382
敬老堂	60737	61537	62442	63251	63960	64658
老年人教室	1464	1557	1335	1413	1361	1377
老年人福利馆	259	281	300	319	344	347
老年人休养所	9	—	—	—	—	—

出处：韩国保健福社部,2016a。

老年人志愿服务促进政策根据《老年人福利法》和《大韩老人会支援

相关法律》（2011年）制定实施。2011年开始，大韩老人会以敬老堂为主组织和运营老年志愿者俱乐部，截至2016年，共扶持了1831个俱乐部（33856人参加），运营费用为42.99亿韩元。2007年开始，作为韩国老年人综合福利馆协会的核心，全国老年人福利馆致力于推进全国老年人专项志愿服务活动。2016年共提供了6.06亿韩元的经费补助（5090人参加）。此外，老年人福利馆自身也组织了多种多样的志愿者活动，每处老年人福利馆平均有8个志愿服务团、157名老年人参加；全国共有4.07万名志愿者通过老年人福利馆参与了志愿活动（李金龙，2016）。

老年人学习活动方面，韩国保健福祉部实施老年人教育基础夯实项目，将退休的专业人才（退休的教师、职员、专家）引入私人教育捐赠机构，将教育捐赠活动参与扩大化。韩国教育部则通过构建市、道终身学习网络，推行弱势群体（中断工作的女性、中断学业者、婴儿潮一代退休人员）定制型学习项目，分享国家终身学习门户网站（终身学习）的内容。

此外，以完善老年志愿者支援体系为目标，老年志愿者俱乐部开展了培训力量强化项目、退休公务员综合门户网站社会贡献联动推进项目及科技志愿者活动推进项目等多个培训项目。其中，科技志愿者活动推进项目有155人，退休人才教育捐赠推进项目有83人，退休公务员综合门户网站社会贡献联动推进项目有26.34万人参加。

（三）扩大老年人工作机会

就业支援服务和老年人工作岗位项目是老年人就业扶持最久的政策。大韩老人会就业支援中心自1981年3月开始运营，最初是设立并运营"老年能力银行"（1997年改名为老年人就业介绍中心），目前韩国共有70处；2004年起在全国设立并运营248个就业支援中心。大韩老人会就业支援中心的扶持对象是希望就业的65岁以上老年人，但视工作岗位情况，60岁以上的老年人也可以申请。老年人就业岗位主要包括（公寓、写字楼、停车场、公园内的）警卫、保安，劳务工作（清洁员、农渔村人力派驻、银色快递、食堂等），行政业务（监察员、办公助理、考试监督员等）及专业技能工作（培训、讲师、现场事务、现场管理等）等。

大韩老人会就业支援中心的统计数据显示,每年都有两万多名的老年人[①]通过就业支援中心获得工作岗位。从求职或就业人数分布来看,65—69岁年龄段数量最多;60—64岁年龄段人数相对较少。65岁以下的老年人主要依靠韩国雇佣劳动部的雇佣扶持中心或通过网络进行求职。

2004年,根据《老年人福利法》(第23条)和《少子老龄社会基本法》(第11条、第14条)老年人工作岗位项目正式启动。老年人工作岗位项目的对象是希望就业的65岁以上老年人,但根据项目内容要求,60岁以上的老年人也可以申请。公益活动的申请资格为65岁以上的基础养老金领取者,但市场型项目和人力派遣型项目申请人只要年满60岁、符合工作要求即可。评选标准是对所有申请人进行个别商谈,并根据"申请人选拔标准表"评估申请人的履历(专业性)、户主状态[②]、行动能力等,按评估分数择优录用。从2016年老年人工作岗位项目内容(韩国保健福祉部,2016b)来看,市场型项目分为共同作业型、制造销售型和专业服务型三种,共同运营小规模卖场、专业职业机构等适合老年人的行业,创造部分工作岗位。人力派遣型项目根据需求机构的要求,派遣经过一定时间培训或具备相关业务能力的老年人去相关岗位工作,工作期间给其发放一定薪资。市场型及人力派遣型项目全年(12个月)运营,与年度开展时间为9个月的公益活动不同。

韩国还实施老年实习生项目。该项目的目标也是为60岁以上的老年人提供工作机会,以增强他们的职业能力和再就业机会。该项目与人力派遣型项目以及其他就业项目的主要区别在于,老年人到了新的工作岗位并不直接工作,而是首先接受3—6个月的适应新行业和工作场所的培训。企业参与老年实习生项目的条件为:有雇佣60岁以上老年人的意向、已加入四大保险、遵守员工保护规定、正式雇员超过1人的营业实体及非营利性民间团体。参与实习生项目的老年人需要年满60周岁并提交实习申请书,接受开发院和相关机构的培训。但参与老年人工作岗位项目等政府财政支援工作岗位项目的老年人或在实习前3个月内在相关企业有过就业经历的老年人被排除在实习项目扶持对象之外。根据业务类型,老年实习

---

① 2013年21139名;2014年22093名;2015年22785名。
② 老年人独居家庭、无经济能力者共同生活老年人家庭、老年夫妇家庭等。

生分为实习型和研修型两种。根据《劳动基准法》规定，实习型老年实习生主要指3个月的短期合同工，每人可获得合同金额的50%（最多45万韩元），6个月内支付完成；研修型老年实习生主要指已加入工伤保险的老年研修生，每人每月可获得30万韩元的补助，共补助3个月。老年实习生项目通过韩国保健福祉部、韩国老年人开发院、相关运营机构和参与企业等共同推行。韩国保健福祉部制订并发布项目计划，韩国老年人开发院通过公开招募、审核评选出项目运营机构，并对项目运营进行业务委托、指导和管理。截至2014年12月，韩国有5103名老年人参与了实习项目，实习完成率为86.4%。

除此之外，韩国政府还推行老龄亲和企业项目。通过开发适合老年人的职业，支持企业创立，创造具有市场经济能力和可持续发展的老年人工作岗位。老龄亲和企业项目为相关企业的创立和运营提供支持。作为支持对象的企业，需要在60岁以上老年人具有竞争力的工作岗位雇佣30名以上的老年人。扶持项目类型分为市场发展型、总公司关联型和老年人职能型。从韩国政府的扶持内容来看，在企业建立阶段每个项目最多支持3亿韩元[①]，在运营阶段从经营、培训、宣传等方面进行支持，促进项目的可持续发展。从老龄亲和企业的认证状况来看，2011年认证了9家；2012年为15家；2013年为20家；2014年认证了21家。截至2014年年底，共有44家企业认证为老龄亲和企业。每年通过老龄亲和企业创造的60岁以上老年人的工作岗位，2011年有913个，2012年有1126个，2013年有1118个，2015年有716个。

扩大老年人工作机会的政策是以韩国雇佣劳动部为主推行的，但是消除老年人在劳动市场的弱势性等相关政策主要由韩国保健福祉部制定推行。为确保60岁退休制度的实施，韩国雇佣劳动部通过资金扶持和宣传推广薪资递减制，研究退休制度的中长期改善方案，设立缩短工作时间补贴，新设工作时间缩短索赔等，致力于缩短壮年期的工作时间。另外，韩国保健福祉部致力于资助老年人工作岗位项目和提高市场型工作岗位的效益；雇佣劳动部提供义务性转岗支持，建立并运营中壮年就业希望中心和中壮年就业学院，通过中壮年实习项目等对老年人就业进行支持。为了支

---

① 老年人职能型最多8000万韩元。

持老年人创业，扩大促进社会企业发展的经营咨询，运营定制型流程管理，推动退休人员合作社和老年人技术创业支援项目。此外，韩国政府致力于改善老年雇员友好型工作环境，通过开发领先企业模式评估指标帮助改善老年雇员友好型工作环境，增加专业型退休人员的社会活动参与机会，鼓励科技领域退休人员发挥余热。韩国中小企业厅还尝试壮大雇佣退休人员商业组织的力量、推广退休人员工作经验制度等。

三　韩国老年人福利服务的预算

韩国保健福祉部具体负责老年人福利预算工作。韩国的老年人福利预算在持续增加，这是过去 20 年老年人口增加和推行新政策的结果。尤其是 2004 年开始启动的老年人工作岗位项目，成为老年人福利预算增加的重要因素。2005 年 13 项老年人福利事业费用转移到地方之后，当年中央政府预算有所减少，但 2006 年再次增加。由于 2008 年韩国开始推行基础老龄年金制度和老年人长期照护保险制度，老年人福利预算增加趋势在 2008 年以后愈发明显。随着 2014 年基础年金制度的实行，预算增加趋势再次突显。依据韩国政府的推算，每名老年人每年在保健福利政策方面享受到的补助金额在 206 万韩元左右。

表3　　　　　　　　韩国的老年人福利预算及变化

年度	预算规模（亿韩元）
1995	462
1997	940
1998	1 402
2004 年：老年人工作岗位项目	5 147
2005 年：13 项老年人福利事业费用转移到地方	3 412
2007	5 692
2008 年：推行基础老龄年金制度和老年人长期照护保险制度	20 624
2013	42 778
2014 年：实行基础年金制度	63 670
2015	88 077

出处：韩国保健福祉部，各年度预算数据。

韩国政府第三次"少子老龄社会基本规划"中,保障老年人健康生活、扩大老年人社会参与机会、营造老年人友好型生活环境、保障老年人安全权益以及扩大老年人工作机会等老年人福利服务五方面政策领域的预算规模及费用分担情况整理如表4。

表4　　韩国老年人福利服务的预算规模和分担(2016年)

	项目名称	预算(百万韩元)	财政来源
保障老年人健康生活	推动老年人运动(保健福祉部)	3487	国民健康保险公团项目费
	老年人疾病预防及管理强化(保健福祉部/食品医药品安全厅)		中央经费50%,地方经费50%
	—实施社区初级诊疗示范项目	1018	
	—制定老年人药物误用滥用对策	437	中央经费100%
	老年人精神健康管理强化(保健福祉部)	595	中央经费100%
	老年人医疗费减负(保健福祉部)		
	—老年人膝盖手术费(人工关节)支援项目	2929	健康增进基金100%
	—构建老年人照护设施内委托管理体系		非预算
	扩大一站式护理服务(保健福祉部)		非预算
	加强后期医疗体系,例如激活临终关怀等(保健福祉部)	3330	中央经费100%
扩大老年人社会参与机会	扩大老年人的休闲机会(文体部)	78520	中央经费70%,地方经费30%
	老龄亲和型内容开发(文体部)	300	中央经费100%
	老龄文化、休闲基础设施改善(保健福祉部)		非预算
	加强老年人志愿者支援体系(保健福祉部)		
	—扩大老年人志愿服务组织	4905	中央经费100%
	—退休公务员综合门户网站社会贡献联动促进	64	其他公共财政(公务员年金基金)100%
	—推进科技志愿者活动	(不确定)	中央经费100%

续表

	项目名称	预算（百万韩元）	财政来源
扩大老年人社会参与机会	充实老年人社会活动支援项目公益活动（保健福祉部）	591537	中央经费47%，地方经费53%
	夯实老年人教育基础（保健福祉部）	5614	中央经费100%
	启用阶层定制型终身教育（教育部）	18328	中央经费100%
	市/道——市/郡/区/邑/面/洞联合型国家终身教育振兴推进体系（教育部）	264	中央经费100%
营造老年人友好型生活环境	为老年人提供更多租赁住房（国土部） —为低收入老年人提供公租房 —扩大老年人租赁住宅供应 —房屋改造租赁住宅示范项目	126000 40000 22500	中央（住宅城市基金）100% 中央（住宅城市基金）100% 中央经费100%
	为老年人提供安全舒适的居住环境（国土部）		非预算
	构建一站式居住支援指导体系（国土部）		—
保障老年人安全及权益	强化老人虐待防范体系（保健福祉部）	12898	中央经费50%，地方经费50% 中央老年人保护专门机关：民间补助100%
	老年人安心生活支援（保健福祉部）	6100	中央经费50%，地方经费50%
	强化老年人驾驶安全管理（警察厅）		非预算
	减少老年行人交通事故（警察厅） —扩大老年人保护区域、整顿老年人保护区域内交通 —安全设施，改善步行环境，确保老年人移动便利	24600	非预算 中央经费50%，地方经费50%

续表

	项目名称	预算（百万韩元）	财政来源
扩大中老年人工作机会	集中推动60岁退休制度成功实施（雇佣部）	52075	中央经费100%
	探讨退休制度中长期改善方案（雇佣部）		非预算
	有效缩短壮年期工作时间（雇佣部）	14818	中央经费100%
	促进中老年人就业支援（保健福祉部/雇佣部） —老年人工作岗位项目 —促进中老年人就业支援	164572 60464	地方自治团体经常补贴： 中央经费47%， 地方经费53% 民间经常补贴： 中央经费100% 中央经费100%
	强化中老年创业支援体系（雇佣部/财政规划部） —促进社会企业发展 —激活退休者合作社 —老年人技术创业支持：老年人技术创业支持及工商业人才支援	 3571 3757 20611	 中央经费100% 中央经费100% 中央经费100%
	改善老年雇员友好型工作环境（雇佣部）	627	中央经费100%
	促进退休者工作经验活用制度（雇佣部/未来部/中小企业厅） —扩大退休专业人才的社会活动参与机会 —提高技术领域退休人员的贡献率 —强化雇佣退休人员商业组织的力量	 7002 1929 1800	 中央经费100% 基金（科学技术振兴基金） 中央经费70%—30%，地方经费及个人负担30%—70%（个人负担须达10%）

根据韩国"第三次少子老龄社会基本规划"内容整理。

2016 年,在保障老年人健康生活方面,韩国政府的预算投入为 117.96 亿韩元。老年人社会参与相关的 2016 年度政府预算为 1079.95 亿韩元;但老年人社会活动支援项目公益活动相关预算为 5915.37 亿韩元。同年度韩国扩大老年人工作机会领域的相关预算为 3312.26 亿韩元。

政策的实行过程中,政府的预算投入只是出发点,需要及时对政策效果作出评价,对方向模糊的政策项目进行调整或中断,以避免财政资金的浪费,确保预算投入的成效性。本章主要考察了韩国老年人福利服务体系中保障老年人健康生活、扩大老年人社会参与以及扩大老年人工作机会等三个方面的政策内容和开展情况。老年健康保障领域,当前韩国政府的政策重心放在多元化的服务开展方面,应同时考虑改善人员和基础设施质量等基础建设问题。经济活动方面,与老年人需求相比,项目规模明显不足。在韩国社会整体劳动力市场进行改变之前,老年人在劳动力市场中仍处于劣势地位,因此应该改善工作条件、实现项目内容多样化、积极开展社会工作岗位的联系和发掘。关于老年人的休闲活动,老年人的时代特征对其个人活动需求具有重要影响。需要探讨当前各种休闲活动政策是否充分考虑了老年人的活动需求,在现有政策的人力、项目内容和信息传递方法上增加老年亲和因素。而且,仅靠政府的介入不可能完全满足老年群体日益增长的多元化需求,必须充分发挥民间力量的作用。

第八章　韩国的老年人社会保障政策

人的身体会随着年龄的增长逐渐衰弱，尤其是在达到退休年龄离开工作岗位后，会面临经济、社会、心理等诸多问题。贫困问题、健康问题、作用丧失问题、孤独问题是老年人面临的四大问题。随着现代社会孝道意识的衰退，老年人赡养、虐待、安全、自杀、歧视等也成为重要的社会问题。

韩国正在经历快速的人口老龄化过程。2018年韩国进入老龄社会。一方面，与过去相比老年人更加健康和长寿，工作时间变长，老年生活也过得更为丰富，这是积极的变化。但同时，低收入老年人和高龄老年人的增加、慢性病患者及失智症老年人的增加，导致老年人医疗费大幅增加；老年人的活动落后于时代发展，独居老年人的增加和老年人赡养问题、老龄化的性别差异、地区差距等问题，伴随老龄社会产生并带来挑战。韩国的老年人贫困率和自杀率都高居世界前列，在提高老年人生活质量方面，面临诸多政策课题需要应对和解决。

2015年世界老年人福利指标（Help Age International，2018）显示，韩国老年人的生活质量在96个国家中排在第60位，与2014年相比下降了10个位次。其中，收入保障排在第82位，健康状态排在第42位，老年人作用排在第26位，宜居环境排在第54位。也就是说，韩国老年人作用发挥和健康状况相对较好，但收入保障落后、宜居环境较差，导致平均生活质量较低。

老年人就业机会的增加是能够保障其收入的有效对策，韩国政府正在积极推进这方面的政策。随着国民年金领取年龄的上升，退休年龄和国民年金领取年龄之间的年龄差会逐渐扩大。由于老年人就业的增加与青年失业问题联系在一起，老年人收入保障对策存在一定的局限性。在提高老年人收入保障水平方面，将国民年金、基础年金、退休年金、住宅年金等收入保障体系进行联动调整，是韩国政府今后的政策方向。在预期寿命达到100岁的老龄社会，增加健康寿命成为今后的重要课题。为此，以预防老年人慢性病和节减医疗费为目的的卫生医疗服务、自杀预防、失智症预防措施，在制订长期计划的同时，应及时进行成果评价。针对健康老年人的增多，通过积极的休闲活动和有意义的志愿服务等社会参与，增强老年人与社会的联系。同时，通过扩大终身教育的范围和参与度，使更多的老年人不落后于时代，这也是今后韩国政策的主要推进方向。另外，老年人家庭不断增加，解决老年人的赡养问题有必要继续充实居家福利设施和居家支助服务，为使老年人在社区内健康、安全地生活，其居住环境也应进一步优化。为了综合提供老年人健康和福利服务，需要改善老年人健康福利综合传递体系。

一 老年人收入保障与就业支持

（一）韩国老年人的收入状况

韩国是 OECD 成员国中老年人相对贫困率最高的国家。从相对贫困[①]指标来看，2014 年韩国的老年人贫困率高达 49.6%，而且近几年呈现持续上升态势（韩国保健福祉部，2017c）。从绝对贫困[②]指标中的年龄结构来看，2016 年 65 岁以上老年人口占 27.39%，接近 1/3 的绝对贫困人口为老年人（韩国统计厅，2017a）。

2017 年韩国老年人状况调查（郑敬姬等，2017）显示，65 岁以上老年人人均年收入为 1176.5 万韩元，月均收入约为 98 万韩元，在实现无忧养老方面有一定困难。而且，在老年人的人均年收入中，劳动收入和经营收入、财产收入、个人年金收入、其他收入等个人获得的年收入总额为 483.2 万韩元，占总收入的 41.0%，比重最大。其次是公共转移收入，全年为 434.7 万韩元，占总收入的 36.9%，居第二位。个人转移性收入年均 258.4 万韩元，占总收入的 22.0%。个人转移收入比重下降最快，劳动收入比重增幅最大，经营收入、财产收入、公共转移收入等的比重逐渐

---

① 以低于中等收入家庭 50% 收入者的比例为衡量手段。
② 以国民基础生活金领取者所占比例为衡量手段。

增加。也就是说，虽然公共转移收入在增加，但老年人从家庭成员中获得的个人转移收入减少，老年人更多地通过自食其力来维持生活。研究还发现，为数不多的收入中，韩国老年人较多拥有住宅、土地、建筑物等非金融资产。2016年，韩国人的家庭资产中非金融资产的比重为74%，远高于欧洲、日本、美国等国家和地区的水平（郑铉中，2017）。2017年，韩国70.9%的65岁以上老年人拥有住房，在居住稳定性方面优于其他年龄层（郑敬姬等，2017）。

在韩国，非金融资产在老年人的资产中所占比重较高。因此，韩国政府第三次"少子老龄社会基本规划"将推行住宅年金制度作为解决老年贫困问题的方案之一。该方案主要是通过实施住宅年金制度，以国民年金和住宅年金来共同提高老年人收入保障水平。在韩国，2007年7月开始实施的住宅年金制度是以老年人拥有的住房为担保，以年金的方式支付养老费用，直至老年人去世。住宅拥有者年满60岁、夫妻拥有1套住宅且房价在9亿韩元以下①时，可以向运行住宅年金的银行和保险公司申请领取住房年金。韩国住房年金政策出台以来，截至2018年5月，住宅年金申请者达到5.38万人。领取住宅年金的老年人平均年龄为72岁，人均每月领取99万韩元，为其老年生活发挥了重要的保障作用（韩国住宅金融公社，2018）。

表1　韩国65岁以上老年人人均年收入及收入结构　　　（单位：万韩元）

类别	2011年	2014年	2017年
劳动收入	86.5（7.4%）	122.3（12.7%）	156.2（13.3%）
经营收入	154.0（9.5%）	145.0（15.1%）	160.4（13.6%）
财产收入	131.4（9.0%）	110.6（11.5%）	143.3（12.2%）
个人转移收入	207.4（39.8%）	228.7（23.8%）	258.4（22.0%）
公共转移收入	252.9（32.5%）	335.5（35.1%）	434.7（36.9%）
个人年金收入	3.7（0.3%）	4.3（0.4%）	9.1（0.8%）
其他收入	13.6（1.4%）	12.9（1.3%）	14.2（1.2%）
年总收入	849.5（100%）	959.3（100%）	1176.3（100%）

出处：郑敬姬等，2012；2014；2017。

① 拥有多处住宅者，合计价格在9亿韩元以下。

在总收入中，老年人劳动收入比重提高的原因在于其就业率的提高。2011年开始，韩国65岁以上老年人就业率逐年增加，2016年达到30.7%。60—64岁的老年人就业率增速很快，2014年超过了20岁年轻人的就业率。韩国老年人的就业率在全球处于领先位置。在OECD成员国中，韩国65—69岁老年人的就业率仅次于冰岛，排在第二位。

老年人就业率持续上升，一方面说明健康老年人在持续增加，另一方面说明社会保障安全网相对薄弱，更多的健康老年人想通过工作来摆脱生活困境。2017年韩国中低龄老年人（55—79岁）中希望将来继续工作的比重为62.4%；希望工作的理由最多的是"补贴生活费"（58.3%）（韩国统计厅，2017a）。这是因为处于壮年期的就业人员中，每10名就有6名在50岁前后①离开主要工作岗位，进入收入空白期（韩国相关部门联合，2017）。

在韩国，虽然老年人就业人数在增加，但总体来看就业质量水平较低。2017年老年人状况调查显示，65岁以上老年人经济活动参与率为30.9%，其中单纯体力劳动者最多，占40.1%；其次是农林渔业熟练从事者，占32.9%。从老年从业人员的工作性质来看，个体户占38.0%，临时工占33.3%，日工占9.2%，全勤工作者占5.6%，临时工比重非常大。从事有酬工作的老年人中，42.8%从事的是政府支援项目中的工作，可见公共部门在创造老年人工作岗位方面发挥着积极的作用。统计显示，65岁以上就业老年人的月均劳动收入，51.7%的人收入在49万韩元以下（郑敬姬等，2017）。

（二）老年人就业支持

考虑到OECD成员国中老年人贫困率最高以及韩国的财政状况，为老年人提供工作岗位是韩国政府应对快速老龄化最重要的对策措施。目前，以老年人为对象的工作岗位支援事业主要是由韩国雇佣劳动部主导的"老年人雇佣促进事业"和保健福祉部主导的"老年人工作岗位支援事业"。为了联合有关部门推动老年人就业，韩国政府从2006年开始每五年制定一次"老年人雇佣促进计划"。在前两个计划期间（2007—2016

---

① 男51.4岁；女47.2岁。

年),通过壮年层①就业制度和基础设施建设,努力提高壮年就业率,使 55—64 岁年龄段人口的就业率从 2006 年的 59.3% 提高到 2016 年的 66.1%。在实施该计划的基础上,还制定了壮年雇佣资助金制度 (2013)、生涯经历设计服务 (2015)、设置中壮年就业希望中心 (2013)、设立老年人才银行②等,进行了诸多方面的努力。从总体情况看,前两期计划取得了显著成果,但也产生了不少遗留问题。

第一,退休年龄从 2015 年的 59.8 岁,2016 年延长到 60.3 岁,延迟退休制度得到逐步落实,但仍存在名誉退休和提前退休的惯例(韩国相关部门联合,2017)。从 2017 年开始,未满 300 人的企业也将适用延迟退休制度,需要进一步制定和完善相关措施。部分研究者认为,延长退休年龄制度在增加企业人力资源费用的同时,会导致企业缩减青年员工的招聘数量,最终还将导致中老年人提前退休的结果,因此延迟退休制度必须和薪资递减制度共同推行。300 人以上的企业采取薪资递减制度的比例从 2015 年的 27.2%,2016 年上升到 46.8%,还将继续扩大范围(韩国相关部门联合,2017)。

第二,为了开发老年人的能力,增加壮年劳动力的就业机会,韩国政府在 2013—2016 年开设了中壮年就业学院。通过开设中壮年就业学院,全体职业培训参与人员中壮年层的比重有所增加,就业率也有所上升,但 55 岁以上的参与率依然低于 55 岁以下的人。就雇佣保险参保对象而言,55 岁以下在职者培训参与率为 30.8%,55 岁以上的参与率为 11.1%;就失业者而言,55 岁以下失业者培训参与率为 24.5%,55 岁以上的参与率为 14.2%(韩国相关部门联合,2017)。2017 年韩国政府将中壮年就业培训纳入国家职业培训战略,扩充了中壮年就业学院培训内容。

第三,为了促进中壮年层的再就业,韩国政府连续推出了多项措施,但相较于壮年层庞大的人口数量仍显不足。2013 年韩国建立了中壮年就业希望中心,并于 2015 年开始提供工作能力升级优化服务,就业配套服务对象年龄扩大到 69 岁。为 60 岁以上的老年求职者提供再就业援助配套服务的试点工作也于 2016 年 11 月开始推行。但是这种特殊支援服务与劳

---

① 在韩国,指 55—64 岁年龄段人口。
② 2016 年韩国政府在全国共设置了 49 个机构。

动市场上壮年层人口数量相比杯水车薪（韩国相关部门联合，2017）。

此外，由于韩国国民年金的领取年龄从60岁到65岁进行了阶段性延长，退休年龄和国民年金领取年龄之间的相隔时间被拉大，老年人收入的空白期拉长，因此有必要进一步加大老年人的工作岗位支援。与此同时，第三次"老年人雇佣促进计划（2017—2021）"提出"55+工作时代，积极老龄化"的愿景，并提出五大政策课题，即"长期在主要工作岗位上工作""做好转岗准备工作和支持再就业""加强壮年特化培训和能力开发""为退休人员创造工作岗位和社会贡献机会""构建应对超老龄社会的基础设施"，并提出了"不看年龄看能力，改善制度和惯例"的推进战略（韩国有关部门联合，2017）。

老年人工作岗位是根据韩国保健福祉部2004年开始实施的"老年人工作岗位事业"设置的。"老年人工作岗位事业"虽然进行了多次变动，但内容依然是社会活动和工作岗位两大领域。2016年，"老年人工作岗位事业"更名为"老年人工作岗位及社会活动扶持工作"。2017年分为两大板块，第一部分是具有志愿服务活动性质的公益活动和才艺活动构成的老年人社会活动；第二部分是具有就业创业活动性质的市场型老年人工作岗位事业。市场型老年人工作岗位包括市场型项目、人力派遣型项目、老年实习生项目、老龄亲和企业项目、企业联动型岗位等（韩国保健福祉部，2018b）。以2018年为例，对公益活动参与时长为9—12个月的老年人每月给予27万元的活动经费。自2016年12月以来，事业管理部门通过6718个事业团共提供了43万个工作岗位，其中29.1万个是公益活动工作岗位（韩国保健福祉部，2017a）。

随着老年人工作岗位中公共活动项目比重的增加，为使老年人在退休前可以更积极、体系化地做好养老准备，2015年韩国制定了《养老准备支援法》，开始为老年人提供养老准备支助服务。为此，韩国政府设立了提供财务、工作、健康、休闲、人际关系咨询的养老准备支援中心。该中心设在国民年金公团内，全国共有107个地区设置了养老准备支援中心（韩国国民年金公团，2015）。

多元化的老年人工作岗位项目可以补充老年人的收入，提高他们的生活质量。研究发现，参与老年人工作岗位项目带来的收入可以减轻14.7%的家庭贫困。参与老年人工作岗位项目，可以提高生活质量，提升生活满意度，实现自我价值，也有助于改善社会关系，进一步提升老年人的健康水平。研究还显示，老年人参加工作岗位项目时，医疗费用年均减少了65.5万韩元（韩国保健福祉部，2017a）。

二 老年人健康保障与政策支持

（一）韩国老年人的健康状况

老年人的健康问题需要社会关注。2016年对韩国不同年龄层患病率的统计数据显示，20岁为9.8%，30岁为11.9%，40岁为17.1%，50岁为30.7%，60岁以上为60.2%，60岁以上老年人的患病率是50岁群体的2倍（韩国统计厅，2016）。2017年老年人状况调查结果显示，65岁以上老年人中89.5%患有慢性病，平均患有2.7种慢性疾病；患有3种以上慢性病的人高达51.0%。老年人慢性疾病中发病率最高的是高血压（59.0%），之后依次为骨关节炎/类风湿关节炎（33.1%）、高血脂（29.5%）、腰痛/骨质神经痛（24.1%）、糖尿病（23.2%）、骨质疏松（13.0%）。此外，有抑郁症倾向的老年人高达21.1%。从测定老年人功能的基本日常生活履行能力（ADL）或工具性日常生活履行能力（IADL）情况来看，老年人基本日常生活履行能力（ADL）完全自立率为91.3%，工具性日常生活履行能力（IADL）完全自立率为75.4%，低于基本日常生活履行能力（ADL）完全自立率。调查结果显示，失智症之前阶段的认知缺陷老年人比例为14.5%。2017年韩国失智老年人占老年人口数量的10.2%，预计到2050年将上升到15.1%（韩国保健福祉部，2017c）。

2016年，位居韩国老年人死亡原因第一位的是癌症，每10万人中有796.2名死亡，其次是心脏病（357.7名）、脑血管疾病（286.9名）、肺炎（225.1名）（韩国统计厅，2017a）。

（二）老年人健康服务支持

除了国民健康保险和长期照护保险、医疗给付等以社会保险或全体国民为对象的医疗保障制度以外，为解决老年人疾病及健康问题的老年人健康医疗服务，还包括老年人保健预防、设立并运营老年人医疗福利设施等内容。

老年人健康诊断是一种预防性健康医疗服务，旨在及早发现并确认老年人疾患，以保持或增进老年人健康状态。韩国政府在"第二次国家健康诊断综合规划（2016—2020）"中，从需求者的角度制定了将慢性病管理与健康管理纳入健康诊断体系的中长期发展目标。将生命历程的重要转换期（40岁和66岁）提供的健康咨询服务，改为40岁开始每10年提供一次。当前，骨密度检查、认知功能障碍检查、精神健康（抑郁症）检查、生活习惯评价、老年人身体功能检查等项目都纳入一般体检范围。凡是加入健康保险的老年人，都可以获得这些检查服务。医疗给付对象群体中满66岁的人，也可以获得生命历程转换期诊断（韩国保健福祉部，2018）。

作为预防性健康服务，韩国的地区保健所为65岁以上老年人提供肺炎免费预防接种。除了保健所以外，2015年开始，社区医院向老年人免费提供老年人专用流感预防接种。2016年7月开始，原来只针对75岁以上国民健康保险对象和医疗给付对象的假牙和种植牙服务，将年龄门槛降低到65岁以上[①]（韩国保健福祉部，2017c）。韩国政府还开展了老年人失明预防管理、膝盖手术支持以及老年人运动支持事业。2003年开始，针对低收入老年人进行眼部检查，必要时提供眼镜和放大镜，并对开眼手术进行手术费补贴。2015年开始，针对低收入老年人补贴人工膝关节手术费用。2016年，韩国进行眼部检查的老年人有10889人，通过老年人失明预防管理接受开眼手术的有5573人，有2190人获得人工膝关节手术费补贴（韩国保健福祉部，2017a）。老年人运动支持事业中最典型的项目是国民健康保险公团推出的"健康百岁运动教室"。2016年，韩国政府发动运动讲师到全国4293处敬老堂和老年人福利馆，带领和帮助8万多名老年人进行每周2次、每次1小时的规律性运动（韩国保健福祉部，2017a）。

老年人医疗福利设施是将患有老年疾病的老年人纳入机构提供相应医疗服务的老年人福利服务的一环。老年人医疗福利设施主要包括老年人照护设施和老年人照护共同生活家庭。（1）老年人照护设施是针对患有失智症、中风等老年疾病引发身心障碍需要日常照护的老年人，为他们提供

---

① 2018年7月开始，老年人两颗种植牙可享受个人负担金额从50%降至30%的优惠。

餐饮、照护以及日常生活所必需的便利服务，老年人数量需在10人以上。截至2016年年底，韩国3136处老年人照护设施共为12.63万名老年人提供服务（韩国保健福祉部，2017d）。（2）老年人照护共同生活家庭是针对由失智症、中风等老年疾病引发身心障碍需要照护的老年人，为他们提供与家庭氛围相同的居住条件以及餐饮、照护以及日常生活所必需的便利服务，老年人数量限定在5人以上9人以下。截至2016年年底，韩国2027处机构共为1.58万名老年人提供服务（韩国保健福祉部，2017d）。

三 老年人居住保障与居家照护支持

（一）韩国老年人居住保障政策

老年人居住保障政策包括老年人居住型福利设施的设立及运营、老年人住宅居住环境的改善和提供公租房等内容。

老年人居住福利设施是具有自理能力的老年人可以入住的机构，分为养老设施、老年人共同生活家庭和老年人福利住宅三种类型。（1）养老设施是指以老年人入住为前提，提供饮食以及日常生活所需的便利服务，10人以上的入住设施。2016年韩国有265处养老设施，入住者为8879人。（2）老年人共同生活家庭是指为老年人提供与家庭相同的居住条件、供餐并提供其他日常生活所需的便利服务，入住人数在5人以上9人以下的设施。2016年韩国有128处老年人共同生活家庭，入住者为711人。（3）老年人福利住宅是将居住设施租赁给老年人，提供居住便利、生活指导、服务咨询及安全管理等日常生活所需便利服务的设施。2016年韩国共有32处老年人福利住宅，入住者为5085人（韩国保健福祉部，2017d）。

鉴于人口老龄化趋势及带来的影响，韩国国土交通部致力于营造适应少子老龄化社会的居住环境。2012年2月，国土交通部制定了《关于支助残疾人、老年人等居住弱势群体的法律》，为提高老年人的居住稳定性和居住福利奠定了制度基础（韩国国土交通部，2015）。此外，韩国《住宅法》中设立了父母特别供给制度，引导房地产企业将商品房的3%—5%，优先供应给3年以上赡养65岁以上直系亲属（包括配偶的直系亲属）的人。2017年，韩国政府相关部门联合发布了"社会整合型居住福利蓝图",制定了根据不同生命历程和收入水平提供有针对性的居住支持的政策目标。韩国政府公布的"居住福利蓝图",内容包括针对65岁以上老年人的年金型房屋租赁制度①。该制度是指公共住宅建设企业购买老年人住宅并进行改造后,租赁给住房弱势群体,每月以年金的方式向老年人支付老年生活费的制度。对于只有1套住宅的老年人,将住宅出售给公共住宅建设企业并购买年金型商品之后,如果符合入住资格条件,可以得到住宅租赁资助,同时解决居住和收入保障问题。

韩国政府针对老年人群体提供5万户的无障碍设计和福利服务支持下的定制型公租房。并且从2019年开始,进行住宅陈旧度(轻/中/大修)评价后提供综合性的住房改良支持。住房修缮补贴分为轻修(每3年350万韩元)、中修(每5年650万韩元)和大修(每7年950万韩元)三种类型,并在此基础上为住房弱势群体新建便利设施追加资助50万韩元(韩国国土交通部,2017)。

为了帮老年人营造便利的生活环境,保障住房的稳定性,韩国实行了群体指向性的老年人居住保障政策,政策主管部门为国土部。为了扩大老年人租房供给,韩国政府以低收入老年人为对象提供2000套公租房,同时选定全国11处地方为老年人提供1234处出租住宅("公共银发住宅")。此外,推行房屋改造租赁住宅示范项目,希望通过旧房屋(空宅基地)改造,为1人家庭提供出租型住宅,以改善老年人居住环境,保障住房的稳定性。同时,为了给老年人创造安全、舒适的住房条件,在住宅改良费用资助范围(350万—950万韩元)内,向65岁以上自有住房老年人提供安全把手、去台阶化等老年人便利设施的安装补助,支持老年人住宅安装便利设施。此外,韩国政府推动建立一站式住宅支援指导体系,虽然政策对象不仅针对老年人群体,但通过该体系可以方便地查找出针对不同年龄层的住房扶持政策(如幸福住宅、New Stay、住房补贴、公租房等)。

(二)居家老年人支助服务

截至2016年年底,韩国居住在老年人生活设施中的老年人总数为

---

① 韩国政府于2018年下半年开展了年金型房屋租赁制度试点工作。

15.17万（韩国保健福祉部，2017b）。65岁以上老年人中有98%生活在家中，但现在很难完全依靠家庭来解决行动不便的老年人或是失智老年人等对外依存度较高的居家老年人的照护问题。为需要照顾的居家老年人提供的居家老年人福利服务，主要包括上门照护服务、日间/夜间托管服务、短期托管服务、上门洗澡服务及其他居家老年人支助服务①。为居家老年人提供福利服务的老年人福利设施被称为"居家老年人福利设施"。其中，上门照护服务、日间/夜间托管服务、短期托管服务、上门洗澡服务属于长期照护保险的给付内容，由长期照护机构提供上门服务。截至2016年年底，长期照护服务机构中住养机构为5187处，提供上门服务的居家服务机构多达14211处（韩国保健福祉部，2017a）。

居家老年人支助服务分为预防性工作（直接服务）、社会安全网构建工作（间接服务）、紧急支援工作（紧急服务）三种。预防性工作可提供除上门照护服务之外的日常生活帮助②。社会安全网构建工作包括联系支助③、教育支助④以及社区网络支助⑤。紧急支援工作包括危机支援服务、无线支付服务、应急呼叫服务等内容（韩国保健福祉部，2018a）。为落实好居家老年人支助工作，韩国政府设立了"居家老年人支助中心"。截至2016年年底，提供居家老年人支助服务的居家老年人福利设施有390处，使用人数为33821人（韩国保健福祉部，2017d）。

居家老年人支助服务中，老年人照护基本服务和老年人照护综合服务

---

① 居家老年人支助服务，属于韩国《老年人福利法》第38条第1款第（5）项规定的由居家老年人福利机构提供的"其他服务"，2010年2月24日韩国政府对《老年人福利法施行规则》进行修订之后，新设"为居家老年人提供老年生活及个人状况咨询，对居家老年人及其家属等监护人提供培训和各种便利服务，为在社区内度过老年生活的人提供帮助和服务"的内容。使用对象是长期照护保险给付对象中需要上门照护、上门洗澡、日间/夜间托管以及短期托管服务范围之外的人，包括基础生活救助对象和赡养义务人不能履行赡养责任的人，不能独自进行日常生活的人，长期照护保险实施之前享受公共机构养老服务的基础生活救助对象、自费使用者以及其他因自然灾害等需要紧急救助的老年人（韩国保健福祉部，2018a）。

② 如，免费供餐及小菜服务、车辆运送服务等。

③ 如，安全确认服务、生活培训服务、互助养老服务、开眼手术服务、老年人照护基本服务、老年人照护综合服务等。

④ 如，临终教育、应急处理教育、跌伤预防、失智症预防、自杀预防等。

⑤ 如，地区居家协会组织、案例管理等。

的对象是排除在长期照护保险范围之外的老年人。老年人照护基本服务是，不论收入水平如何、是否有赡养义务人、是否在户口登记上有同住者，只要是事实性独居的老年人，都会有独居老年人生活管理师每周上门访问1次，并每周打两次电话确认老年人的生活状况、福利需求与安全情况，开展与老年人相关的保健及福利服务活动。从2017年开始，老年人照护基本服务由《老年人福利法》修订后设立的独居老年人综合支助中心提供。2016年，共有22万老年人享受到老年人照护基本服务（韩国保健福祉部，2017a）。

老年人照护综合服务，是以电子券的形式为基础生活金领取者以及虽属于中上阶层但靠自己的力量难以维持日常生活的65岁以上老年人提供家务及活动支助服务，为他们营造稳定的老年生活，为其家庭提供社会、经济活动等基础服务。老年人照护综合服务提供的服务类型包括入户服务、日间托管服务、失智症患者家庭支助服务、短期家政服务。入户服务和日间托管服务的对象群体为65岁以上、评定为老年人长期照护A、B等级以外的人，家庭收入应在全国家庭平均收入的150%以下。短期家政服务的对象是65岁以上的独居老人或75岁以上的高龄夫妇家庭，同时还必须是骨折或接受过重大手术难以进行家务活动的人，家庭收入应在全国家庭平均收入的150%以下。失智症患者家庭支助服务以失智症患者家庭休假支援服务以及接受老年人照护综合服务的人为对象，接受失智症老年人托管，为其家属提供休假支持。2016年，老年人照护综合服务对象已达44293人（韩国保健福祉部，2017a）。

除此之外，让独居老人安装火灾、煤气、活动传感器及应急呼叫设备应对危急情况，以独居老人应急安全告知服务、公共机关或民间企业以及志愿者们拜访独居老人并保持电话联系或直接提供资金支持的"独居老人关爱传递事业"正在开展。2014年开始，通过"独居结伴"试点工作，活跃独居老人社会关系的事业也正在进行①。

---

① 以与家人或邻居断绝关系、因抑郁症或孤独导致自杀危险较高的独居老人为对象，按其特征分为孤独自杀危险群、活动限制型自杀危险群、抑郁症自杀高危群等，为其提供个人咨询、案例管理、抑郁症管理、集体治疗、集体活动、自助聚会、出游等机会（韩国保健福祉部，2017c）。

四 老年人安全保障与心理健康支持

(一) 韩国老年人的安全风险

随着老年人口的增加,老年人安全问题也日益凸显。老年人跌伤和移动障碍问题同样需要社会关注。根据老年人状况调查,2017年全年有跌伤症状的65岁以上老年人占老年人口的15.9%(郑敬姬等,2017)。2016年的韩国交通事故死亡率,15—64岁人口(每10万人中)为7.6人,而65岁以上老年人(每10万人中)为32.6人,数量在4倍以上(韩国统计厅,2017c)。这对老年人居住与生活环境的安全性提出更高要求。

在韩国,老年驾驶员需要接受安全教育,包括预防因身体功能下降引发的交通事故,以及高血压、糖尿病等药物服用时的注意事项等。在这一方面,韩国探索实行老年驾驶员驾照主动返还、缩短适应性检查周期等政策,加强交通安全教育,重视老年驾驶员认知功能检查工具的开发和标准化等。

2011年开始,韩国65岁以上老年人的自杀死亡率逐渐呈现下降趋势,但每10万人中53.3人的死亡率仍高居OECD国家首位,是15—64岁人口的2.3倍,而且男性老年人自杀率比女性老年人自杀率高出两倍以上(韩国保健福祉部,2017b)。韩国老年人的自杀原因,经济困难(37.4%)和患病(36.2%)所占比例最高,其后依次为孤独(11.7%)、家庭矛盾(6.9%)(金祥宇,2015)。因此,在预防和减少老年人自杀行为方面,需要对经济、健康、社会关系等各方面因素进行综合考虑。

(二) 老年人权益保护及自杀防范服务

保障老年人安全和权益的政策主要由韩国保健福祉部制定,包括老人虐待防范政策、老年人设施的物理安全措施。此外还包括由警察局执行的保护交通弱势老年人的一些政策。例如为了减少老年人交通事故的发生,扩大老年人保护区域(全国共745处),并整顿老年人保护区域内的交通安全设施;为了方便老年人外出活动,推行多项改善步行环境的项目等。为完善老年人生活设施安全管理体系,韩国《消防法》规定将老年机构内消防安全设备设置义务化,并资助消防安全设备设置费用,同时还强化了老年人共同生活家庭的设置标准。

构建老人虐待防范体系方面的政策，主要包括扩充老人虐待保护专门机构及专业人员、开发和推广定制型教育内容等。老人虐待应对政策包括老人虐待预防、老人虐待早期发现、老人虐待介入、老人虐待处罚等四个领域。为尽早发现老人虐待现象，韩国政府强化了老人虐待行为举报义务者[①]制度。为防止老人虐待行为和保护受虐待老人的人权，韩国政府设置了老年人保护专门机构和受虐待老人专用保护站。2016年，韩国有中央老年人保护专门机构1处，29个地区老年人保护专门机构和16个受虐待老人专用保护站。此外，韩国政府不断扩大虐待老人行为举报义务者范围。保护被虐待老年人是老年人保护机构的重要职责，保护机构通过老人虐待行为特征和情况分析，提供社区资源参与、受虐待老人专用休息处、养老设施或照护设施以及咨询等服务。此外还提供福利服务、法律服务、医疗服务等。处理老人虐待事件的重点是社区服务的介入，而不是由老年人保护机构直接提供服务，所以地区老年人保护机构和其他机构保持良好的联系非常重要。随着入住设施老年人数量的增加，对设施内虐待行为的介入管理也在不断加强。

为了解决自杀问题，特别是老年人自杀率较高的问题，韩国政府继第一次（2004—2008）和第二次（2009—2013）"自杀防范综合对策"之后，于2016年制定了第三次"自杀防范综合对策"（2016—2020），改变了自杀防范的范式。在第一、二次综合对策中，韩国政府将重点放在了以卫生医疗为中心的自杀预防政策和以危险人群为对象的自杀预防方面，第三次综合对策则将重点放在保健、福利、社会、文化等综合性自杀预防方面。在第三次综合对策的精神健康综合部分，以"建设没有自杀危险的安全社会"为政策目标，提出营造全社会防范自杀的环境、提供针对性

---

① 包括：在医疗机构执业的医务人员和医疗机构负责人、上门护理及进行安全确认等服务人员、老年人福利机构负责人及从业人员、老年人福利咨询人员、残疾人福利机构为残疾老年人提供咨询—治疗—培训—照护服务的人员、家庭暴力服务中心咨询员及家庭暴力受害者保护机构服务人员、社会福利专职公务员和社会福利官、流浪者和露宿者救助站负责人和从业人员、长期照护机构和居家长期照护机构负责人和从业人员、119急救人员、健康家庭支援中心、多文化家庭支援中心、性虐待受害者机构和咨询服务人员、应急救援员、医疗技师、国民健康保险公团照护部门人员、地区保健医疗机构负责人和从业人员、负责老年人福利设施建设和管理的公务员（韩国法制处，2018）。

的自杀防范服务、夯实自杀防范政策基础等3个政策课题以及9个任务事项（韩国相关部门联合，2016）。其中"提供针对性的自杀防范服务"政策部分，提出如下措施：针对老年人，建立精神健康增进中心和老年人福利机构联动机制，提早发现有自杀风险的老年人；为预防自杀行为，开展社区老年人自杀预防试点工作，提供保健与福利综合服务；培养从事老年工作的人——独居老年人生活管理师、上门保健护理师、保健诊疗所长、福利机关工作人员成为防范自杀的守门员（韩国相关部门联合，2016）。为了积极推动自杀防范对策落实，文在寅政府于2018年在保健福祉部新设了自杀防范政策科，将精神健康中心更名为精神健康福利中心。截至2017年，韩国广域市的精神健康福利中心和基础精神健康福利中心分别有16处和227处（韩国保健福祉部，2018c）。此外，根据2011年制定的《预防自杀及创造尊重生命文化的法律》，2012年开始，韩国政府设立并运营自杀预防中心。截至2018年，除了中央自杀预防中心，全国有7处广域市自杀预防中心和24处基础自杀预防中心（韩国保健福祉部、中央自杀预防中心，2018）。

有尊严的去世是老年人权益之一。为了让老年人有尊严地结束生命，2017年8月开始，韩国实施《关于临终关怀舒缓医疗与临终患者延命医疗决定的法律》，将为晚期癌症患者提供临终关怀舒缓医疗服务列为国库支持事业。此外，韩国还开展了为期3个月的延命医疗试点工作，签订延命医疗事先意向书9336份，制作延命医疗计划书107份，暂停或中断延命医疗54起（韩国保健福祉部，2018e）。

五　老年人赡养与孝行支持

（一）韩国老年人的赡养状况

随着老年人家庭增加，老年人赡养问题正在成为重要的社会问题。2017年老年人状况调查结果显示，65岁以上老年人中，老年人独居家庭占23.6%；老年人夫妇家庭占48.4%；只由老年人组成的家庭占全体老年人家庭的72.0%。1994年，老年人家庭的主要形态为"子女同居家庭"（54.7%），而目前的主要形态则变为"不与子女同居的家庭"（72%）。老年人夫妇家庭和独居家庭中，老年人不与子女同居的主要原因是子女结婚（36.0%），即子女结婚后分家成为自然状态；此外，18.8%是因为享受个人（夫妻）生活及子女在其他地区居住，11.0%是由于希望在现居住地生活。

在韩国，认为老年人应该由家人赡养的比例大幅降低，而认为应该由政府和社会共同赡养的比重迅速增加。子女应对父母履行赡养义务的认识逐渐弱化。从2006年到2016年，认为家庭应该承担老年人赡养责任的比例从63.4%减少到30.60%，而认为由家庭和政府、社会共同承担赡养责任的比例从26.4%上升到45.7%，认为由政府和社会承担赡养责任的比例也从2.3%上升到5.1%。

表2　　　　　　　　老年父母赡养责任意识的变化

类别	自己承担	家庭	家庭、政府、社会	政府、社会
2006年	7.8%	63.4%	26.4%	2.3%
2016年	18.7%	30.6%	45.7%	5.1%

出处：韩国统计厅，2006；2016。

随着对赡养老年人的认识变化，老年人赡养形态也发生了变化。2017年老年人状况调查显示，老年人主要从配偶那里获得照顾，其次是同居子女，从非同居子女那里获得照顾的情况占全体老年人的31.1%（郑敬姬等，2017）。在老年人家庭形态达到72%的社会环境下，从非同居子女那里获得照顾的老年人占1/3，说明老年人赡养不再是仅仅依靠其所在家庭就能解决的问题，需要全社会的支持。

老年人赡养意识的弱化是产生年龄歧视和老年人虐待的原因之一。2017年老年人状况调查显示，5.4%的老年人受到年龄歧视，有过受虐待经历的占9.8%。最常见的虐待为情感虐待，比重为7.4%；家人或监护人不来探望或是不给生活费的比例为2.3%；家人或监护人不提供照顾的占1.7%；进行身体虐待的占0.3%（郑敬姬等，2017）。从2007年到2017年，韩国老人虐待举报件数由2312件增加到13309件，10年期间数量增长至5.75倍（韩国保健福祉部、中央老年人保护专业机构，2018）。

（二）敬老优待和孝行支持

韩国政府将每年的10月定为"敬老月"，10月2日定为"老年人日",推动社会对老年人加强关爱,延续"敬老孝亲"思想。同时,挖掘和奖励孝顺者以及在老年福利事业方面作出突出贡献的模范老人及团体,以此营造尊敬长辈的社会风气。2007年8月,韩国政府制定了《孝行奖励和支持的相关法律》,积极推动孝行奖励和相关扶持;2017年,在大田市设立了孝文化振兴院,开展孝文化体验教育。此外,2018开始对扶养直系亲属老年人的公务员(男60岁、女55岁),每人每月支付2万韩元的家庭津贴(韩国人事革新处,2018)。为提高赡养老人的意识,鼓励大学视实际情况对孝行者实行大学特例入学制度。

1980年代开始,韩国针对70岁以上老年人实施8种行业[①]的老年人优惠折扣制度,之后敬老优待制度范围不断扩大。2016年,公共敬老优待政策包括:铁路折扣(根据列车类型优惠30%—50%)、首都圈地铁、城市铁路、故宫、陵园、国立博物馆或公园、美术馆免票,国立或公立国乐院门票优惠50%(韩国保健福祉部,2017a)。

为鼓励家庭成员赡养老年人,韩国对与老年人同住的家庭成员实行税收减免制度,包括减免继承税、所得税、转让所得税等优惠政策。减免继承税是指在开始继承时,对继承人及同住家属中65岁以上的老年人,每人提供5000万韩元的个人所得税减免优惠(《继承税及赠与税法》第20条);减免所得税是指在规定的课税期间内,对赡养60岁以上老年人的家庭且收入合计在100万韩元以下的,每年对1名老年人提供150万韩元的综合所得税减免优惠;对赡养70岁以上老年人的家庭,每年对1名老年人追加减免100万韩元(《所得税法》第50、51条)。另外,在缴纳转让所得税时,根据一户一套住宅特殊条款,为赡养60岁以上直系亲属(包括配偶的直系亲属)而共同居住并拥有两套住宅的,自同住之日起10年内,对优先转让的住宅视为一户一套,减免转让所得税(《所得税法施行令》第155条第4款)。

作为老年人补充收入的税金减免制度,有年金收入减免、医疗费减免、住宅担保老后年金利息费用减免、老年人储蓄免税制度等。老年人将个人年金储蓄和个人退休年金合并进行年金相关储蓄的情况,每年有700万韩元的税金减免额度。缴纳税金时,年金收入在350万韩元以下的全

---

① 铁路、地铁、故宫、陵园、洗澡、理发、市际公交、寺庙。

部，在 350 万韩元以上的超过 350 万韩元的部分，根据年金金额进行一定额度的减免（《所得税法》第 47 条）。医疗费减免制度，内容之一是购买助听器的费用和根据《老年人长期照护保险法》实际缴纳的个人负担金额，可以进行税收减免（《所得税法施行令》第 118 条）。此外，如果有年金收入的，在领取住宅担保老后年金时，实行住宅担保老后年金利息费用扣除制度，从年金收入中扣除缴税年度产生的一定额度的利息费用。这种情况下，扣除的利息如果超过 200 万韩元，就扣除 200 万韩元，超过年金收入金额的，不计算超过部分（《所得税法》第 51 条）。在金融扶持领域，从 2015 年开始到 2019 年 12 月 31 日为止，对 65 岁以上老年人实行不征税综合储蓄制度，在 5000 万韩元以内的利息收入或分配收入不征收所得税（《税收特例限制法》第 82 条）。

第九章　韩国的生产型福利政策

从生命历程看，老年期是我们每个人都要经历的阶段。老年人福利政策，不仅是一项仅针对当前老年人的临时性的应对方案，更对以后的老年人，从根本上来说是一项关乎所有人发展需求的事情。

总体来看，韩国国民收入水平的提高一定程度上提高了老年人口的经济实力，特别是当前的准老年人群体，在享受国民年金保障的同时也依据个人情况准备部分养老金。对有稳定收入的老年人群体来说，经济实力有所提高，在子女教育和住房方面的支出逐渐减少。与此同时，服务业的发展提高了社会服务水平，服务领域和服务对象多样化，以老年人为服务对象的领域也随之发展起来。老年人问题，制度和政策方面需要依靠政府的积极介入，但同时，复杂的老年人问题仅靠政府的老年人福利政策无法完全得到解决。如果把老年人福利的供给主体分为公、私领域两部分，公共领域部分主要负责提供国民普惠型的社会保障和福利支持，反之，有经济能力和更高需求的老年人可以通过非公领域得到满足。

一　韩国生产型福利政策的理论支持

(一) 国家的福利责任

H. marshall 指出，福利是产业社会和市民权发展到一定程度的结果。他认为，18 世纪是取得市民权的时期；19 世纪是取得政治权利的时期；20 世纪人们取得了社会权利，并将在教育、保健、住房、退休金和经济、社会安全方面的市民权利纳入福利国家体系（金润太，2013）。社会福利的目的在于解决产业化过程中产生的社会问题，完善不平等的分配政策，提高民众的生活水平，促进社会资源的公平分配。社会福利制度是一种对国民生活综合负责的制度，政府的福利政策不可或缺。在研究福利国家分类和发展方面，学者们各有千秋。Anderson（2006）对西方国家的福利体系进行了比较，把资本主义社会的福利制度分为社会民主主义、组合主义和自由主义三种。社会民主主义福利制度极度去商品化，是建立在市民权基础上的福利制度。这种制度的基本假想是：所有市民都享有国家保障的基本生存权。这种制度具有普惠主义色彩，市场的作用微乎其微。组合主义福利制度去商品化程度比较高，在这种制度下，国家是一个有机组合体，每个部分都为整体服务，政府发挥着维持国家有机体秩序的作用。福利也以维持现有秩序为目的，不同的阶层群体有不同的福利体系。由于认为市场具有打破现有秩序的否定性效果，市场的作用是附带性的。自由主义福利制度以自由主义思想为基础，认为以市场为基础的自由交易是福利的最大源泉，强调福利通过市场内的交易得到解决，国家对福利的干涉具有局限性。Anderson 认为，斯堪的纳维亚半岛的大部分国家属于社会民主主义福利制度，法国和德国主要是组合主义福利制度，美国是自由主义福利制度的代表。Anderson 的划分模式是一种理念型，大部分国家很难对号入座。

东亚国家有着和西方国家不同的国情特色，东亚国家的福利制度大多难以用以西方国家为标准的福利类型进行说明。因此，针对东亚国家的特点，有学者提出与西方福利国家相区别的"东亚福利模式"或"儒家福利体系"。这种强调东亚国家特殊性的观点，在以下两方面有很大的说服力。首先，东亚国家与西方国家具有不同的文化传统和社会结构，在社会福利方面也与西方国家有明显的差异。其次，现有的福利类型理论均以西方的历史经验为基础，韩国等东亚后发资本主义国家的特殊性难以得到说明。Jones 在关于东亚福利国家的研究中，强调儒家思想的影响和家庭在福利方面的责任。"首先，儒家思想不区分社会福利制度和社会福利功能的不同要素，并且强调对成员的需求和保护是通过其所属家庭和地域社会的活动来实现。其次，东亚社会福利的优先顺序是共同体的构建和共同体意识的形成。在理念方面，重视纪律、秩序、稳定、忠诚、自律；在政策方面，认为家庭是社会的中心单位，这导致与西方不同的重视家庭和社区的社会福利政策。在现实生活中，强调非国家性质的社会福利，国民对于社会正义和市民权的要求并不明显。"（申东面，2008：65）Jones 指出，儒家思想的福利国家具有"没有劳动者参与的组合主义和没有自由至上主义的自由放任主义"的特征（申东面，2008：65）。

（二）国家福利作用的分担

在西方发达国家，"二战"后至1960年代，随着对经济发展与社会问题的关注，国家福利政策得到前所未有的发展。1970年代以后，经济的停滞引起福利财政的紧缩，许多国家的福利政策呈现危机状态。另外，随着生活水平的提高，社会成员期待更丰富多样和更高水平的福利服务，这种需求仅靠政府供给难以得到满足。特别是1980年代开始，新保守主义上台加强了对社会福利费用的控制和削减，仅靠国家福利难以满足服务需求的局面更加明显。每个国家的历史传统、产业化和现代化程度以及发展战略不同，因此每个国家的政策需要放在具体的历史文化背景下理解。在部分西方发达国家，政府一度成为社会福利的核心供应主体，社会保障机制代替了家庭的部分功能。然而，在东亚社会，社会福利落后于快速增长的国家经济，社会成员的福利主要还是依托家庭来提供，依靠家庭成员的服务供给来解决。由于国家福利的不完善，国家福利以外的，即非公领域的福利成为主要形态。

1970年代开始，西方福利国家危机论抬头。随着国家福利诸多问题的出现，福利的提供出现多种多样的形态。在摸索克服市场和政府作用失败的方案的过程中，出现了公、私作用分担理论。政府和民间力量分别具有自己的长处和短处，需要明确和开发不同的作用分担领域，扬长避短。结合两者的优势是社会福利的发展方向。以公、私领域作用分担理论为基础，福利服务的供给主体可以分为国家（中央和地方政府）、市场（民间营利领域）、市民社会（民间非营利领域）以及私人领域（家庭及个人）。

根据政府、民间营利领域、民间非营利领域的相对规模和在提供社会福利中的作用分担关系，Kramer将社会福利的作用分担模式划分为以下五种：国有化模式、政府主导模式、实用型同伴模式、民间强化模式和私有化模式。在国有化模式中，政府服务部门担当起服务传递体系的绝大部分作用，政府是最大的服务提供者，营利民间领域和非营利民间领域的作用只占据很小的部分。政府主导模式中，认为只有国家才可以运行普惠性的社会福利体系，大部分服务通过政府提供的社会服务得以实现，民间非营利领域是政府的补充，民间领域的作用是周边性的。在实用型同伴模式中，政府重视基本服务的提供，将资金和运营权都交付给非营利民间力量，相比普惠性公共服务的强化，政府更重视与非政府部门的契约。在经历福利国家危机之后，民间强化模式和私有化模式备受瞩目。民间强化模式是以对非营利力量的信任为基础，强调对社会团体资源的利用。私有化模式充分利用营利部门力量，依据市场体系提供服务。这两种模式减轻了政府的负担，追求用更低的费用来提供服务，政府并不直接提供服务，通过制定服务标准对服务过程进行监督（朴宗满，1995）。

在韩国，政府和民间力量的作用分担可以定义为实用型同伴关系。即非营利民间力量作为服务的主体，由国家提供大部分财政支持。在国家和市场之外被称为第三部门的民间非营利领域、自发性社会团体、市民团体逐渐在社会活动中上升为重要的力量，在解决生活和服务等一系列问题方面发挥重要的作用。但是由于政府财政扶持有限，民间非营利力量在提供福利服务方面受到很大的限制。在韩国，这种实用型同伴关系的福利提供范围只限于低保障水平群体。

（三）政府的作用

随着人口老龄化进程逐渐推进，西方发达国家的老年人福利，逐渐从以政府为主的供给模式转向多元化福利供给。老年人福利供应主体除政府以外，还包括非营利民间部门、营利民间部门以及社区组织等。有经济实力的老年人对附加性服务，即超过最低生活水平的丰富充足的服务的需求，需要通过市场来得到供应和满足。政府的作用更侧重于合理调整多元力量的供给分担，弱化政府力量后可能带来的副作用。社会阶层的分化会带来甚至加强福利水平的差别化。为了更好地实现福利国家的目标和发挥有效作用，政府需要继续贯彻在社会福利资源方面的调控作用，把民间部门的参与和作用发挥引导到正确的方向。

在老年人福利的公、私领域作用分担方面，政府公共部门和民间力量各有长短。依靠政府公共部门实现的社会福利在减少贫困、缩小不平等差距、加强社会连带关系和社会和谐、实现社会安定和发展方面具有不可替代的作用，但同时也破坏了民间和地方社会的自律性，导致资源的不合理配置和服务质量的低下。依靠民间力量实现的社会福利可以有效地控制支出费用，促进资源合理配置，提供丰富优质的服务，但同时也会加剧不同社会群体之间的矛盾和不平等关系，导致更严重的相对贫困。因此，政府公共部门和民间力量扬长避短，促进老年人福利领域社会力量的参与和政府的适当介入非常必要。

包括韩国在内的部分东亚国家，社会福利落后于经济发展的速度，老年人福利需求主要通过以家庭为主的私人领域得到解决。在韩国，国家、市场、NGO/NPO以及家庭这四类福利供应主体中，家庭的责任首当其冲。国家的责任履行相对薄弱，还没有达到担负全体公民福利责任的福利国家的阶段。不仅如此，政府被指责把福利责任转嫁给个人、家庭和市场。这样会导致为低收入阶层提供最低生活保障受到一定影响，对需要社会保护的弱势群体不能提供切实的服务。因此在发展营利性、民间企业为主的老龄亲和产业之前，首先需要扩大公共部门的福利财政规模，提高整体福利水平。在国家制定老龄亲和产业发展政策的同时，首先满足包含低收入阶层的全体老龄人口的基本和共同的需求，进一步提升服务质量。

以家庭为主的赡养和以国家为主的福利提供都有其局限性，地方社会在老年人赡养方面的作用日益增大。在韩国，地方社会为老年人提供的福利包括地方老年人福利机构和设施、老年人保护中心、地方政府老年人福利委员会、各种社会福利协商会、地方社会自发组织等，通过为老年人提供多种项目，对老年人的需要提供相应服务，帮助老年人解决面临的问题。地方社会作为老年人日常生活的根据地，能对老年人的需求作出迅速反应，以地方社会为中心的老年人福利政策亟须出台。以流动少、在固定社区生活的老年人口为服务对象，老年人福利与地方社会有着极大的关联性。结合老年人口的身体、精神状态，反映地方特色的福利服务和与地方社会有紧密关系的多元化福利项目是发展的重要内容，也是构筑地方社会和谐局面的重要基础。

二 韩国生产型福利政策实施的社会背景

（一）老龄化社会的到来

老年人口数量增加的最主要原因是寿命的延长带来人口的老龄化。医疗条件的改善使得婴儿死亡率大幅下降，人们的体质得到改善。再加上医学的发展和人们对健康的重视，人类的平均寿命持续延长。1971年，韩国人平均寿命为62.3岁，2005年平均寿命达到78.6岁，提高了16.3岁；到2050年，平均寿命预计会达到86.0岁。同期，韩国男性的平均寿命由1971年的59.0岁到2005年的75.1岁，再到2050年的82.9岁；女性的平均寿命从1971年的66.1岁到2005年的81.9岁，再到2050年的88.9岁。

低生育趋势是导致总体人口中老年人比例大幅增长的重要原因。未来的不确定性、教育费用的增加、注重个人生活等价值观的变化、女性经济地位的提高、社会政策和环境的不完善等原因导致韩国的总和生育率持续下降。韩国的生育率，由1960年代的平均为6.0名到1970年代为4.53名，1980年代不足3名。1980年生育率为2.83名，1983年降低到2.08名，开始低于人口替代率为2.1名。进入2000年代，生育率总体呈持续下降趋势，2002年为1.17名，2003年为1.19名，2004年为1.16名，2005年仅为1.08名。

韩国6.25战争结束后，1955—1963年出生的婴儿潮一代共计816万名（三星经济研究所，2007）。这代人在2020年正式步入老年人行列，推动了韩国的老龄化进程。生活条件的改善和医学的发展带来平均寿命的延长和生育率的下降，人口老龄化现象是发达国家共同面临的社会现象。世界上大部分发达国家已经进入老年人口比例达到14%以上的老龄社会。然而，老年人口比例从7%上升到20%所需的时间，法国用了154年，美国94年，意大利79年，德国77年，日本36年，而韩国预计仅用26年的时间。与早在二三十年前就开始着手准备老龄化社会的发达国家相比，韩国政府的准备时间不够充分，出台老龄化对策的任务更为迫切。

老年人口的增加带来诸多问题。从个人角度来看，退休后稳定性经济收入的丧失或减少会带来经济上的贫困；健康状况的下降导致医疗费用增加；自我丧失感和孤独等心理问题也会发生。从整个社会来看，老年人口的增加会加重经济活动人口的扶养负担；人力资源不足导致社会整体生产性下降。人口老龄化带来的问题不是老年人自身和其家庭的问题，更是国家需要应对的重大课题。

(二) 家庭赡养功能的弱化

养老是老龄问题的核心内容。在传统社会，赡养老人被认为是家庭的责任，但这种情况在韩国已发生变化。首先，产业化、城市化引起家庭形态和家庭规模等家庭结构的变化；其次，核心家庭和女性社会参与的增多，使得家庭的许多功能由家庭外部来提供和实现。此外，赡养老人等儒家传统价值观的变化也是引起家庭赡养功能弱化的原因之一。

产业化、城市化是世界发展趋势。1960年代韩国经济快速发展，产业化水平急剧上升，地域间的人口流动加剧，农村人口大量涌向城市。1960年，韩国的城市化率为39.1%；1975年为50.1%，1980年为57.8%；1990年为73.8%；2005年已达到80.8%（韩国统计厅，2007）。产业化和城市化也带来诸多社会问题。首先，赡养老人的年轻一代流动到城市，空巢老人日益增多。其次，为了更好地适应产业社会，直系家庭或扩大家庭转变为夫妇家庭或核心家庭成为普遍的社会现象。这也意味着老年人与子女的同住比例和赡养老人的子女数量呈下滑状态，老年人夫妇家庭及老年人个人家庭数量增多。另外，原来承担照顾老年人主要责任的女性就业增多，赡养老人的社会环境发生变化，完全依靠家庭内部赡养变得越来越困难。在韩国，孝敬老人是做人之本，被认为是最大的美德。敬老思想得以继承的原因是社会生活以家庭为中心，父母在传统家庭结构中处于较高地位。随着产业化、城市化的进展，就像近代化理论指出的一样，老年人的地位发生了动摇，重视个人能力和业绩的成就地位、个人主义、普遍主义等价值观间接导致了老年人权威的下滑和赡养老人意识的弱化。

老年人自身也呈现不希望依靠子女的倾向。韩国保健社会研究院的调查显示，晚年生活准备"由自己来承担"的回答达到49.4%，"由国家来承担"的回答达到40.5%，"由家庭和子女来承担"的仅占9.6%。另外，家庭依靠型老年人由1980年占49.4%，2000年下降为19.5%，而自立型和主张社会保障型老年人的比例分别从40.3%和8.2%上升到46.3%和32.7%（高俊基，2007：371）。养老由家庭赡养转变为自我赡养或社会赡养的趋势日益明显。

随着老龄化社会的到来，人们日益重视社会赡养义务，但家庭赡养的原则并没有发生根本改变。女性特别是已婚女性经济活动的增多，老年人个人家庭的增多等家庭结构和价值观的变化，使得家庭赡养原则与脱家庭化的赡养现实之间出现了背离。考虑到现实赡养问题，老年人赡养不应该再强调家庭赡养，而应该朝着社会赡养的方向发展。在西方发达国家以及日本，构成社会基本单位的家庭的赡养功能明显减退，代际关系的重心也由父母一代转到子女一代。低生育率使得年轻一代在养育子女方面投入更多精力的同时，对父母的时间、经济投入等相对减少，即使是与子女同住的老年人也会产生孤独和被边缘化的感觉。随着人口结构、家庭规范及生活方式的变化，赡养老人的主要责任归于家庭变得不现实。人口老龄化的负担不能只由家庭和私人领域承担，亟须出台赡养老年人的社会支持政策。

除了政府和家庭的养老责任和功能，社区等地区社会的作用日益受到关注。但有研究显示，不同子女生活在一起的老年人，通过维持与地区社会的关系来代替子女关系的倾向很弱。与子女或地区社会的关系都处于游离状态的老年人比例非常高，这说明日益弱化的家庭关系得不到地区社会的支持。这要求地区社会发挥更为积极的作用。例如，让老年人参与更多的教育活动，激励并满足他们的社会参与需求，提高老年生活质量。

（三）老年人福利的财政负担

人口老龄化带来的一个重要问题是老年抚养比的上升，即劳动年龄人口（15—64岁）扶养65岁以上老年人的负担加重。这同时意味着福利依存人口的数量随着人口老龄化增加，而支付福利费用的劳动人口在减少。

随着老年人口的增加，韩国国民年金、医疗、福利费用等社会保障费用呈几何数字增长，国家财政负担日益加重。这种变化随2008年国民年金支出开始加速[①]。领取年金的老年人口比缴纳社会保险费用的青壮年人口增加更快，预计2020年以后年金领取者会超过保险缴纳人的20%。另外，由于老年人医疗费用激增，健康保险财政也会面临危机。

截至2007年，韩国政府的全部预算中老年人福利预算所占比例不超

---

① 韩国的国民年金是以部分累积方式运行的定期给付型年金。韩国国民年金以10人以上企业的雇员为对象，1988年开始实施。1999年《国民年金法》修订案规定，除特殊职域年金（公务员、军人、私立学校教员）加入者之外的所有18岁以上60岁以下国民强制加入并缴纳保险金。退休后没有其他收入的60岁以上老年人并且有20年以上保险费缴纳经历的话，可以领取法定给付（老龄年金）全额，缴纳年数在10年以上未满20年的可以领取部分金额。

过0.4%，远远落后于邻国日本的15%，不到其1/30（三星经济研究所，2007）。虽然现在韩国政府预算中老年人福利的预算比例在逐渐扩大，与福利发达国家相比仍存在很大差距。老龄化进展加大了福利支出，对财政的稳健性提出了挑战，同时也引发了福利需求问题。随着老龄化的进展，高龄老年人的社会服务特别是老年人的长期照护服务和生活辅助服务等福利需求日益增大。尽管这种需求通过现行福利制度得到一定程度的满足，但社会保险为中心的现行制度难以应对高龄老年人急剧增加而产生和扩大的新福利需求。

随着生活水平的提高，老年人需求日益多样化，需求水平也逐步提升。一方面，为低收入阶层提供最低生活水平保障等社会福利政策还需要继续完善；另一方面，中产阶层以上老年人群体的需求日益多元化，这也要求国家为满足其需求采取一定的积极措施。不仅如此，即将步入老年阶段的准老年人以及未来老年人的老年生活所需的商品、服务的生产和供给，也需要提上国家议事日程。传统的社会福利制度由国家直接介入国民生活提供必需的服务。然而随着老年人口的急速增长，这种社会福利制度难以解决一揽子社会问题。发达国家从1960年代开始力图通过市场来提供一部分商品和服务的供给。1970年代以后，随着经济的衰退和国家福利财政的缩减，发达国家将福利服务的一部分特别是老年人福利服务的一部分通过市场来供给的倾向逐步明晰化。

三 韩国生产型福利政策的核心内容

韩国政府将2000年定为福利政策转换元年，将构建21世纪生产型福利制度的坚实基础作为国家重要课题。

（一）生产型福利政策的理念

生产型福利以充实收入保障政策和雇佣保障政策、充实社会安全网和劳动保障政策，以实现均衡发展为目标。如果说传统型福利体系将老年人视为赡养对象，从制度上把他们驱逐出自主的位置，新的福利政策对老年人的独立性给予积极的支持。

根据生产型福利政策理念，当前的雇佣和福利制度落后于社会发展，需要顺应人口、社会、经济环境变化方向进行改革。降低劳动力市场性别、年龄方面的限制条件;改善对老年人、女性以及残疾人进行劳动力市场开放、技术培训、自立项目的制度化条件以及依据年龄、性别、身体条件提供社会保障的差别性待遇。提高劳动力市场的多样性、公平性、效率性,防止两极分化。老龄化社会背景下,为减轻经济活动人口扶养负担,应探索将非经济活动人口的老年人群体再度引入就业市场。为促进老年人就业参与,应增强老年人的就业能力,适时调整薪资及退休制度以减轻老年人就业带来的负担。取消劳动力市场内制约老年人经济活动的制度,加快开发提高老年人就业能力的培训项目。

表1　　　　　　　　韩国21世纪生产型福利范式

20世纪传统社会福利	21世纪劳动、福利联结型福利
弱势群体保护为主的福利	兼顾劳动福利和弱势群体保护
消费、消耗型福利	致力人力资源开发和提高生产性
物质主义型福利	注重精神价值
救助为主的福利	注重自立的福利
收入再分配为主的福利	兼顾福利的生产性
消极、后发型福利	积极、预防型福利
20世纪老年人的地位	21世纪老年人的地位
依赖、被赡养	独立、自立
提前退休	自主工作
分化、差别	整合、无差别
孤立、家庭为中心的生活世界	生活领域的拓展
教育/工作/余暇的分化	教育/工作/休闲生活的整合
否定性的老年文化	肯定性的老年文化

出处:朴京淑,2003:361。

　　传统福利体系将老年人定位为赡养的对象,并从制度上强制剥夺了老年人继续就业的机会。新时期的福利应实施有助于实现老年人独立性和自立性的政策。对老年人开放就业市场,实现教育、就业、休闲整合型生命历程政策,其前提是认同老年期具有的主体性,而不是作为被扶养者和具有依赖性的人。

（二）老龄亲和产业

老龄亲和产业作为一项生产型福利政策，与韩国政府之前的救助型福利政策有很大差别。政策方面，将老年人不再单纯视为福利对象，将他们看作积极的行为主体；认为如果激活老年人力资源，老龄亲和产业会成为国家经济发展的新动力。老龄亲和产业的发展，将减轻发展潜力的钝化趋势和财政负担危机，带来值得期待的经济效应。

老龄亲和产业的发展是老年人口和社会发展到一定程度的结果，将随着老年人口的增加和社会的变化蓬勃发展。老龄亲和产业是营利性和公益性相结合的产业，具有劳动集约型和女性主导型的特征，对老年人福利领域产生影响，也对诸多社会领域产生影响。在实施老龄亲和产业政策的同时，如果一并考虑由此影响到的社会和谐、生命历程、女性老年人等社会问题，在应对和解决老龄问题方面将事半功倍。老龄亲和产业作为一项鼓励老年人留在劳动市场，将生命历程中教育、劳动、休闲生活进行整合的政策，不再将老年人作为赡养对象而是作为行动主体，有助于提高老年人的自我认识以及地区社会发展。老龄亲和产业是劳动集约型产业。老年人健康状况各异，需要不同层次的服务。在老年人设施方面，以老年人为对象提供服务的部分非常多，需要大量的劳动力，产生大量的工作岗位，成为地区社会经济的新发展动力。老龄亲和产业的发展创造出新的工作岗位，老年人力资源自然也被开发利用起来。因老龄化发展需要而产生的工作岗位，随着老年人口的增加和服务的提高会持续增加。老年人口的增加和服务需求的增加带动新人力市场的形成。兼具闲置资金和经营管理知识的老年人创业机会逐渐增多，超小规模的企业逐渐登场。这不是一般意义上的公司组织，而是因为自己的兴趣而成立的小规模经营的迷你型企业形态，被称为"nanocorp"[1]。创业是个人把自己的经验、知识、资历充分利用的行为，中老年群体的创业活动对其个人和社会都极有意义，也成为解决老年人就业和收入保障问题的方法之一。政府的引导和保障方案有助于老年人创业的健康发展。

---

[1] nanocorp 指不以扩大企业规模为目标的迷你企业，有 1—2 名职员，创业者直接管理。nanocorp 的长处在于小规模，便于管理，可以深化专业领域。

在老年人接受新技术和信息方面，技能培训和终身教育有助于老年人寻找和适应新的工作岗位。在老龄亲和产业教育领域，通过对就业方面的多元化培训，可以帮助老年人实现再就业和创业；通过退休前准备教育，可以帮助老年人在退休后更好地适应老年生活。相对来说，老年人的自由时间较多，充分享受休闲生活的时间比较充裕，但同时适合老年人的活动项目较少，休闲生活丰富程度较低。未来的老年人受教育程度较高，有一定的经济能力，对知识和文化的需求会逐渐增大。具体来说，婴儿潮一代平均受教育时长为12年，与上一代的平均8年相比，多了4年。2004年，韩国65岁以上老年人的计算机使用率仅为7%，而婴儿潮一代的计算机使用率达到72%（韩国文化观光部，2007）。为了发展满足老年人需求的终身教育，需要市民团体、NGO等终身教育机构积极推动老年人教育课程的稳定发展。通过对老年人项目的多元化开发，促进老年人休闲活动的多样化，提高老年人的文化生活水平，增进代际间的理解，推动形成积极、健康的老年人文化和身份认同。

医学和营养的发达带来平均预期寿命的延长。韩国人的结婚年龄，女性比男性小2—4岁的情况较多，而平均寿命方面女性比男性多6—7岁。女性老年人比男性老年人的数量多。2007年韩国整体人口中65岁以上人口的性别比为67.5；65岁以上人口的比例，男性为8%，女性为11.9%；女性老年人口的比重高出4个百分点。而且，慢性病患病率，女性比男性高10%左右；三种以上慢性病的患病率，女性老年人高达65.7%，远高于男性老年人的37.5%。另外，女性经济观念更强，更精打细算，日常购买决定权一般由女性掌握。但是，从生命历程角度来看，女性老年人生命历程中就业机会少于男性，包括年金制度在内的社会保障机会缺失，女性老年人处于弱势经济地位。婴儿潮一代的大部分女性老年人，作为家庭主妇在家庭内没有财产自主权，更容易发生老年贫困问题。男性为户主的老年人存款比例高达57%，而女性为户主的存款比例不足30%。女性为户主的情况，一般教育水平低、丧偶或住在农村地区。鉴于女性老年人低收入这种社会特征，她们应该处于老年人福利体系中最优先考虑的位置。老龄亲和产业也应提供提高女性老年人的经济生活水平及促进社会和谐发展的解决方案。

核心家庭化带来老年人与子女的分居，丧偶及亲友的去世以及退休后角色的丧失和收入的减少带来的无力感、孤独感等给老年人带来很大的社会及心理压力。老年人一般喜欢与青壮年人群一起工作。老年人希望维持与家庭和周边人群的和睦关系。满足老年人的社会和心理需求、预防和消除老年人生活中的孤独感，需要将老年人纳入地区社会内的老龄亲和产业相关福利项目。如地区社会内的老年人就业与创业、老年人住宅和三代人住宅等居住环境方面的融合、休闲活动和社会活动带来的地区社会代际间的融合、居家福利服务构成的老年人和地区居民间的融合。这些项目有益于社区共同体的形成和发展，也有助于形成积极、健康的老年文化和老年人自我认同。

老龄亲和产业的发展遵循市场原理，在韩国社会福利领域是一个热点议题。虽然与传统的社会福利有很大差别，但基于为老年人提供满足其需求的产品和服务，保障稳定的老年生活这一点，老龄亲和产业具有老年福利的部分特点。老龄亲和产业在销售商品、追求经济利益的同时，在提高老年人的生活质量方面承担着一定的作用，兼具营利性和公益性。

老龄亲和产业依据受益者负担费用的市场原理，存在加剧老年人福利不平等现象的可能性，这意味着社会福利的后退和政府作用的缺失，需要谨慎对待。因此在发展以追求利润最大化的民间企业为主体的老龄亲和产业之前，首先要依据公共福利财政状况提高整体国民的福利水平，在促进老龄亲和产业发展的同时，为低收入群体的基本需求提供保障，提高公共服务的质量和补助水平，并扩大服务领域。为了推动老龄亲和产业的发展进程，最迫切和重要的任务之一是提高政府直接提供的福利服务和政府委托民间机构提供服务的质量。

为了保障老龄亲和产业的健康发展，需要公、私领域之间取长补短，进行有效的作用分担。市民团体、民间企业、老年人家庭等都是提供老年人福利的资源，具有赡养责任。政府如何动员、协调好多元供给主体至关重要。在国民对老龄亲和产业充分认识的基础上，政府积极扶持和监管，民间积极开发和参与，三者作用相互补充、相互促进。在老龄亲和产业的发展过程中，可以借鉴发达国家的发展模式，但只有立足传统文化和国情的老龄亲和产业才会持续发展。

第十章　韩国的老龄亲和产业政策及发展

依据市场原则，以具有一定支付能力的老年人为主要对象的老龄产业的兴起水到渠成。老龄产业是以现在的老年人和老年人预备群体为对象，依据市场原理提供商品和服务的生产、供给活动。2005 年，韩国政府用"老龄亲和产业①"的官方名称取代了之前使用的"银发产业"一词。根据韩国老龄化及未来社会委员会（2005）的定义，老龄亲和产业是"以生理上的老化和社会、经济能力降低的老年人为对象，以保持和增进精神/身体健康、提供便利、安全保障为目的，民间部门依据追求营利的市场竞争原理，提供商品和服务的产业"。所谓老龄亲和，更加注重老年人对实际便利性和安全性的偏好，表示对这两方面优先考虑。韩国政府将老龄亲和产业的对象群体界定为 65 岁以上的老年人和其主要照顾者，以及将来成为主需求群体的婴儿潮一代。

老龄亲和产业将市场原理引入社会福利政策，为老年人和准备养老的群体提供他们需要的产品和服务。老龄亲和产业作为一种经济活动，成为韩国社会福利领域的争议话题。老龄亲和产业在依据市场原理受益者自行负担费用方面与传统的社会福利有所不同，但在为老年人提供稳定、丰富的养老生活方面作用不可忽视。本章主要考察韩国 2000 年代初期老龄亲和产业的发展状况。

一　韩国老龄亲和产业的发展背景

韩国于 1993 年颁布了《老年人福利法》，允许民间企业参与运营付

---

① 所谓老龄亲和产业是指对老龄亲和用品进行研究、开发、制造、建筑、提供、流通或是销售的产业活动。引自《老龄亲和产业振兴法》（2006 年 12 月）第 2 章第（2）项。

费老年人福利设施，民间企业对老龄产业的关注越来越多。民间经济研究所和政府政策研究机关也致力于老龄产业研究。然而，韩国的老龄产业依然处于起步阶段。这与韩国政府的消极态度不无关系。从韩国政府的立场来看，一方面，民间资本进入老年人福利领域，会引发以追求利润为最大目标的弊端，这与福利政策的本质不相符合；另一方面，老龄产业的兴起，可能会加剧韩国传统家庭结构与价值观的变化。此外，一般民众对老龄产业的认识不足及政府对老龄产业缺乏体系化、规划性发展政策也是导致韩国老龄产业滞足不前的重要原因。

对于韩国老龄产业来说，2008年是有特别意义的一年。2008年韩国的老年人口比重超过10%，人均国民收入超过2万美元[①]；韩国国民年金给付对象2008年开始可以正式领取年金；2008年7月，韩国老年人长期照护保险制度开始施行。老年人长期照护保险制度被称为老龄产业发展的源动力。与此同时，韩国的婴儿潮一代（1955—1963年出生）逐渐步入老年期，成为老龄产业的主要对象群体。相对来说，这代人的教育和收入水平比较高，需求也更加多样化，并且开始领取国民年金，他们的老年生活会相对稳定，从而成为老龄产业的主要供给对象。以上背景条件成为韩国老龄产业发展的基础。

社会主流观点认为，在老龄化社会，社会生产能力下降，导致经济增长放缓。然而人口老龄化对老龄亲和产业来说既是挑战也是机遇。韩国少子老龄社会委员会（2007）指出，阻碍老龄亲和产业发展的因素有：福利需求增大导致国家财政负担加重；劳动生产能力下降要求调整劳动市场结构；制度支持缺失；老龄亲和产业需求基础不坚实；国外销售流通企业的涉入。同时，促进老龄亲和产业发展的因素有：老年人口需求的增加和老年人收入的相对提高；老年人医疗费用增加及对健康的关心程度加大；企业等民间部门的参与氛围逐渐形成；老年人福利设施的扩充；婴儿潮一代的养老需求增多。

根据对老龄亲和产业需求对象的推断，如果老龄亲和产业发展顺利，会带来巨大的经济效益。产业规模会由2002年的6.4兆韩元到

---

① 国外经验来看，老年人口超过10%并且人均国民收入超过1万美元的时期是老龄产业的孕育期，美国是在1970年代末期，日本是从1985年开始。而人均国民收入超过2万美元之后，老龄产业进入活跃阶段，美国是在1980年代，日本始于1990年代。

2010 年的 31 兆韩元，再到 2020 年的 116 兆韩元（韩国老龄化及未来社会委员会，2005）。依据韩国老龄化及未来社会委员会（2006）的计算，老龄亲和产业 14 个领域的基本市场规模 2002 年约为 12.8 兆韩元，2010 年约为 43.9 兆韩元，2020 年约为 148.6 兆韩元，分别占母体产业[①]的 2.2%、4.7% 和 10%；老龄亲和产业 14 个领域的从业人员 2002 年约为 23 万，2010 年将达到 45 万，2020 年将达到 69 万，分别增长 8.6% 和 4.3%；老龄亲和产业 14 个领域的就业诱导效应与母体产业的对比增长率，2002 年为 1.85%，2010 年为 4.56%，2020 年达到 9.64%。

与韩国的人口老龄化速度相比，韩国老龄亲和产业发展缓慢。民间企业对老龄化社会带来的机遇和挑战表现出极大的关心，暂时没有或没能付诸行动。为了实现老龄亲和产业的发展，需要出台可以扩大供给的民间参与激励政策。政府应该把有利因素和阻碍因素具体化分析，提供有效的信息传递和支持政策，积极引导企业的参与决心和行动。

二 韩国老龄亲和产业的发展领域

老龄亲和产业的类型，根据供给主体、消费者特征与要求、供给方式及领域等可以进行不同的划分。韩国学界通常根据产业领域对老龄亲和产业进行分类。但即使根据产业领域分类，学者们的意见也并不统一[②]。2005 年，韩国老龄化及未来社会委员会以韩国的国际竞争力、市场亲和

---

① 所谓母体产业是指，将老龄亲和产业视作为老年人、准老年人及其照护者提供商品和服务的产业，在需求方面没有限制的主干产业。
② 分为居住、医疗、余暇活动、金融保险、生活五个领域（三星经济研究所，1992）；分为居住、医疗、福利器械及生活用品、金融、余暇服务五个部分（韩国住宅协会，1993）；分为居住设施、收费型照护设施、收费型居家福利服务、医疗及福利用品、金融保险、休闲生活六个部分（韩国保健社会研究院，1996）；细分为居住、收费型照护设施、收费型居家福利服务、医疗制药、金融、休闲活动、职业、生活、生活意义、看护、就业及专业能力、丧葬事宜 12 个部分（韩国老龄产业协会、韩国老龄产业研究所，2002）；细分为健康保护、健康保护相关设备及器械、医药品及健康食品、一般运动器械及体重调整、金融服务、居住服务、信息、旅行及休闲、食品饮料、汽车、衣着、化妆品、教育及自我开发、宅急送服务 14 个领域（崔成载、张仁协，2006）。从经济角度将未来重点发展领域划分为照护产业、医疗器械产业、信息产业、金融产业、住宅产业（大韩商工会议所，2006）。

力、公共性为基础,依据预想需要和由此带来的经济性,提倡发展 8 个领域①共 19 个战略品目。2006 年,在 8 个领域的基础上,又提出发展交通、食品、医药品、丧事、服饰、教育 6 个领域的必要性,共选定 14 个领域 34 个品目作为重点发展方向。

本章将韩国老龄亲和产业划分为居住设施、医疗照护、金融保险、休闲与教育、老龄亲和用品这五个领域,重点考察老年人居住设施、老年人居家福利服务、老年人住宅年金以及老年人日常生活用品几个部分。

(一) 居住设施领域

住宅是生活的重要场所。在韩国老龄亲和产业居住设施领域,通过对老年人进行出售和租赁、为他们提供居住便利以及生活指导、咨询及安全管理等日常生活服务的老年公寓是重要构成部分。老年公寓包括单纯强调居住功能的模式以及提供医疗、休养等多种功能的复合型模式;主要以健康和具有独立生活能力的老年人为服务对象,但也面向部分日常生活需要照顾的老年人。

韩国最早的收费老年人设施是裕堂院②,现在三星、现代等大企业和相关休闲行业、建设行业和保险公司、社会福利法人、宗教团体等都参与到老年人居住设施领域。非营利法人依靠政府财政支持,以低收入阶层为对象运营的免费老年人收住设施,普通宗教团体和民间福利财团运营的廉价养老设施也占有较大比重。2007 年,韩国老年人居住福利设施在 400 处左右,可容纳老年人 16000 人,而希望入住老年人福利设施的老年人比例为 29.7%,呈现出供不应求的态势。

收费型老年人居住设施主要集中在首都圈地区,两极分化严重。大企业运营的收费型老年人居住设施致力于大型化、高档化,私营企业运营的养老设施小型化并且设施简单。费用方面也是千差万别。部分大企业主推最高档老年公寓,出售价格较高,入住费用和物业费用昂贵,远远超出一般老年人的收入水平,导致形成"老年人居住设施主要是为有钱的老年

---

① 照护、器械、信息、休闲活动、金融、住房、韩方、农业。
② 1988 年 7 月 1 日在京畿道水原市设立的占地面积和建筑面积分别为 4159 坪和 1502 坪,地上两层地下一层,收住人员为 88 人的裕堂院,65 岁以上、身体健康的老年人缴纳一定的生活费用可以入住(权中敦,2004:273)。

人提供的"这样的社会认知。针对老年人群体关于"合适的"老年公寓费用应为多少的调查结果显示,认为低于1亿韩元的占64.5%,居首位;低于5000万韩元的,占33.5%;低于1000万韩元的,占2%。"合适的"老年公寓月生活费用,认为在26万—50万韩元的回答最多,但实际上大部分老年公寓的月生活费用都超过50万韩元(南基民等,2006:570—571)。因此,老年公寓主要集中在首都圈,以高收入阶层为主要目标群体。中产层水平的老年人只能利用小规模设施。而低收入阶层,无法承担入住费用,不能利用收费型养老设施。居住设施领域的这种状况引发收入水平不同导致养老服务水平差别化的问题。无论是当前还是未来,都应以大众为主开发建设老年公寓,让老年人们可以根据自己的经济水平选择需要和适合的服务。

(二) 医疗照护领域

老年人随着年龄的增长,身体机能逐渐下降,患病率上升。韩国国民健康调查显示,60岁以上老年人患慢性疾病的比例是整体人口平均患病率的3倍多(权中敦,2004:135)。2005年韩国保健社会研究院公布的《老年人生活现状及福利需求调查》显示,90.9%的老年人患有一种以上的慢性病,50.8%的老年人在日常生活中有生活障碍,73.8%的老年人有两种以上的慢性病。患病老年人数量的增多意味着老年人对医疗照护设施的需求增大。老年人照护设施在运营方面存在诸多问题,但从业人员不足特别是社会福利师等专业人力资源极度缺乏成为主要问题。

2000年代初期,老年人可以接受的服务主要以设施内的服务为主。"去设施化"概念提出之后,人们日益重视居家福利服务[①]。首先,老年人对设施有一定的排斥性。大部分老年人希望与朋友、邻居交流,在熟悉的环境里度过余生。韩国老年人钟爱家庭赡养方式。其次,老年人口的增加包括独居老年人和行动不便老年人的增加,把他们都吸纳到老年人设施里并不现实。在养老设施方面有过经验和教训的发达国家,正逐渐倾向于去设施化并强调社区的照顾作用。其中经济费用是重要的考虑因素。因

---

① 本章中,居家福利服务包括家庭照顾和社区照顾,居家福利的代表服务有派遣家政人员、昼间照护、短期照护服务等。

此，依据"正常化"（normalization）理念，对老年人的保护和照顾不是依靠设施，而是依靠由社区提供的居家福利服务逐渐兴起。2000年代初期，由民间力量提供的、专门以老年人为对象的收费型居家福利服务几乎没有，除了少数有经济实力的老年人，根据其需求接受预约服务外，居家服务主要是依靠宗教团体和社会服务团体来免费提供。由民间力量提供的家庭服务人员派遣、访问、照顾等居家福利服务的扩充极为必要。2000年代初期，大部分老年人照护和居家设施都是面向基础生活保障对象的免费型设施，以普通老年人和有经济能力的中产层老年人为对象的付费型专业照护设施极为不足。可以派遣家政服务人员上门服务的机构还是少数，享受昼间照护和短期照护的老年人也主要局限于患有脑部疾病和失智症的老年患者。照护责任人及提供医学管理和康复治疗服务的专业医疗护理人员制度还未出台。

（三）金融保险领域

老年金融保险领域涉及老年人资金和资产的管理，通过对老年人年金、保险、不动产等资源的经营为稳定的老年生活提供保障。该领域的对象群体既有当前的老年人，也包括为老年生活做准备的中青年群体。

随着老年人口的增加以及2008年开始领取国民年金，老年人在金融市场的影响会越来越大。老年人的金融资产管理方式对老年生活有至关重要的作用。另外，在保险领域韩国老年人的投保比例低于整体人口的平均投保比例。根据2006年12月韩国三星生命研究所对韩国6700名不同年龄层人口进行的"是否加入生命保险"的调查结果显示，60岁以上老年人口的保险加入比例为50.7%，远远落后于整体人口加入比例84.4%（金淑应、李义勋，2007：263）。

老年生活需要三重保障：社会保障、企业保障和个人保障。社会保障是指保障个人最低生活的国民年金和公共年金；企业保障是指雇员退休后可以进行稳定老年生活的企业年金；个人保障是指为使老年生活更上一层楼的个人年金。但是国民年金随着人口老龄化转向多缴少领的趋势，企业年金不适用于个体工商户。对退休金的不信任加大了国民对个人年金产品的关注度。在对"你购买了个人年金产品吗"的回答中，30.8%的人进行肯定性回答，36.5%的人回答"购买了类似产品"，共有 2/3 的人将个人年金视为老年生活的主要依靠。此外，回答为老年生活进行预存款和购买了相关保险的回答也超过一半（金淑应、李义勋，2007：44）。

以银行为主发售的个人年金产品，是一种 65 岁起可以领取定额年金的代表性老年金融产品。按照年金领取时间，有 10 年、20 年的定期性产品，也有终身型年金产品。此外，如果购买者持有不动产，在与信托公司缔结信托合约后，信托公司可以替不动产持有者管理、处置和开发不动产。生命保险公司针对老年人群体售卖老年保险，通过支付手术费、住院费、看护费等方式，对患有中风、糖尿病、关节炎等老年疾病的人进行集中保障。

针对除不动产以外几乎没有收入的老年人，金融机构可以为他们提供以不动产为担保的逆向抵押贷款。逆向抵押贷款是以住房为担保，从金融部门一定时期内领取一定金额的长期住房抵押贷款。韩国在 1995 年首次引入逆向抵押贷款制度，但是相关业务进展缓慢，甚至一度中止。直到 2004 年才再次启动①。2007 年 7 月，韩国住宅金融公司推出与一般银行销售的逆向抵押贷款不同的月支出金额和支出时间具有公共保障的逆向抵押金融产品——"住宅担保老后年金"。被称为住宅年金的这种逆向抵押贷款是以夫妇都在 65 岁以上、拥有一套住房的老年人为对象，拥有 6 亿韩元以下住房的夫妇可以得到 3 亿韩元以内的终身年金，意外情况下老年人需要巨额资金时，限于一定的目的（医疗费用、子女婚姻费用）最多可以一次性支付贷款金额的 30%。尽管这种住房年金式的逆向抵押贷款被作为老年人福利对策的重点内容和方向来推动，但是申请者极少而且业绩不好②。

（四）休闲教育领域

随着整体生活水平的提高和年轻人积极参加休闲活动的影响，老年人

---

① 但是在 2000 年初期，韩国银行提供的逆向抵押贷款金融产品，以自己名义有住房的人都可以购买，贷款期限最长为 15 年，贷款金额也有限定，这与保障老年人生活的真正意义上的逆向抵押贷款金融产品有差别。

② 但是按照韩国住宅金融公司的预测，2007—2016 年十年期间，老年人需求量会达到 15397 件，而这只不过是潜在需要 150 万户人口的 1%。

逐渐认识到休闲生活的重要性。韩国老年人主要在家中进行休闲活动。依据韩国文化观光部（2007）的调查，韩国老年人最喜欢的休闲活动是看电视和听广播（97.8%）。帮助有需求的老年人建立创造性、积极的生活方式有必要提上日程。

在韩国，代表性的老年人休闲福利设施有敬老堂、老年人教室、老年人福利馆等，主要在公共部门的主导下建立，数量充足但质量参差不齐。由于人力和活动项目的不足，这些场所被认为是低收入老年人以聚会、聊天为主的场所。老年人的休闲活动并不是通过老年人团体活动的开展，而主要是一种个人在老年人休闲福利设施或自己家中消磨时光的方式进行。

一项对利用老年设施的老年人满意度调查显示，对活动项目"不满意"占到46.9%，"满意"只占到13%；对兴趣娱乐设施的满意度"不满意"达到45.3%，"满意"仅为7.5%（南基民等，2006：547）。老龄亲和产业休闲领域，民间以营利为目的进行的项目有老年观光、老年体育俱乐部等。在"有多余的钱的话会先花在哪个方面"的老年人调查中，旅行、观光占据首位，比例高达25.9%，兴趣活动占14.7%，位列第三（郑敬姬等，2005）。可以预想老年人观光、老年人体育、老年人教育等与老年人的生活和兴趣相关的民间部门的活动会成为老龄亲和产业的新领域。在休闲领域，应充分发挥民间的创意，在合理的价格下，为有需求的老年人提供高质量的服务。

在老年人教育领域，2000年代初期老年人对终身教育的参与需求较低，由于资源的不足也未能提供高质量的教育服务。民间开展的部分教育活动，高学历和低年龄的老年人参与积极性不高，为促进老年人就业推行的职业教育活动和退休准备教育活动还不完善。随着信息化社会的发展，为缩小由年龄差异带来的信息接受差异，帮助老年人更好地融入当前社会并充实其生命历程，以就业教育为主的多元化老年教育提上日程，这需要民间力量的积极参与。

（五）老龄亲和用品相关领域

老年人口特别是高龄老人增多，由于行动不便，需要照看。老年福利用品可以帮助老年人减少日常生活中的不便，减轻家庭的照顾负担，提高家庭的生活质量。老龄亲和用品领域日益受到重视。少子老龄社会委员会在众多老龄亲和用品中，在老年人长期照护保险制度实行（2008年7月）之前，选择14种类型采取销售或租赁的方式进行推广。销售专用类型一般是价格低廉、无法循环使用的，如移动型坐便器、洗澡椅子、步行辅助器、安全扶手、携带型排便器、防滑用品、手杖等。销售或租赁兼用类型则是价格相对较高，消毒后可以继续使用的产品，如手动轮椅、电动床、手动床、防褥疮床垫、坐垫、可移动型浴缸、洗澡升降机等。

2005年，韩国生产老龄亲和用品的公司有117家，进口公司有73家，生产、进口兼营企业有10家（韩国保健福祉家庭部，2007）。调查显示，阻碍老龄亲和用品产业发展的主要原因有老龄亲和产业和用品的定义和划分不够明确、研究开发资金不足、流通和市场营销渠道不畅、老龄亲和用品的认知度较低以及宣传力度不足等。老龄亲和产业的特征是"品种多、需求量小"，适合中小企业，但同时中小企业规模较小，技术开发和人才培养受限。老龄亲和用品相关产业条件薄弱，产品种类较少，主要是靠进口或用残疾人产品替代，价格高，品质保障制度不健全。2000年代初期，老龄用品主要在医疗用品专卖店销售，流通体系不畅，商品认知度不高，购买和使用都存在很多问题。除轮椅等几个产品外，其他产品和器具的需求量不高，因此韩国国内从事生产、销售老年人福利用品和器具的少数企业主要依靠进口。

2005年韩国保健社会研究院的调查显示，老年人希望使用照护保障物品的比例为27.9%。这说明老龄亲和用品产业具有很大的发展空间，应该建立多元化、多层次的老龄亲和用品开发和供应体系。随着人口老龄化进展，女性老年人增多，迫切需要对独居女性老年人用品进行开发。老年人消费者不追求尖端性，更追求便利性。同时，虽然身体上呈现老化状态，但心理上有排斥老年用品的倾向，所以比起强调安全性的无障碍（barrier free）原则产品，统一设计（universal design）产品的开发更为重要①。

---

① 无障碍（barrier free）以（有）障碍为前提，旨在减少障碍。因此，无障碍（原则）受到"认同、助长残疾人差别化"的指责。相反，统一设计（universal design）出发点就是消除障碍，换句话说，本着所有人都可以使用的原则设计生产，这一点与无障碍设计不同。

三 韩国老龄亲和产业的发展瓶颈

老龄亲和产业健康发展,有利于解决人口老龄化引起的老龄问题及相关社会问题。老年人根据自己的收入水平和喜好,自由选择需要的产品和服务,这是发展老龄亲和产业的目的所在。韩国的老龄亲和产业还处于起步阶段,还存在社会对老龄亲和产业认识不足、国家法律制度不健全等问题。

韩国老龄亲和产业相关的法律有《老年人福利法》《少子老龄社会基本法》《老龄亲和产业振兴法》《老年人长期照护保险法》等。法律内容中与老龄亲和产业相关的部分还有待完善。行政方面,韩国负责老龄亲和产业的部门有保健福祉家庭部为首的众多中央部门及地方政府相关部门。这些部门、下属单位以及部门分工与协作的情况对推动老龄亲和产业发展至关重要。在财政方面,老龄亲和产业具有营利性和公益性双重特征,政府的财政扶持更应该体现在融资支持和税费优惠政策方面。公/私协调机构方面,充分发挥连接政府和民间部门的少子老龄社会委员会、老龄亲和产业支持中心等机构的作用,可以事半功倍。

(一) 法律方面

韩国老龄亲和产业相关的法律有《老年人福利法》《少子老龄社会基本法》《老龄亲和产业振兴法》《老年人长期照护保险法》等。

1981年颁布的《老年人福利法》,是一部涵盖老年人福利制度和老年人福利活动内容和类型的法律,主要宗旨是保障老年人身心健康及生活稳定,增进老年人的福利。1993年12月进行了初次修订,规定"为了提高老年人福利事业的开展效率,民间企业或个人可以设立和运营收费型老年人福利设施"。1997年3月再次修订,添加了老年人居家福利事业的内容,并将《社会福利事业基金法》的相关规定用《共同募捐法》来代替。1997年8月《老年人福利法》进行了第三次修订,规定"随着人口老龄化,失智症等慢性老年人疾病的研究管理事业及老年人康复照护事业由国家和地方自治团体负责开展,设立老年人专业照护设施、收费型老年人专业照护设施和老年人专科医院"。1999年2月第四次修订后,规定"废除收费型养老设施、收费型老年人福利住宅、收费型老年人照护设施、收费型老年人专业照护设施等的收费申报制度"。

《少子老龄社会基本法》提出，为提高国家竞争力和国民生活质量，实现社会可持续发展，随着低生育和人口老龄化的变化，树立少子老龄社会政策的基本方向及相关促进政策。涉及民间参与内容的第 30 条规定，国家及地方自治团体在实施少子老龄社会政策的同时，创造民间部门参与的良好环境；第 32 条规定，国家及地方自治团体实行少子老龄社会政策时，依据相关法律可以实施税费减免等扶持政策；有关老龄亲和产业培育内容的第 19 条规定，人口老龄化带来商品和服务需求的变化，国家和地方自治团体应该培育新产业并为其发展提供便利条件，为推动老年人用品的研究开发、生产及推广提出相应对策。2008 年 2 月，韩国政府对第 23 条第（1）项内容进行了修订，把原来"少子老龄社会政策相关重要事项的审议权归总统，由总统担任少子老龄社会委员会[①]委员长"的内容改为"由保健福祉家庭部长官担任委员长，少子老龄社会委员会归保健福祉家庭部长官统管"。

韩国于 2006 年 12 月制定了《老龄亲和产业振兴法》，旨在对老龄亲和产业进行培育和扶持，夯实发展基础，从而提高老年人生活质量，促进国民经济健康发展。该法从 2007 年 6 月开始执行，涵盖了培养专业人员、奖励老龄亲和产业研发、推进标准化建设、促进国际合作及海外市场的拓展、设立老龄亲和产业支持中心、实施金融财政扶持政策等内容。并且规定为了提高老龄亲和用品的质量，实行优秀产品指定和标识制度，并对优秀生产厂家进行奖励和扶持。

2008 年 7 月《老年人长期照护保险法》开始实施。该法规定了为日常生活无法自理的老年人提供身体或家务活动支助的长期照护给付事项，以提升老年人健康水平，实现稳定的老年生活，减少家庭负担，从而提高生活质量。长期照护保险的服务对象是 65 岁以上的老年人及不足 65 岁但患有失智症、中风等老年性疾病的人。长期照护服务人员会访问服务对象

---

① 少子老龄社会委员会设立于 2003 年 10 月，旨在应对人口老龄化，改善国民生活质量，提高国家竞争力。设立之初名称为"老龄化及未来社会委员会"，随着《少子老龄社会基本法》的制定，2005 年 9 月改名为"少子老龄社会委员会"。

的家庭提供居家服务，其内容包括身体活动及家务活动、洗澡、照看等照护服务；为长期生活在除老年人专科医院外的老年人医疗福利设施的老年人提供包括身体活动、教育、锻炼等机构服务，以帮助机构内老年人身心功能的恢复和提高。老年人长期照护保险对照护服务提供公共补助，也为服务对象日常生活或身体活动过程中需要的福利用品的购买和租借提供公共补助。该制度改善了之前仅依靠家庭的老年人赡养和以低收入群体为对象的老年人福利服务传递体系，强调在国家和社会的共同责任下共同解决养老问题，引导民间部门的参与，并积极利用地区社会的资源。

法律制度中存在的问题，一是大多数规定仅有概括化的要求，并无具体的适用条款；二是对应该怎样做进行了规定，但缺乏对违规情况的具体界定和惩治条款。以《老年人福利法》中老年人居住部分相关条例为例，进行简单考察。《老年人福利法》第8条规定，"国家和地方自治团体应推动老年人居住型设施的供给，对居住型设施的供给者进行适当的扶持"。通过对老年人居住型设施的民间供给者提供扶持来推动供给，但并未列出具体的扶持措施。另外，收费型老年人福利设施的概念很模糊，相关规定"收费型养老设施和收费型照护设施需具备5人以上的床位，收费型老年人福利住宅应在30户以上。作为收费型设施应该具备的条件，应确保设施内有方便轮椅等的移动空间，并符合老年人活动的便利结构"。上述规定只是作了原则性要求，没有列出具体的设施建设标准。

韩国保健福祉家庭部规定，对于收费型老年人福利设施，不足5层的老年人福利设施必须在完工后，5层以上的老年人福利设施必须在全体设施的1/2以上完工后才能申请经营许可证，说明要想经营收费型养老设施，首先要垫付相当数额的资金后才能申请许可证。从投资者角度考虑，在机构已经完成一定部分的时候再申请许可证，若申请没被批准，前期投资就会产生损失。

根据《老年人福利法》的规定，获得老年人福利设施经营许可证的法人，在注册税、财产税、综合土地税、增值税等方面可以享受税费减免政策。因此，入住老年人可以以相对优惠的价格享受到机构服务。《老年人福利法》还规定，老年设施经营人在不履行契约或机构倒闭的情况下，应返还入住老年人缴纳的入住保证金；为了保障返还的履行，经营人应将实际入住人员缴纳保证金的80%以上投入保障保险，社会福利法人应将保证金的50%以上投入保障保险。保障保险费用为保障总额的1%，老年设施经营人通常将此费用转嫁给入住老年人，间接提高了老年人入住费用。

（二）行政方面

在老年人福利服务传递体系中，国家层面有进行规划和开展事业评价的中央部门——保健福祉家庭部，地方层面有各广域市/道、市/区/郡的老年人福利科，保健福祉家庭部通过各地方自治团体的老年人福利公共行政体系对老年人福利事业进行管理。

直属于保健福祉家庭部的少子老龄社会政策局负责具体的老龄亲和产业相关业务。业务内容主要包括：与老龄亲和产业相关规划的制定和调整；与老龄亲和产业相关法令的修订；与老龄亲和产业相关专业人才的培养；老龄亲和产业的开发、扶持；老年人消费者的安全及保护。

根据《老龄亲和产业振兴法》，负责老龄亲和产业的中央行政机关有规划财政部、文化体育观光部、农林水产食品部、知识经济部、保健福祉家庭部、劳动部、国土海洋部等。在推动老龄亲和产业发展过程中，劳动部负责扩大老年人雇佣与培养老龄亲和产业专业人员，规划财政部负责金融保险领域，文化体育观光部负责休闲教育相关领域，农林水产食品部和国土海洋部负责居住设施相关领域，知识经济部负责老龄用品相关领域，保健福祉家庭部负责老龄亲和产业的整体发展规划，但重点放在医疗和照护方面。老龄亲和产业涉及多个领域，每个领域都由多个部门共同管理。以老年居住设施为例，用地由国土海洋部负责，税费减免由规划财政部负责，农村地区的老年住宅由农林水产食品部负责，专业人员培养和管理由劳动部负责，认证为福利机构后由保健福祉家庭部负责。这种情况也适用于居家福利服务或老年人亲和用品等老龄亲和产业的其他领域。不同公共部门之间的协调成为阻碍老龄亲和产业发展的因素之一。因此，需要设立老龄亲和产业整合促进机构，加强相关部门之间的沟通协调，包括对相关部门下属部门的协调和管理。

包括老年福利在内，社会福利一直在强调公共部门特别是中央政府的作用。老年福利政策依据保健福祉家庭部的政策规定进行预算安排，形成上传下达式管理体系。这种垂直的管理体系有利于提供稳定、高效的服务，但下级单位在满足需求者的精准化需求时难以发挥自主性应对能力。地方自治体的老年福利政策，结合地区社会的特有环境，自主性实行符合当地情况的福利项目，有助于解决实际问题。随着老年人口的激增，老年福利服务呈现多样化和多元化趋势，地区社会的作用日益突出。地区社会的社会福利在促进地域整体的健康发展和福利方面具有一定优势，地方行政机关引导本地居民积极参与和协助，进行自主性地规划和服务传递，可以迅速应对和更好地满足本地居民的需求。虽然地区社会的作用越来越突显，但地方政府的作用依然偏重于服从和协助中央政府，亟须制定符合根据当地状况的老龄亲和产业对策。

（三）财政方面

与老年人福利相关的财政可以划分为公共财政和民间财政两部分。公共财政又可以划分为从中央部门下拨的部分和地方自治团体拨付的部分。老年人福利财政中，公共财政一般是指中央及地方政府提供的公共资金或补助金，主要以税收为财源，民间财政泛指除政府机关外多元化形态的民间资金来源。此外，也有为数不少的公共和民间力量合资共同运营老年机构的情况。

2000年代初期，韩国的老年福利预算偏重敬老年金和老年福利机构，侧重生活保障对象老年人和入住福利机构的老年人，仍局限于狭义的福利概念，推行救助型的老年福利政策。老年福利预算不应局限于部分老年群体，应将政策转向提高所有老年人的生活质量。为了发展老龄亲和产业，政府最紧迫的任务之一，是对企业的研发费用进行支持。在老龄亲和福利用品领域，政府的研发费支持力度一直在加大，但在全体投资费用中所占比例仍然很小。

由于老龄亲和产业具有营利性，相比直接的财政投入，政府提供融资和税费优惠政策更具操作性。韩国政府为了鼓励民间力量参与建设收费型福利机构，1995年制定了收费型老年人福利机构建设资金融资制度。1997年的事业执行细则规定，拨款1000亿韩元作为国民年金基金，收费型养老机构及收费型老年人福利住宅等可接受上限为50亿韩元的融资。按规定，地方自治团体、社会福利法人、企业、个人都可以接受融资，但实际上政府优先扶持地方自治团体和宗教团体等社会福利法人。

通过前面从法律角度的考察可以看出，法律和制度方面对民间资本参与老年人事业的扶持较少，企业在建设收费型老年人福利机构时，负担大都转嫁到入住老年人身上。通过对民间企业提供税费减免等扶持政策，有助于实现老年人机构和入住老年人之间合理的费用分担。

（四）公/私协调机构方面

公共领域的中央部门保健家庭福祉部和其下属的广域市/道、市/区/郡的老年人福利科与非公领域的市民团体、民间企业和家庭共同构成老年福利的传递体系。为了更好地提供老年人福利，公、私领域之间需要协调机构。

首先，为了审议少子老龄社会政策的重要事项，设立了保健福祉家庭部部长领导下的少子老龄社会委员会。该委员会审议的主要内容有：低生育率及人口老龄化的中长期人口结构分析和社会经济变化展望等相关事项、少子老龄社会政策的中长期政策目标和推进方向等相关事项、基础规划和施行计划等相关事项、对少子老龄社会政策的调整与评价相关事项等。该委员会担负着协调政府部门和民间部门的作用。

韩国保健产业振兴院是保健福祉家庭部指定的老龄亲和产业支持中心，在推动老龄亲和产业发展方面，提供必要的调查研究、培养专业人员、扶持创业及经营活动、支持流通发展和进军国际市场等。为了完善老龄亲和优秀产品的售后服务，老龄亲和产业支持中心接受消费者的投诉，力图促进改善产品质量，加强售后服务，通过对指定产品进行抽检保证产品质量。给予优秀老龄亲和产品生产企业研发事业费、国外市场开发费用以及特别经费等方面的扶持，为帮助扩大销售网络，采取举办老龄亲和产业博览会、宣传老龄亲和优秀产品、构建售后服务信息体系等措施。为加强对老龄亲和产业优秀经营者的扶持，在指定优秀经营者方面制定各种方针和规定，对提供优秀服务的老龄亲和经营者进行认证和扶持。为加强中央行政机关及地方自治团体的作用分担及协作，推动产学研合作研究，共同建立、推动必要的决策。此外，把握老龄亲和产业的国际动向，推动国际合作，实施国际标准化和国家之间的共同研发。根据2007年颁布的《老龄亲和产业振兴法》，老龄亲和产业支持中心于2008年初建立，实际业务过程中对民间部门扶持较少，偏重于对中央政府的规划和政策开发提供研究报告和意见，未能充分发挥在公、私领域之间构筑有效联系网的作用。

政府和民间的协调机构有益于夯实老龄亲和产业发展基础，建立高效的作用分担和有效的传递体系，但问题在于重点不是放在对民间部门的扶持上，而是放在为政府提供服务方面，因此有必要构建政府、市民团体、民间企业以及老年人等多者之间的传递体系和社会网络。

四 韩国老龄亲和产业的发展方向

虽然韩国政府和社会对老龄亲和产业的重要性有充分的认识，韩国老龄亲和产业仍处于起步阶段。老年人依据自己的收入水平和需要选择消费是老龄亲和产业的发展目标。老龄亲和产业兼具营利性和福利性，需要公、私领域之间的配合，取长补短。民间企业与政府在推动老龄亲和产业发展方面有各自的责任和作用，国家在动员和调动各种资源方面发挥重要的引导作用。这并不完全意味着国家将公共领域的责任推到非公领域，为了满足全体国民的福利需求，非公领域力量的参与非常必要。在扩大老年人福利服务供给体系方面公共领域和非营利民间团体的作用依然重要，但为了满足老年人及准老年人的多元化需求，国家需要同时开发和培育营利性民间供给体系，实现老年人福利服务供给的多样化。国家在提高和扩大目前社会保障制度水平和范围的同时，应出台鼓励民间部门特别是企业积极参与的支持政策。为了保护老龄亲和产业消费者的权益，加强对企业的监管，保障老龄亲和产品和服务价格的合理性和质量的可靠性。通过广泛调查切实了解老年消费者的需求和意见，并将其反应给供应主体。

为了实现老龄亲和产业的健康发展，政府还应发挥以下作用。尽量简化行政手续，建立中央政府与地方政府的联动交流体系，强化对老龄亲和产业关联技术和硬件的扶助，对老龄亲和用品的标准化开发和规范化，培养专业人才，培育老龄亲和产业风投企业，打造适宜的发展环境。政府部门应该加强支持政策的落实，积极引导民间企业参与到老龄亲和产业中来，相互协调发展，实现政策效率最优化。老龄亲和产业的发展，部分原因是政府财力不足，将其委托给民间力量，由消费者来承担所有费用，因此国家在质量和价格管理方面应该具有社会责任感。按照市场经济原则，老龄亲和产业通过竞争来实现其自身发展。但是，由于老龄亲和产业以应对风险能力较弱的老年人为服务对象，应侧重于公共服务需求的开发；政府在加强对供给者扶持的同时，应更好地保护需求对象。

(一) 法律方面

首先，应明确老龄亲和产业相关用语和概念，细化相关规定的具体内容。老年人问题包括角色丧失和休闲生活问题、经济问题、健康问题及社会心理问题等。为了解决这些问题，老年住居设施应具备以下条件：方便与社区接触的便利、安全的照护，通过适当的休闲活动来充实生活。作为老年住居设施的供给主体，民间企业应提供合理的价格和优质的服务。政府为提供优秀老年福利服务的老年住居设施提供政策支持。

作为老年人理想的居住环境，医院和文化设施健全、交通方便的城市近郊较受欢迎。但同时也面临地价过高，建设开发有一定困难；韩国《城市规划法》对地价相对低廉的城市郊区和环境舒适地区的开发设定了多种限制。另外，即使有优良的设施和环境，如果子女探望不方便，会加重老年人的孤独感。这就要求地区社会需具备并完善医院、公园、便利的交通等周边环境。老年人希望入住与当前生活地区较近的机构，但韩国部分养老机构远离城市，医疗设施、生活便利设施和文化设施都较为不便。在老年公寓的基础上，增加与大学联动的终身教育项目，以此来自然推动入住者之间共同体形成的"大学联动型"老年住宅一度受到瞩目[①]。寿命的延长和生活水平的提高使老年人也产生继续学习的需求。通过加强大学和老年住宅的联动，为老年人提供良好的知识环境并不是一件难事。与大学联系在一起的"大学联动型"老年住宅，推动形成"知缘型共同体"。"大学联动型"老年住宅可以为经营公司、入住者、大学、地区社会等各相关单位和个人提供共赢机会。

民间企业在开发、建设、供应老年住宅时，应施行优良老年住宅认证制度。应制定共同住宅或单独住宅内老年人便利结构和设施标准，符合标准的住宅优先供应给老年人和赡养老年人的家庭。针对低收入层和中产层

---

① 2004年，韩国学校法人明知学院、社会福利法人明知院以及关东大学明知医院，在明知大学校园内联合建立了"大学联动型"老年社区。

老年人，韩国政府致力于推动三代同住型住宅的开发建设。

（二）行政方面

人口老龄化和老龄亲和产业问题应作为国家发展规划的重要课题，老年福利服务的传递特别是在老龄亲和产业中诸多部门和领域之间的合作体系亟须构建。例如，劳动部关于促进老年人雇佣政策的制定与保健福祉家庭部的老年福利政策制定应加强沟通和合作。形成一站式服务体系，有助于预防和解决多样化的老龄问题，使老年人更好地融入社会生活。

老年人的需求在发生变化，在制定和实施对应的政策和项目之前，应首先对老年人的福利需求进行调查，并对各种资料进行系统的整合。一般来说，地方自治团体的实践活动主要立足于政府发布的社会福利政策和统计资料。随着地方自治团体力量的增强和地区居民需求的增多，应根据地区特征实施相应的福利政策和项目。立足实际，运用科学方法，开展老年人福利需求调查和基本资料的搜集整理，建立老年人相关信息体系，作为制定老年福利政策和项目的依据。

老龄亲和产业是为流动减少、居住稳定的老年人提供服务的产业，与地区社会密切相关。在地区社会内、依靠地区社会、发展地区社会，应成为老龄亲和产业的发展原则。在老龄亲和产业中，地方政府的作用非常关键。老年福利机构和居家福利服务都在地区社会内依靠地方政府和社会团体的合作来提供。社会福利业务中地方政府多是接受中央政府的委托，地方政府在落实反映地区居民需求的政策或运行福利财政方面受到很大的制约性。地方政府作为中央政府和地区居民、民间企业之间的架桥，应该积极发挥其对地区居民和民间企业的扶持作用。为解决老年人的多样化需求，制定鼓励政策，以促进当地收费型老年人福利设施、老年人专科医院、老年人康复等相关项目的设立，并积极利用地区社会的资源对老龄亲和产业专业人员培养进行政策扶持。为退休后的老年人提供就业机会，为不想就业的老年人提供参与志愿服务活动及休闲、教育项目的支持，开发提高本地区老年人的自立能力，帮助他们实现和创造自身价值，实现老有所为、老有所学、老有所乐。

2005年韩国保健社会研究院的调查显示，从长期照护政策的重视程度来看，与城市老年人相比，农渔村老年人对家政服务人员的服务、家庭照护服务等居家服务的需求更高；城市老年人则对护理机构的需求更高。与大城市相比，中小城市及农渔村地区的老年人口比例更高，但福利服务相对落后。中小城市和农渔村地区的政府应该通过发展地区社会福利，构建多样化的福利供给体系。2000 年代初期，韩国的移动福利馆数量很少。需要继续探索建立扩增受惠对象的方案。通过进一步扩大居家福利事业和扩充专业人员来实现有需求的老年人都可以享受到保障服务，特别要重视农渔村地区的服务可及性。

2004 年 12 月，地方自治团体主导的理想型韩国老年公寓模式"复合老年人福利园（senior complex）"开始建设。通过向希望迁移到农村居住的城市老年人集资，地方自治团体负责为入住老年人提供生活及工作保障。具体来说，城市老年人向公共机关经营法人交纳 1.5 亿—2 亿韩元的基金，到医疗、文化设施都相对完善的农村居住，并参与一些低强度的劳动，定期获得一定的回报和福利优惠。与以往针对贫富"两极"老年人设立的老年机构不同，复合老年人福利园针对城市中产阶层退休人员。复合老年人福利园创造了老年人劳动岗位，也为农村注入了活力，被视为未来型老年机构。

（三）财政方面

老龄亲和产业依据受益者负担的市场原理，可能会加剧老年人资源享有的不平等，这是最令人担忧的后果，也意味着社会福利的倒退和福利国家角色的不成功。因此，在充分发展民间企业为主要力量的老龄亲和产业之前，首先需要扩大公共部门的福利财政，实现福利水平的根本提高。在推行老龄亲和产业政策的同时，国家要保障低收入阶层为首的全体老年人的基本和共同需求，提高公共服务的质量和公共补助额度。为了实现老龄亲和产业的发展，最迫切的是要提高国家直接或委托民间提供服务的质量。公共服务的质量和专业性不足，给付标准得不到提高，如果在这种情况下大力发展以营利为目的的老龄亲和产业，公共服务和老龄亲和产业的差距会越拉越大。发达国家的老龄亲和产业是在社会福利的基本服务，即最低限度的生计维持和生活质量已达到制度保障的阶段发展起来的，韩国在到达这一阶段之前大力发展老龄亲和产业，对此应保持审慎态度。

《老龄亲和产业振兴法》规定，为了打好产业基础，政府鼓励老龄亲和用品的研发。在对老龄亲和用品相关产业从业人员的调查中发现,"研发资金不足"问题仅次于"老龄亲和产业及用品缺乏明确定义和划分",是老龄亲和产业发展的第二大障碍。大部分老龄亲和产业制造企业为中小企业,难以进行体系性的研发,迫切需要国家对研发提供政策奖励和扶持。随着人口老龄化的进展,在解决老龄者的社会孤立状态、独立生活和社会参与方面,IT技术起到核心作用。美国、欧洲、日本等发达国家和地区为应对老龄化社会,也正在充分利用泛在(ubiquitous)IT技术推动相关政策和项目的进行。老龄亲和产业的各个领域都将泛在IT技术应用于满足老年人的健康、安全、独立、移动、社会关系等需求,带来更高生活质量的泛在老龄亲和产业的发展是未来的发展方向。这也是韩国知识经济部"利用IT技术支持老年用品的研发"业务的一部分,这意味着以知识经济部为主的韩国政府有关部门的技术和财政投入。国家和地方自治团体通过财政投入来扩大需求、扶持研究调查、技术开发、人才培养等基础事业是理想的选择。但由于福利预算的限制,政府提供金融、税费、关税等优惠措施更具可操作性。

老年公寓的大部分入住者都是城市居民。老年人不愿意离开生活过的地方。由于城市和城市近郊的地价上升,如果在地价较高的地段建设老年设施,导致入住费用上升,只有具备经济实力的老年人才可以入住。2000年代初期,韩国的收费型老年人福利机构入住率较低。机构入住者局限于有经济实力的老年人,低收入阶层因费用过高无法入住。为了解决这种矛盾,政府可以为入住老年人提供入住补助或税费减免优惠等,同时对民间企业提供税费及制度上的资金支持。

(四)公/私协调机构方面

政府应该对老龄亲和产业的发展分别制定短、中、长期的目标,逐步促进政策和计划的落实。同时,与民间团体和个人进行积极的协调,创造引导民间部门参与的条件和环境。在这个过程中,作为公、私领域合作体系的一环,需要设立将民间部门的要求反映落实到政府政策上的公、私领域协调机构。少子老龄社会委员会、老龄亲和产业支持中心,这些机构作为中央政府(保健福祉家庭部)下属协调机构,侧重于对上服务。作为老龄亲和产业的专门机构,少子老龄社会委员会需要增加企业咨询服务功能（三星经济研究所，2007）。只对上提交报告并不能激发企业的参与，需要具备专业的咨询服务功能。企业咨询不仅为关心老龄化趋势的企业提供转变方向，也通过提供相关信息帮助企业建立事业发展战略。

完善地区社会的推动体系也有利于发展老龄亲和产业。就目前情况看来，包括老龄亲和产业政策在内的老年人福利政策主要是由中央政府统一实施。但随着以地区社会为单位的社会福利机关和市民团体发挥越来越重要的作用，地区社会的作用逐渐凸显。在市民的日常生活中，地区社会发挥着不可或缺的作用，比如说生产、分配和消费功能、社会化功能、社会和谐功能、相互扶助功能等。相互扶助功能可以提供老年人赡养和老年人福利服务，这些在传统社会主要依靠家庭和亲人来实现，在当代社会这成为地区社会的事情。为了增进地区社会政府和民间的合作，地区社会福利协商体的作用日益突出。2008年7月，韩国地区社会福利协商体和民官协商体合并，地区社会福利协商体的成员由福利事业机关团体代表（29%）、相关部门公务员（20%）、公益团体推荐者（14%）、企业家和宗教人士等（14%）、保健医疗事业机关代表（13%）、专家学者（10%）构成（韩国保健福祉家庭部，2008）。地区社会协商体的功能是审议所辖地域内的社会福利事业的重要事项和地区社会福利计划，并把需要改善的事项向市长、郡首、区厅长汇报和提出建议，强化公共机关和民间领域社会福利、健康医疗等福利机构之间的联系和合作。从人员构成来看，需要加大民间部门的市民团体代表和企业家等的参与比例。

一直以来，韩国的民间部门代替政府发挥了重要的福利服务传递作用，但是民间福利缺乏体系化和效率性，大部分民间团体缺乏长期规划，只是接受政府的委托或根据当时状况开展福利事业，随意性很大。公、私领域协调机构的作用，是以公共机构和民间力量的合作关系为基础开展体系化的福利事业。在发展老龄亲和产业方面，为了构建公共机构和民间力量的合作体系，公、私领域协调体制需要进行以下方面的改善。维持与公共部门老龄亲和产业负责部门合作的同时，构建方便调动民间资源并符合当地居民需求的服务传递体系；将民间团体和企业有效接入公共体系，并加强民间部门之间的联动关系；克服和解决公共部门传递体系的僵硬性、民间部门的专业性不足的问题，强化制度保障；在地区社会内构建公、私领域协调机制，实现地区社会福利的组织化运行。在地区社会内构建公共机关、民间企业、市民团体之间的联系网。另外，随着老龄亲和产业供应主体的多元化发展，不同供给主体之间难免产生竞争，尽管相互竞争可以提高服务质量，但也可能导致重复生产和资源浪费，需要公、私领域协调机构来统筹解决。

第十一章 韩国的老龄化应对政策分析

人口老龄化不仅表现为人口结构的变化，涉及政治、经济、社会、文化等多个领域，是一个综合复杂的政策课题。老龄化问题带来社会福利需求增大、财政负担加重，再加上劳动力市场和产业结构的变化，使得老龄化政策环境极其复杂，因此需要对老龄化政策整合分析。评价政策是成功还是失败的标准，通常用政策的效果性进行判断，通过政策执行前后或是不同群体之间的比较得出相对性的评价。政策的失败会带来社会资源的浪费，也会导致民众对政府的不信任，加剧社会矛盾。因此，及时的政策评价和总结经验教训极为必要。

当今韩国社会面临经济增长缓慢、低生育率、老龄化这三大难题。尤其是在老龄化的影响下，引发了劳动年龄人口减少、老年人贫困、年金领取人口数量增多等一系列社会问题，导致国家财政压力增大。在过去的10余年里，韩国政府为应对少子老龄化问题，成立了总统直接领导的少子老龄社会委员会，并制定推行了多样化的政策措施。韩国政府采取了怎样的政策手段，政策效果又是否达到了预期目标，这些问题是本章的重点内容。

一 老龄化应对政策的特征

（一）文献综述

韩国学术界对老龄化问题的研究可分为以下几大类：（1）针对某个领域提出老龄化应对政策。李在俊（2015）使用代际重叠模型与生命周期理论，从宏观经济层面对老龄化的原因及带来的经济影响进行分析，提出老龄化带来的经济主体形态变化的可能性及政策方面的启示。崔龙沃

(2015）通过构建精确的老年人预期寿命数据库，建议设立能够缓解政府财政负担的"财政自动安全装置"。（2）老龄化对宏观经济影响的实证研究。江焕具（2017）在"人口结构变化对通货膨胀趋势产生的影响"的研究中，阐明了低生育率、老龄化对劳动力减少产生的直接影响，以及资产降价对长期通货膨胀趋势带来的压迫性作用。洪在华、江太修（2015）通过代际重叠模型预测死亡率下降对消费和积累产生的影响，以及因生育率下降带来的人口数量的减少和储蓄额降低、资本总量的下降，提出为消解对经济产生的消极影响，延长退休年龄可以提高劳动力投入、增加退休者的储蓄额从而增加资本总量，并极大降低未来年金赤字风险。朴镇宇（2015）分析了老龄化带来的赡养负担，对宏观经济和金融、资产市场等方面的波及效应，以及对社会保障体系产生的影响，提出老龄化背景下虽然有很多挑战性因素，但也可以实现发展与福利的良性循环，由此提出了扩大老年人就业机会、促进女性经济活动、解决老年人贫困问题、扩充退休年金制度、产业结构调整等方案。（3）通过对OECD国家老龄化政策的介绍及案例分析，为探索有效政策积累资料。金镇洙（2011）比较了OECD不同国家老年人社会福利领域的支出情况，指出2011年OECD成员国福利支出占财政支出的平均比例为4.5%，到2030年OECD大部分国家的公共年金支出占比将超过10%；而韩国人口老龄化的快速进程使得包括公共年金在内的福利支出直线上升，2011年已达到14.7%。他提出，为减轻财政负担，应缩减国民年金等公共年金体系，鼓励构建个人自我保障体系，同时实施与个人收入成正比的企业退休年金制度。（4）综合性研究视角。郑德具（2011）提出低生育率、老龄化问题必须伴随产业结构、企业结构、雇佣结构、收入结构四个领域的变化才能解决。李三植（2016）以福利需求变化为切入点，对韩国人口政策和老龄化政策的演进过程进行分析，尤其对少子老龄社会委员会推行的第一、二、三阶段"基本规划"及改善方案进行了系统研究。他分析了2016年韩国政府发布的"第三次少子老龄社会基本规划"后，提出为推动人口政策的成功实施，需要强化政策之间的有机联系，考虑政策和环境文化之间的和谐性，考虑生命周期因素，构建多元化社会主体之间的合作体系。新时期社会背景下需要对韩国人口政策框架、构成原则、主要政策方向等进行转换性思考，因为这不仅关系到韩国社会的可持续发展和增长动力，还对家庭与个人的生活质量、性别、代际、阶层等社会结构产生影响（牛海峰，2017；朴京淑，2017）。韩国学术界老龄化相关研究成果十分丰富，提出了多种多样的政策性观点和方案。

（二）老龄化应对政策的特征

个体在生命历程的不同时期，有不同的生活和发展需求，面临不同的社会问题，需要有群体针对性的解决方案。

表1　　　　　　　　　生命历程中不同的需求和主要政策

人生周期	少儿期	青年期	壮年期（40—64岁）	老年期
生命历程中特定需求	被抚养和社会保护	适当的劳动市场准入和机遇	工作与生活分离	退休后收入有充分的保障和保护
主要问题	家庭养育功能减弱	经济冲击	双职工家庭增多	没有准备的老年期，老年人群体特征和生活质量多样化
生活水平（2014年标准）	18岁以下群体的贫困率：7.1%	18—25岁群体的贫困率：9.0%	26—65岁群体的贫困率：9.3%	66岁以上群体的贫困率：48.8%
主要应对政策	—养育服务 —养育费/儿童费 —养育费资助 —确保儿童安全	—促进就业 —增加收入	—产假 —育儿假 —弹性工作制	—老年人收入保障 —老年人工作岗位项目 —长期照护保障体系

出处：OECD，2016。

OECD（2016）把个体在老年期的主要需求定义为"有充分的收入保障和保护"。但社会意义上的人口老龄化作为综合性的社会问题，并不局限于某一领域，体现出如下特征。首先，老龄化现象的多面性。老龄化政策涉及多个政策领域。劳动力市场方面，主要有劳动年龄人口的减少、低生育率/老龄化导致的年龄结构变化、雇佣形态的变化等问题；在财政方面有福利需求增大与资本积累发生变化等问题。针对老年人口，需要扩充社会设施和年金额度、加大福利财政投入、设立和完善各种规章制度。其次，老龄化应对需要社会福利、劳动雇佣、产业发展等多领域的政策，具有复合性。再次，老龄化具有不可控性。其他的社会问题，比如犯罪问题、环境问题等，这些问题的解决和防范可以设立一个明确的政策目标。但老龄化问题与人类寿命延长趋势密切相关，具有不可控的特征。与其他问题相比，老龄化问题应该以接受和适应为前提来制定缓解和应对政策，很难"解决"。从社会经济层面来看，老龄化问题既是挑战也是机会。由于具有两面性，在政策决策过程中极可能发生利益冲突。例如，应对老龄化问题的主体应该是谁？老年人福利政策应该是普惠型的还是救助型的？政府干预时，干预主体应该是中央政府还是地方自治团体？对于这些问题，很难简单下定论。随着老年人群体社会保障需求的增加、劳动年龄人口的减少、财政收入的减少，劳动人口的赡养负担加重，加大了下一代人的社会负担。老龄化政策的另一个特点是政策的投入和产出之间存在政策时差，需要长期的、持续性的政策资源投入，但行政体系往往更注重短期成果。不仅如此，在评价政策效果时，对政策外的其他介入因素等外在变量的控制也十分困难。

表 2　　　　　　　　　　老龄化政策的部分特征

特点	表现
多面性	分配政策、再分配政策、限制政策等
复合性	包括人口、福利、劳动、产业政策等
不可控性	很难进行控制
两面性	社会压力与发展机会同在
利益冲突	中央—地方、各部门之间、代际之间
政策时差	制定—执行—效果，政策效果具有滞后性

在制定老龄化政策时，要考虑老龄化政策的特点，对政策目标进行排序，注重具体政策推进过程中的重点内容和联动，事先考虑到政策执行中可能存在的制约因素并准备好应对方案，以最大程度地实现政策效果。

（三）政策分析视角

经济新常态下，为应对人口老龄化引发的劳动人口减少、资本积累减少等一系列正在发生或即将发生的问题，各国政府分别制定了一系列应对措施。但当前政府制定的政策是否恰当而有效呢？对此，Kingdon（1995）提出由问题（problem）—政策（policy）—政治（politics）构成的分析框架及"机会之窗"概念，用来阐释当前社会众多问题中如何抓住问题的关键，以及如何通过政策过程来解决关键问题。

人口老龄化已经成为不可阻挡的社会事实。在此背景下，各国政府动员了各种政策资源，打开了"机会之窗"。更早面临少子老龄化等人口问题的日本，1980年代开始制定了正式的人口政策。低生育率应对方面有诸如天使计划（1995—1999）、新天使计划（2000—2004）、第三阶段天使计划（2005—2009）等，通过制定并推行相关政策，实现了生育率的小幅提升；老龄化问题应对方面，通过延长退休年龄、退休后再续约等雇佣措施积极促进老年人退休后的再就业，构建起退休人员—企业—政府合作的模式（赵成浩，2016）。不仅如此，为应对低生育率问题，2003年日本政府新设立了全面应对低生育率问题的职能部门和内阁特命大臣职务。为了在50年之后也将人口数量保持在1亿左右，并为实现"1亿人口的活力社会"目标，任命了"1亿人口活力社会负责大臣"，以此积极应对少子老龄化问题。

政策分析涉及政策制定—执行—评价等一系列过程。政策是在复杂的政治、经济、社会环境下，是多元化的行为者之间矛盾和利益纷争的过程和结果（World Bank，2017）。通过对政策的分析，了解政策的决策过程及相关细节、政策的执行过程以及政策结果对解决社会问题和推动社会发展产生了怎样的效果。

本章立足政策分析视角，分析韩国老龄化政策的规划、制定及执行等一系列政策过程。老龄化应对政策流程可分为确定政策课题—政策环境分析—政策目标设定—政策过程—政策效果评价五部分。具体来说，政府对人口老龄化这个社会问题的关注，使其上升为"政策课题"。人口老龄化的影响具有两面性，可以说机会与挑战并存。要想解决这个政策课题，需要对社会环境和影响因素有全面的了解，以克服威胁因素，最大化利用机会因素。在进行政策规划之前，对政策环境作出客观的分析是确立具有现实可行性政策的基础。在完成对政策环境的分析之后，要制定短期和长期的政策目标。政策过程阶段可以分为政策制定阶段和政策执行阶段。政策评价是指在政策制定和执行之后能否达到如政策目标般的效果。与其他政策相比，老龄化应对政策在政策资金投入与政策产出或者说体现政策效果方面存在较长的时间差。

下面具体分析韩国政府过去10余年间的人口老龄化应对政策。

二 韩国政府的老龄化应对政策

(一) 韩国老龄化政策的发展历程

韩国老年人福利政策的发展历程可以整理如图1。韩国老年人福利政策经历了不同的发展阶段，呈现出不同的特点。1950年代是为需要照护的老年人提供救助事业阶段；1960年代是从老年人救助调整为老年人福利并打下基础的初期阶段；1970—1980年代为名副其实的提供老年人福利并夯实基础的阶段。1981年制定的《老年人福利法》是一个重要的转折点，标志着"老年人"正式成为指向性的服务对象群体。以此为基础，韩国过去碎片化的老年人福利政策逐步形成体系。

政策发展历程	人口老龄化进程
为需要照护的老年人提供救助（1948—1961年） ↓	—
老年人保护工作的实施（1962—1971年） ↓	2.9%（1960年）→ 3.1%（1970年）
老年人福利范式的转变及打下基础（1972—1987年） —《老年人福利法》颁布（1981年） ↓	3.8%（1980年）
老年人福利范围的扩充 ↓	5.1%（1990年）
对人口老龄化的体系化应对（1999年之后） —建立老年人福利长期发展规划（1999年） —制定《少子老龄社会基本法》（2005年） —实行老年人长期照护保险、基础老龄年金（2008年）	7.2%（2000年）→ 14%（2018年）

图1 韩国老龄化应对政策的发展历程

以2000年为起点，韩国老年人福利政策进入新的阶段，有效应对人口老龄化问题成为明确的政策议题。2005年韩国制定了《少子老龄社会基本法》，并在此基础上组建了少子老龄社会委员会，每 5 年制定 1 次少子老龄社会基本规划。

（二）韩国老龄化政策的成果

1. 组建少子老龄社会委员会

2004 年，韩国正式应对低生育率与老龄化问题，在总统秘书办公室成立了老龄社会对策及社会整合规划团，下设"人口老龄社会对策组"。2005 年 6 月，韩国政府制定了《少子老龄社会基本法》；同年 9 月设立了总统直管的少子老龄社会委员会。少子老龄社会委员会是低生育率和老龄化政策方面的最高机构，由总统担任委员长，委员会由当时财政部及教育部等 12 个部门的长官及 12 名民间专家共 25 人组成。委员会的主要活动内容为"审议与低生育率、老龄化问题相关的国家中长期基本规划和实施政策的制定与评价等"。

为协助委员会工作，韩国政府特别组建了运营委员会，运营委员会由福祉部长官及民间干事委员共同担任委员长，由民间委员及相关部门的 1 级公务员共 30 人组成。运营委员会的主要活动是对要在委员会进行决议的主要政策进行事先讨论，并对工作安排进行协调。运营委员会下设低生育率领域、老年生活领域、人力经济领域、老龄亲和产业领域四个专业委员会，每个领域由民间专家和相关部门的局长等 15 人构成。为了协助总委员会和各支部委员会，设立了总务机构——隶属于保健福祉部少子老龄社会政策总部，职能是实行政策规划的调整和工作评价，处理总委员会的各项事务。

2008 年，一直由总统直接领导的运营委员会改为由保健福祉部长官领导。之后，考虑到人口问题的严重性，为顺应时代发展要求，2012 年，委员会再次由总统担任委员长。为了更好地为实务工作提供支持，政策运营委员会进行了再次调整。委员长由总统担任，规划财政部等 14 个部门的长官共同参与，还有 10 名民间专业委员。保健保福祉部的人口政策科发挥总务科的作用，对 14 个部门提出的少子老龄化政策进行整合和协调，负责计划的制订和评价。运营委员会的委员长由保健福祉部长官和 1 名民间专家共同担任，下面设立了总务部、结婚生育支持分部、人口竞争力分部、生活质量保障分部、持续发展分部五个分部。

政策运营委员会由保健福祉部长官和民间干事委员担任共同委员长，由13个部门的次官和23名民间委员共同组成，职能是研究各分委员会提出的议案，协调不同意见。如图2所示，委员会各机构的主要任务由5个分委员会共同完成。各分委员会由1级主管部门和民间委员的分委员长共同管理，委员由各相关部门的局长和民间委员共15人共同组成。结婚生育支持分部由保健福祉部主管，人口竞争力分部由教育部主管，生活品质保障分部由保健福祉部主管，持续发展分部由规划财政部主管。各分部的主要任务是提出相关领域的政策课题，并制定基本规划。

确定方针及最终审议	少子老龄社会委员会 委员长：总统 干事：保健福祉部长官、民间干事委员 委员：14个部门的长官、民间委员10名				
准备议案，协调不同意见	政策运营委员会 委员长：保健福祉部长官、民间干事委员 委员：13个部门的次官、民间委员23名				
提出议题，制订计划	分委员会 分委员长：1级主管部门、民间委员1人 委员：相关部门局长、民间委员共15人左右 ↓				
	总务分部	结婚生育支持分部：保健福祉部	人口竞争力分部：教育部	生活品质保障分部：保健福祉部	持续发展分部：财政部

图2 韩国少子老龄社会委员会组织体系

少子老龄社会委员会的设立依据是《少子老龄社会基本法》第23条，"为审议少子老龄社会政策相关的重要事项，设立总统直接管理的少子老龄社会委员会"。主管工作包括：第一，低生育率和人口老龄化问题带来的中长期人口结构变化，及其他社会经济变化展望相关事项；第二，少子老龄社会政策的中长期政策目标和推进方向等相关事项；第三，少子老龄社会基本规划（每5年1次）及年度实行计划相关事项；第四，少子老龄社会政策的调整及评价相关事项；第五，干事委员提交审议的少子老龄社会政策重要事项。

为了完善第三次少子老龄社会基本规划，制定和执行更具现实意义的政策,委员会新设了"人口政策改善规划团",于2017年3月24日举行了第一届全体会议。规划团由保健福祉部长官和作为干事委员的1名民间专家共同担任团长,共同讨论未来规划团的活动和发展方向。规划团的工作主要注重实效性对策,完善政策落实过程中的薄弱环节。规划团讨论过的改善计划,经过政府内部的讨论、调整,举办听证会,以及少子老龄社会委员会审议等过程,最终确定和公布。

2. 制定三次基本规划

"少子老龄社会基本规划"每5年进行一次修订。目前已经先后发布了第一次（2006—2010）、第二次（2011—2015）基本规划以及2016年开始执行的第三次少子老龄社会基本规划——bridge plan 2020（2016—2020）。

表3　　　韩国政府三次基本规划中提出的老龄化应对政策

类别	第一次基本规划	第二次基本规划	第三次基本规划
政策目标	构建提高老龄社会生活品质的基础	共同准备和打造充满活力的老龄社会	生产性、充满活力的老龄社会
主要措施	— 构建安定有序的老年人收入保障体系,确立发展的可持续性 — 以消除盲区、确保公平性为原则,改革完善年金制度 — 早日完成公共年金改革,促进年金及个人年金的发展,扩大年金范围,构建多种收入保障体系 — 实现健康的老年生活,做好事先预防和健康管理	— 推行薪资递减制 — 退休年金制度早日落实 — 消除低收入阶层国民年金盲区 — 扩大健康保险保障性及应对效果 — 扩充老年人就业岗位并提高就业质量 — 夯实长期照护保险制度 — 营造老龄亲和型居住环境 — 持续供应老年人租赁住宅	— （年金）正式开创"1人1国民年金"时代,放宽年龄限制,废除住宅价格限制,大幅提高住宅年金,通过国民年金+住宅年金的方式,提高老年人收入保障水平 — （健康）社区慢性疾病管理制度化,为减轻看护负担,将综合看护服务扩大到所有医院,强化临终关怀等医疗照护支助

续表

类别	第一次基本规划	第二次基本规划	第三次基本规划
主要措施	— 扩充居住、交通、休闲、文化等老年人生活设施，扩大就业，促进社会参与 — 创造稳定的适合老年人的就业岗位	— 加强对独居老人、受虐待老人等脆弱阶层的保护	—（雇佣—产业）老年人转岗支持义务化；构建整体性外国人流入管理体系；制订老龄产业发展计划

根据韩国第一、二、三次"少子老龄社会基本规划"整理。

由于第一、二次基本规划的施行未能带来预期效果，第三次基本规划试图转变应对范式，将前两次规划中未能宏观和深入的部分以更为综合、系统的对策联动应对少子老龄化问题。具体来说，以前应对低生育率的模式是减轻已婚家庭的保育负担，现在政策方向转换为以促进结婚和生育为目标的为青年人提供工作岗位和居住福利等，以弱化韩国社会严重的晚婚和不婚现象；之前以补助生育和养育费用为主的措施，虽然奠定了一定的制度基础，但未能得到很好的落实，第三次基本规划将政策重点放在消除盲区、加强制度实践和文化引导方面。在老龄社会应对范式方面，随着基础年金和长期照护等基础制度的建立，通过推广国民年金和住宅年金等进一步夯实老年人的养老准备，以老年人福利对策为重点，同时兼顾劳动人口扩充、发展老龄亲和产业等问题，进行整体结构调整和方向转换。

如表4所示，韩国少子老龄社会政策由多个部门共同参与，负责各自领域的问题，从不同部门收集多样化的提案和政策，调节意见分歧，最终完成政策制定和预期目标。

表4　　　　　参与少子老龄社会政策的部门

第一次基本规划		第二次基本规划		第三次基本规划	
参与部门	负责处室	参与部门	负责处室	参与部门	负责处室
保健福祉部	规划总务组	保健福祉部	老龄社会政策科	保健福祉部	人口政策室等
	低生育率对策组				
	老年生活组				
	人力经济组				
	老龄亲和产业组				

续表

第一次基本规划		第二次基本规划		第三次基本规划	
教育人力资源部	低生育率对策组	规划财政部	社会政策科	财政部	未来社会战略组
女性家庭部	家庭政策科	教育科学技术部	人才政策规划科	教育部	人力资源开发组
财政经济部	福利经济科	法务部	外国人政策科	国土部	居住福利规划部
建设交通部	居住福利支援组	国防部	福利政策科	雇佣部	老龄社会人力政策科
文化观光部	规划总务担当科	行政安全部	人事政策科	女性部	规划财政担当科
劳动部	女性雇佣组	文化体育观光部	规划行政管理担当科	法务部	外国人政策科
农林部	农村社会科	农林水产食品部	农村社会科	未来部	创造行政担当科
产业支援部	产业创新科	知识经济部	产业经济政策科	产业部	产业人力科
法务部	滞留政策科	雇佣劳动部	女性雇佣政策科	食药处	医药品政策科
行政自治部	地方人事制度组	女性家庭部	家庭政策部	警察厅	交通规划科
规划预算处	福利财政科	国土海洋部	居住福利规划部	中期厅	知识服务创业科
科学技术部	人力规划调整科	金融委员会	金融政策科	统计厅	社会统计局
情报通信部	信息文化组	警察厅	交通规划担当科	人事改革处	规划调整科
国防部	福利政策组	农村振兴厅	农村支援科	中小企业厅	创业风险局
警察厅	交通规划担当科	中小企业厅	人力支援科	警察厅	交通局
中央人事委员会	均衡人事科			国防部	人事规划科
青少年委员会	政策总务组			金融处	金融服务局

根据韩国第一、二、三次"少子老龄社会基本规划"整理。

韩国保健福祉部是老龄化政策的主管部门。人口政策室下属的老年人政策馆和人口流动政策馆共同负责相关的政策制定和执行。老年人政策馆作为老龄化政策首要部门，下面有老年人政策科、老年人支援科、照护保险制度科、照护保险运营科四个科室。从科室名称可以看出，老龄化政策并不是从宏观、综合角度出发，主要以社会福利制度和服务传递体系为主。

3. 构建起老年人福利服务传递体系

制度方面，韩国政府构建了较为完备的老年人福利服务传递体系。虽然老年人福利服务主要是通过"中央政府—广域自治团体—基础自治团体"的行政体系提供，但也有通过设立诸如国家终身教育振兴院、韩国老年人人力开发院等专业性的特殊机构，与自治团体及当地社区进行合作和管理的事业项目。另外，一些项目通过韩国老年人综合福利馆协会或大韩老人会等原有组织机构推行。国民年金和老年人长期照护服务等社会保险的运营，通过各公团体系实现服务提供、机构管理及给付①。

在过去的10余年里，韩国政府推行的老龄化政策，在众多部门的共同努力下，日益发展成为一个完善的体系，但并没有达到预期的效果。个别部门只集中于自己部门的工作，未能实现政策间的互补。老龄化问题属于复合型问题，即使其中一个政策在短时间内取得了一定成果，但如果其他相关问题没有得到解决，即使解决了的问题，也可能会再出现其他问题。对核心政策的支持力度不足，部门之间各自为政，缺乏配合，导致出现或增大了政策误差。因此，韩国的老龄化政策需要进一步完善。

三 韩国老龄化应对政策分析

(一) 文在寅政府之前的政策

韩国在2005年设立了总统直管的少子老龄社会委员会，构建了"恢复生育率、应对老龄化"体系，树立了"建设所有人共享持续发展幸福社会"的目标，积极推动政策的实施。尽管如此，政策资源的投入与产出效果之间仍有很大距离。为解决这个问题，韩国政府在2007年3月成立了人口政策改善规划团，探索制定多元化的政策。对没有达到政策预期效果的原因进行深入分析后，提出政策实施过程管理薄弱、各部门之间协作不充分，以自己"工作"为主的政策实施方式，以及缺乏强有力的推进体系是主要

---

① 通过各公团自身的传递体系（本部—地区支部）进行服务提供。

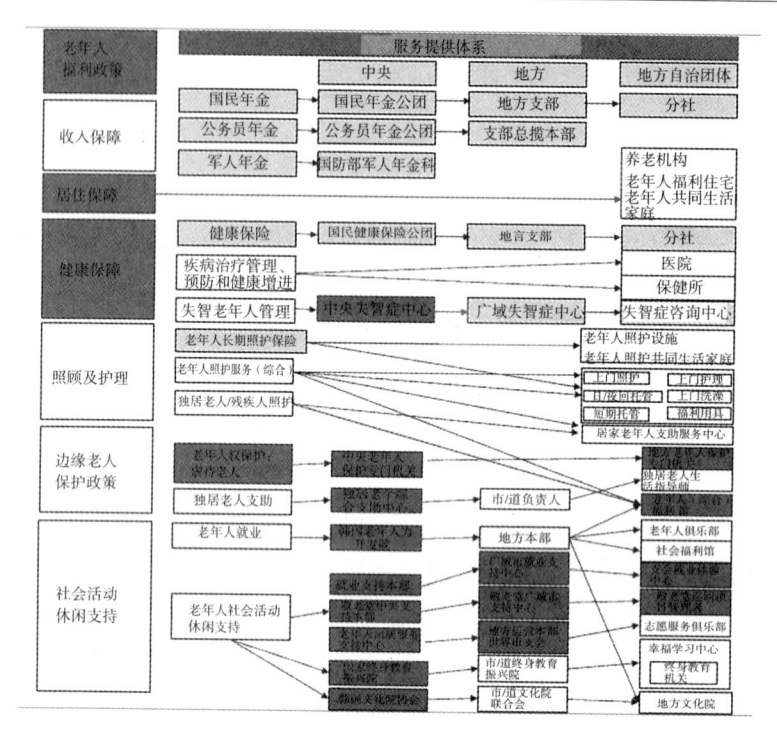

图 3　韩国的老年人福利服务传递体系

出处：郑敬姬等，2016：126。

原因。政策决策过程是一种碎片化的管理，各部门分别负责各自领域的政策，只确保本部门的政策预算与执行，并没有实现领域互补的效果。

由于老龄化问题具有复合性特点，即使某一政策在某一特定领域，短时间内取得了预期效果，但如果与其相关的问题并没有得到改善，这可能会导致新问题的产生。例如，关于老龄亲和产业的培育与食品、药品的管制，利用外国劳动力与本国人优先录用规定，扩大老年人就业与人员精减政策，雇佣政策方面的代际先后顺序等特定政策的实施过程中，会发生政策之间的冲突和矛盾，这也是老龄政策的难点。因此，为了确保老龄政策的最终效果，需要考虑老龄政策可能会带来的其他政策关联效果。各部门之间的合作水平是十分重要的变量因素。社会问题的复杂性和复合性导致某一特定的领域或部门无法单独解决，关系到多个政策课题。不同部门通过合作，可以预防单个政策推行时产生的组织矛盾，提高政策效果。

少子老龄社会委员会不是行政委员会，而是咨询委员会。咨询委员会即

"满足行政机关的咨询需要,为行政机关提供专业的意见,对进行咨询的事项进行审议、协调、协商,为行政机关作出决定提供帮助,其意见决定一般由委员会所属的行政部门来实行"。为了使多样化的行政需求更贴近现实,增进对政策的理解,委员会调动和利用民间力量的专业性和参与性,建立了参与和协商为基础的公共管理机制。同时,它消除了政府和民众之间的信息不对称现象,发挥着提高民众政策参与积极性的窗口作用。另一方面,对于没有意见决定权的委员会来说,组织本身就是一种目的,对于政府主导制定的政策只能以"参与"的名义赞同或者承认。甚至,可能会由于利益当事者之间的矛盾产生更多的费用。同时,相比政府官员,委员会对政策决定的责任感较少,对政策管理的经验也不充分,因此会存在优先考虑特定政策的局限性。虽然少子老龄社会委员会在参与委员及众多部门的努力下制定了一系列政策,但由于同时提出了过多的政策目标和政策手段,反而弱化了核心政策。例如,在基本规划中,部分工作与低生育率、老龄化议题的关联性不强,部分内容是希望通过进入基本规划来增加工作预算。

对比预算投入,老龄化政策的效果依然有很大的改善空间。虽然第一次基本规划和第二次基本规划分别投入了 15.9 兆韩元和 40.8 兆韩元,共投入 56.7 兆韩元,但韩国依然是 OECD 国家中老年贫困率最高的国家,贫困率达到 49.6%。而且预期寿命和健康寿命之间的差距依然很大,为 8.4 年(日本是 6 年)。

表 5　少子老龄社会基本规划资金投入　　　(单位:兆韩元)

总计	第一次基本规划(2006—2010 年)						第二次基本规划(2011—2015 年)					
	共计	2006年	2007年	2008年	2009年	2010年	共计	2011年	2012年	2013年	2014年	2015年
152.1	42.2	4.5	5.9	8.4	11	12.4	109.9	14.4	18.9	21.5	25.5	29.6

第三次基本规划(2015—2020 年)年度财政计划　　(单位:兆韩元)

	2015 年	2016 年	2017 年	2018 年	2019 年	2020 年
总计	32.6	34.5	37.4	38.5	42.6	44.5
低生育率领域	19.3	20.5	21.7	21.8	22.0	22.4
老龄化领域	13.3	14.1	15.6	16.6	20.6	22.2

出处:韩国第一、二、三次少子老龄社会基本规划。

第 3 次基本规划中老龄化领域的政策目标是"使收入、健康保障制度更加成熟，将消除政策盲区和提高给付水平作为工作重点，为应对老龄社会劳动年龄人口减少问题，全力推进雇佣、产业等结构改革"。为更好地推行基本规划提出的措施，财政投资规模由 2015 年的 32.6 兆韩元，每年增加 6%，到 2020 年将投入 44.5 兆韩元。但如前所述，与老龄化政策无关的政策投资占用了一部分预算。

在 2005 年少子老龄社会委员会成立之初，负责少子老龄社会政策本部实务工作的保健福祉部、其他部门以及民间专家分别占 1/3，由 36—37 人构成，规划财政部 1 级公务员担任本部长。本部下面由规划本部、低生育率对策组、人力经济组、老年生活组、老龄亲和产业组五个组构成，由保健福祉部的规划总部、规划财政部、产业部、劳动部、行政自治部的课长担任组长，管理实务工作。尽管政策需求很大，2016 年开始主管部门及其职能反而缩减了。保健福祉部人口政策室下面隶属人口政策科和生育政策科的保健福祉部人员 22 人及其他部门实务人员 3 人，仅 25 人参与少子老龄化政策决策和管理。由于是一个决策层组织，难免会产生规划部门和执行部门之间地位和作用分担方面的问题。为积极推进老龄化政策，提高政策效果，应使其成为具备政策决策权和预算执行权的组织，逐渐设立能促进相关政策融合推行或者全面负责的部门。在新设组织的构成、管理及运行方面，将规划、调整以一般管理等业务进行整合，在业务成果管理与评价、人力资源安排及循环任职等组织管理方面作好细节性的安排。

经过两个 5 年规划之后，与政策目标、投入资金及社会资源相比，韩国少子老龄化应对政策体系在效果方面还显现出一些不足。韩国学术界对少子老龄社会基本规划有如下评价：（1）低生育率对策（人口指标或人口学意义上）成效不佳，投入的财政规模和政策资源达不到效果；（2）此前的政策成果，包括老年人照护政策在内，大多以对弱势群体的资金支助为主，或者以扩大基础年金、增加老年人长期照护保险等普惠性福利和基础建设为主；（3）政策需求者对人口政策的认知度和感受度较低。人口政策的重点放在干预方式上，尽可能地整合所有的单项政策，或是根据时局需要对其进行单独完善，停留在微观层面（李三植等，2016）。

(二) 当前政策争论点和基本方向

文在寅政府上台并重新制定国家政策和核心国政方针的过程中，重组了以应对低生育率为主的人口政策，并将强化相关政府组织、机构作为中长期社会经济政策的主要方向之一。但低生育率、老龄化现状对新政府确立的社会福利理念"包容型福利和增长"政策及应对方案提出挑战。目前韩国的人口结构变化带来政策需求者的规模不断扩大，并引发年龄、性别、阶层等多样化问题的发生，政策的盲区和两极化现象会随之加剧，从而导致围绕政策资源分配引发代际、阶层、性别之间矛盾不断扩大的问题。此外，老年人口的增加不单纯对政策服务对象规模扩大提出要求，同时也要求提高政策服务质量和制度的整合性。老年人福利部门的预算增长率将超过政府财政增长率，保健福利事业预算中相关部门的预算比重增加，满足老年人福利需求的社会保障制度将面临可持续性的问题。另一方面，老年人群体的特点随着高龄老年人的增加而发生变化，需要综合考虑老年人福利政策的整合性和资源分配的优先顺序，政府—市场—社区—家庭/个人之间需要探索适合的分担方案。

从文在寅政府的国政方向来看，需要重点应对的政策问题和主要争论点有以下几个。

第一，从中长期人口政策的观点来看，作为生产力的人口数量和质量的增长与可持续性的政策目标要明确并强化。在劳动年龄人口减少的盲目危机意识下，扩大女性和老年人口的经济活动参与，不应成为必须采取的应对措施。扩大女性参与经济活动的人口政策原因应为女性追求自我实现、两性平等。随着老年人口的绝对规模和多元化的增长，老年人工作岗位对策应从可持续发展的角度出发，积极发挥政府、市民团体、地方、企业、个人的作用分担。特别是5—10年的短期内，就业人口仍在增加，劳动力市场上的主要争论点不是整体规模的减少，而是根据职业和行业的不同，存在需求—供应的不一致。如果要在中长期计划中增加女性和老年人工作岗位的内容，应设定优先顺序。

第二，从人口减少与可持续性方面来看，现有的人口政策主要集中在教育和国防等可视性领域。目前基本规划中所包括的对策既不均衡，也不明确，应以人口变动带来的对公共服务的需求—供给矛盾、前景和应对方案为出发点，进一步讨论和完善。

第三，基本规划中针对儿童、老年人、社会弱势群体的对策，缺乏对"人口或生活质量"方面的考虑。照顾婴幼儿和老年人的相关服务政策，民间负责的比重更大，但缺乏与公共制度的合理联动。强调公共社会安全网和国家福利体制的扩大，如"生育是社会责任""照护的社会化""失智症国家责任制"是必要的，但同时不能忽视家庭、社区内互帮互助等的作用。以消除福利服务盲区为主要目标的"包容型福利和发展"集中在设施等基础建设和公共服务的政策资源分配方面，需要适时调整。在家庭形态和结构迅速多元化、个人化，家庭功能弱化的情况下，主要针对外国劳动力、女性结婚移民以及多元化家庭的法律和支持政策，应该向恢复家庭功能或社会作用的方向积极、全面扩展。

第四，近期韩国开始广泛讨论上调"老年人"年龄标准的问题。该问题与完善老年人福利政策密切相关，影响深远，应在研究老年人贫困、工作岗位、健康医疗服务、老年人福利服务优惠等政策实施效果的基础上，进行充分、广泛的社会讨论。

当前韩国人口政策及少子老龄化对策的基本方向大致如下。第一，以人口政策特别是低生育率、老龄化对策为主，使政策更加细化和完善化。当前应该明确人口政策的目标，缓解政策需要和供给之间的紧张关系。从人口政策的观点来看，在韩国的人口抑制期（1962—1995年）和生育奖励期（1996—2004年，2005年以后的少子老龄社会基本规划），国家和国民对人口政策的关心和理解相左的部分越来越多。第二，从福利政策的层面来看，应该致力于消除政策盲区、提供多样化的家庭政策等"包容型福利和发展"。之前以提供福利政策为主的低生育率、老龄化对策，政策手段主要以提供补助为主，内容上偏重于服务支持。对于"包容型福利和发展"不足的领域，虽然还要继续扩充数量，但是应该更加致力于质量方面的考虑。为了增强政策的实质性效果，应该致力于提高政策的组合效率。根据个体生命历程制定相应的政策，以个人和家庭为单位，根据不同政策对象，制定更加积极地反映他们需求的政策。现有的少子老龄化对策没有脱离过去经济开发计划的惯性，以经济发展、国家引导、政策供给侧为主，侧重于数字目标结果，政策计划和手段、改善方案与国民需求有脱节。只有重视政策需求者个人及其家庭的喜好与选择，才能积极应对人口结构变化，制定有效的政策。第三，充分考虑人口变动和人口结构变化的长期性及人口政策与效果之间相对较长的时间差。国家层面的人口政策要有长远视野，人口政策的效果逐渐体现在个人层面不仅需要时间，而且会因政策手段的不同出现不同效果。在政策成果评价和反馈方面，基于政策—效果之间的时间差，有可能出现与预期目标不同的结果。因此有必要区分长期人口政策目标和短期对策目标。

四　延伸思考

韩国的人口政策可以追溯到1960年代计划生育政策时期。以第一次少子老龄社会基本规划为起点，韩国正式实施低生育率、老龄化政策已经10多年了。人口政策是个长期的工程，应以发展的眼光进行评价。第一，不应把包括低生育率、老龄化在内的人口变动应对视为"可以克服的问题"，应该将其视为逐渐适应或者缓解的现象。因为，人口变动是"个人、家庭偏好和选择结果的集合性社会现象"（牛海峰，2017）。第二，政府从人口政策的规划到引导、控制、管理都发挥主导作用，需要转变这种一边倒的认识，形成反映个人、家庭、代际、阶层多元化需求的政策应对方向。要摆脱数字化的政策目标，明确政策的本质目的，与机械地分析单项政策的功过相比，更应注重政策的整合，在保持政策一贯性的同时，探索建立灵活的政策体系。第三，对当前少子老龄化应对政策成果评价方式——以检验执行业绩为主的行政评价或程序评价进行完善，开展实质性、实效性的政策评价。为减少行政和政策资源浪费，以及确保有效的反馈途径，需要建立合理的成果评价体系。

人口老龄化带来一系列社会问题，需要制定人口政策及保健医疗、福利、劳动、产业政策等不同领域融合性、联动性的政策。人口老龄化带来的社会问题及财政负担，政府应该如何应对并提高政策实施效率？为了提高政策效率，应建立怎样的政策管理体系来达成预期目标？可以取代数字目标的人口政策目标是什么？政府政策首要课题（工作岗位、收入增长）和人口政策相互冲突时，最优解决方案又是什么？同时，我们还不得不面临多种价值冲突：普惠主义还是选择性救助，市场自由化还是政府干预型的福利国家建设，提高效率的手段是竞争还是社会整合，等等。应对人口老龄化的最佳政策是什么？鉴于人口政策的时差性，只能拭目以待了。

附录 应对体系

韩国《第三次少子老龄社会基本规划(2016—2020)》(人口老龄化应对部分)

基本方向

· 强化公、私收入保障体系,实现稳定的老年生活

· 从健康、休闲娱乐、社会活动参与、安全方面提高老年人生活质量

· 探索女性、中老年人、外国人力资源的有效利用方案,应对劳动力人口减少问题

· 为发展老龄亲和产业与应对人口缩减危机,实现老龄亲和经济的飞跃

· 减少公共年金盲区,构建每人都可享受公共年金的1人1国民年金体系

—— 不仅增加公共年金,还扩增多种养老准备方案,确保对养老有实际帮助,充实收益性、稳定性等

—— 为应对老年人长寿风险并改善老年人的现金流动,推动实行住宅年金及农田年金等

· 构建从健康的生活习惯(运动)到包含慢性病、失智症、心理健康在内的预防管理、护理、照顾、临终护理等一系列医疗护理体系

—— 为了让老年人找到并感受人生意义,为老年人创造进行休闲、文化活动及参与多种社会活动的条件

—— 考虑老年人身体和情绪的脆弱性,强化对老年人居住、出行、安全的社会责任

・为女性创造无歧视、无须中断的就业环境

・为老年人建立无年龄限制的社会雇佣制度

— 正式推动退休年龄和年金领取年龄一致化，重新讨论"老年人"的年龄基准，就老年人的雇佣及福利重组进行社会讨论

・对外国人力资源引进采取开放的态度，考虑人口变化和劳动力供求形势，设定时间框架，以社会融合观点系统着手

・伴随全球老龄化趋势，建立成为新发展动力的老龄亲和产业相关的国家扶持体系

・针对国防资源不足、教育基础设施过剩和出现可持续发展危机的地区等，正式讨论结构改革议题

・针对社会保险支出大幅增加，共同探讨短期运行效率方案及结构改革议题

方向	加强老年人收入保障	实现积极、安全的老年生活	充分利用女性、中老年及外国人力资源	发展老龄亲和经济
	・消除盲区 ・资产流动化	・减轻医疗、照料负担 ・营造安全的环境	・改善雇佣体系 ・加强多文化应对	・应对银发市场 ・建立可持续发展的基础
战略	▶强化公共年金 ▶推广住宅年金、农田年金 ▶发展个人年金、退休年金	▶保障老年人健康生活 ▶扩大老年人文化、休闲和社会参与 ▶营造安全舒适的生活环境	▶推动女性就业 ▶夯实老年人雇佣基础 ▶积极使用社会融入型外国人力资源	▶培养老龄亲和产业成为新发展动力 ▶加强人口减少应对体系 ▶提高财政可持续性

一　加强老年人收入保障

政策方向

1. 强化公共年金
   · 通过消除女性、穷忙族等贫困盲区，构建1人1国民年金体系
   · 落实基础年金、特殊职业年金等公共年金
2. 推广住宅及农田年金
   · 通过放宽住宅年金加入条件，加强宣传，扩大对象群体
   · 通过调整农田年金的利率等推动其发展
3. 发展退休及个人年金
   · 建立稳定的退休年金推行基础
   · 为发展IRP（个人退休年金）进行制度改善
4. 扩充养老准备条件
   · 应对长寿风险，改善金融体系
   · 扩充并扶持退休准备所需的基础设施建设

1. 强化公共年金

（1）现状

当前国民年金盲区：国民年金加入者中，不缴纳保险费的例外人员（458万）；1年以上长期拖欠人员（112万）等（2015年7月）

——家庭主妇等例外人员（1049万），若不自行加入，无法获得国民年金中的老年收入保障

例外人员：配偶已加入国民年金、职业年金的无收入者；因领取基本生活保障金等原因被排除出国民年金加入对象的人

——老年人收入中，对国民年金依赖度较高的低收入、非正式员工，国民年金加入率越低，陷入老年贫困的担忧越大

国民年金加入状况

加入率（合计）	工资水平				
	100万韩元以下	100万—200万韩元	200万—300万韩元	300万—400万韩元	400万韩元以上
	15%	60.7%	82.3%	92.1%	96.6%

68.9%	工作状态		性别	
	长期	临时工、日工	男性	女性
	96.9%	17.3%	74.1%	62.2%

资料：社会保险投保状况（统计厅），2014年12月。

已建立多层次老年收入保障体系，但仍需夯实实际收入保障功能

韩国多层次老年收入保障体系

	对象及应加入与否	加入人员（加入率）	领取人员（领取率）
个人年金	所有国民，自愿加入	850万 （20—60岁人口占30%）	—
退休年金	以有收入劳动者 为对象，自愿加入 在一次性领取和退休年金中 选择→（2016年—）， 阶段性义务化	438万 （15—64岁人口占12%）	1611人 （55岁以上退休 人员的4.8%）
国民年金	18—60岁国民，强制加入	2113万 （18—60岁人口占65%）	295万 （60岁以上 人口的30%）
（基础年金）	收入水平处于 下游70%可领取	—	435万 （65岁以上 人口的67%）
公务员年金	公务员，强制加入	107万	36万

资料：保健福祉部，国民基础退休年金是2014年/2015年标准；个人年金是2012年标准；公务员年金是2013年标准。

（2）促进计划

确立1人1国民年金

扩大女性的年金领取权益

——允许中断工作的女性等事后缴纳例外期的费用（2016年）

——加强保障，改善残疾、遗属年金领取标准（2016年）

残疾、遗属年金改善方案

类别		现行	修订案
残疾年金领取条件	残疾发生时期	加入	与加入与否无关，18—60岁发生残疾
	保险费缴纳条件	保险费通知（收入申报）期间保险费缴纳2/3以上	参保对象加入期间，缴纳1/3保险费或10年保险费
遗属年金领取对象		参保人或10年以上参保人（保险费缴费条件与残疾年金相同）	缴纳10年以上保险费者 参保对象加入期间，缴纳1/3以上保险费

—养老年金和遗属年金领取同时发生时，如果选择养老年金，遗属年金最高可获得30%（现在追加支付20%）

—延长离婚时收到的分割年金请求权消失时效（3—5年），离婚时可以提出请求的先请求制度（请求年龄为61岁）

为低收入劳动者提供年金

—散工、小时工在工作单位加入国民年金

加强国税厅收入统计、EITC领取者信息和国民年金之间的数据共享（2016年）

允许在多个经营实体工作60小时以上的短期劳动者加入

（现行：必须雇方同意→改善：本人希望时可以加入）

— 支助针对低收入劳动者及失业者的保险费

向不足10人的经营实体提供低收入劳动者保险金（全方位），并追加计算加入国民年金的时间（失业信贷）

— 特殊岗位劳动者加入国民年金

特殊岗位和签订劳动合同的公司，应引导特殊岗位劳动者加入国民年金（短期）

为引导特殊岗位劳动者加入国民年金，研究制度改善方案（中长期）

— 积极引导个体经营者从无须缴纳保险费的地区加入者转为缴纳者

由于收入状况难以掌握等处于盲区地带的个体经营者,应引导其缴纳保险费

研究扩大非正式员工(短期、日工、特殊形式工作者等)工作单位加入国民年金的改善方案

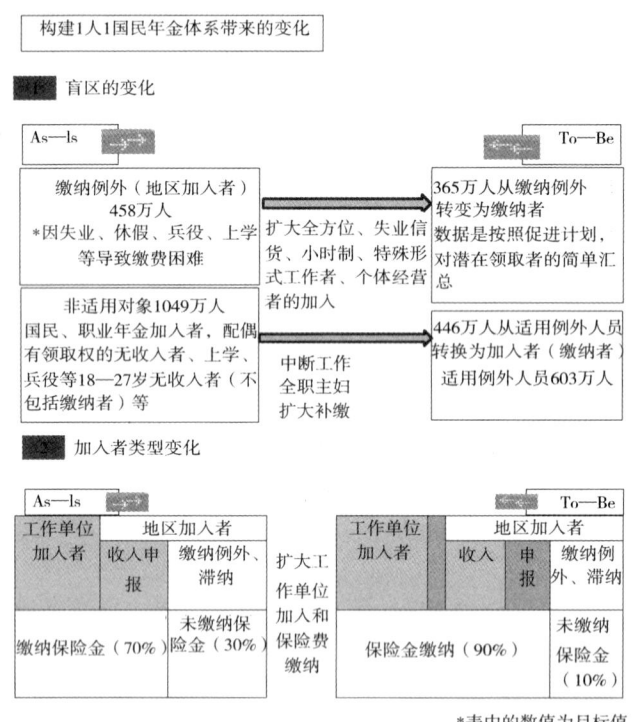

构建1人1国民年金体系带来的变化

■ 盲区的变化

As—Is		To—Be
缴纳例外(地区加入者)458万人 *因失业、休假、兵役、上学等导致缴费困难	扩大全方位、失业信贷、小时制、特殊形式工作者、个体经营者的加入	365万人从缴纳例外转变为缴纳者 数据是按照促进计划,对潜在领取者的简单汇总
非适用对象1049万人 国民、职业年金加入者,配偶有领取权的无收入者、上学、兵役等18—27岁无收入者(不包括缴纳者)等	中断工作全职主妇扩大补缴	446万人从适用例外人员转换为加入者(缴纳者) 适用例外人员603万人

■ 加入者类型变化

As—Is				To—Be		
工作单位加入者	地区加入者		扩大工作单位加入和保险费缴纳	工作单位加入者	地区加入者	
	收入申报 缴纳保险金(70%)	缴纳例外、滞纳 未缴纳保险金(30%)			收入 申报 保险金缴纳(90%)	缴纳例外、滞纳 未缴纳保险金(10%)

*表中的数值为目标值

扩大年金分割请求权范围

为了防止离婚等引起的贫困,原本只适用于国民年金的年金分割请求权扩大到特殊职域年金(公务员年金、私学年金)(2016年)

* 公务员年金,2016年1月1日实施

年金分割请求权制度

· (法律依据)《国民年金法》第64条

· (内容)婚姻期间配偶取得的年金领取权,离婚时按夫妻各自份额进行分割的制度(1999年1月起实施)

— 结婚5年后离婚,配偶有权分割婚姻期间年金领取额的50%

落实基础年金

消除基础年金的盲区,加大对申请的支持

— 通过改善基础年金领取者的认证标准,扩大领取者范围(2016年—)

— 登门为老年人讲解基础年金并扩大"上门服务"(2016年—)

考虑领取者生活水平、物价变动率、A价变动率等因素,每5年对基础年金额度进行评价(2018年),并根据结果调整给付额度(2019年)

健全多层次老年收入保障体系

构建并运营福祉部、规划财政部、雇佣部、金融委等相关部门参与公、私年金活化讨论的多层次老年收入保障体系协商机制(2016年)

组建多层次老年收入保障体系协商体(方案)

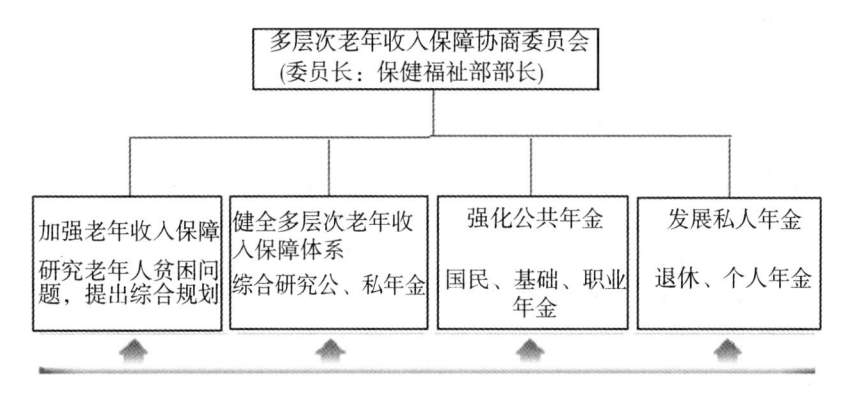

```
                多层次老年收入保障协商委员会
                (委员长:保健福祉部部长)
    ┌───────────────┬───────────────┬───────────────┐
加强老年收入保障    健全多层次老年收    强化公共年金      发展私人年金
研究老年人贫困问    入保障体系
题,提出综合规划    综合研究公、私年金  国民、基础、职业   退休、个人年金
                                    年金
```

福祉部、规划财政部、雇佣部、人事革新处、金融委等相关部门及
国民年金研究院、公务员年金研究院、劳动研究院等专家协商体

相关部门联合开展包括公、私年金在内的"老年收入保障状况深度调查"(2016年—)

— 各部门、各研究机构将单独开展的老年收入保障调查、老年人调查、年金调查等进行分析和整合,构建一个深度调查体系

— 不局限于年金,一并提出医疗、居住、资产流动、公共服务等社会安全网的整体规划

提出多层次老年收入保障体系活化规划(2016年)

* 老年人公、私年金领取者:(2015年)30% → (2017年)35% → (2020年)40%

2. 推广住宅及农田年金

（1）现状

作为为老年人提供稳定的基础收入的方案，需要激活使老年人不动产资产流动化的住宅年金制度

住宅年金、农田年金

·（住宅年金）60岁以上老年人，以本人所有的住宅为抵押，以年金的方式终身领取生活费的制度

·（农田年金）65岁以上老年农业人，以本人所有的农田为抵押，以年金的形式每月领取老年生活稳定资金的制度

住宅年金现状

·住宅年金加入量为27127件（2007年7月至2015年9月）

·年金使用者的月均收入为168万韩元（其中住宅年金占64.5%）

·住宅年金使用者拥有的资产平均为3.5亿韩元，其中85.7%的家庭夫妻双方都没有进行经济活动（2014年住宅年金需求状况调查）

农田年金是2011年施行的，通过持续性的制度改善，逐渐成为老年农业人的老年生活支助制度，但有必要进一步活化

* 加入数量（累计）：（2012年）2202件→（2013年）2927件→（2014年）3963件→（2015年）5143件

* 截至2015年11月末，同期对比增加了19%：（2014年11月）992件→（2015年11月）1180件

农田年金制度改善现状

* （2014年）利率下降（4%→3%），改善抵押农田评估方法（公示地价100%→公示地价100%或鉴定评估率70%，由加入者选择），取消加入费（抵押农田价格的2%），放宽年龄条件（夫妻均满65岁→仅要求加入者满65岁）

* （2015年）提高抵押农田鉴定评估率（70%→80%），鉴定评估手续费等附加费用的缴纳便利化（农渔村公社先代缴后征收），下调利率（3%→2.5%），废除抵押农田面积（3公顷）限制标准

（2）促进计划

通过推广住宅年金，增加老年人收入

* 住宅年金加入数量：（2015年）2.8万件→（2020年）14.1万件→（2025年）33.7万件

放宽不必要的限制条件，扩大扶持，提高住宅年金的商品性

— 住宅持有人60岁以上时可以加入→放宽为夫妻中一人超过60岁时（2016年）

— 废除加入对象住宅价格上限（9亿韩元），但认证价格限制为9亿韩元，扩大加入对象并维持住宅年金账户的健全性

— 根据老年人居住形态的多样化，通过相关研究将居住用写字楼纳入住宅年金对象住宅

* 目前只包括住宅、老年人福利住宅、综合用途住宅

加强住宅年金市场宣传

— 实行采用金融机构退休人员的"住宅年金策划人（暂名）"制度，创造老年人工作岗位并提高住宅年金销售

— 通过金融机构的定期刊物、企业报刊等，以变动利率贷款者及使用住宅金融公司的"爱巢贷款"客户为对象，开展住宅年金转换活动

— 通过地方自治团体官报、国民年金公团"养老准备服务"、住宅金融公司"退休金融研究院"等进行推广介绍

— 为改善住宅继承思维，适时开展老年人教育

住宅年金领取案例 – 已加入国民年金20年的

价值3亿韩元住宅拥有者（65岁），加入住宅年金的话

→国民年金88万韩元＋住宅年金82万韩元＝每月领取170万韩元

通过扩大农田年金，增加老年农业人的收入

* 扩大农田年金加入数量：（2014年）4000件→（2020年）20000件→（2025年）50000件

为缓解加入者债务负担降低利率（2.5→2%），为增加月给付额度，研究提高抵押农田的鉴定评估率等，进行制度改善

为提高加入率，延长抵押农田财产税减免最终期限

通过为需求者提供精准化"老年准备咨询",改善其继承意识并提高加入率

3. 发展退休、个人年金

(1) 现状

国内企业的退休年金实行率为16.5%(2015年6月末),但是大企业和中小企业之间的差距很大

* 300人以上的大企业为77.0%,10人以下的小企业为11.9%

按企业规模分类的退休年金实行率

10人以下	10—29人	30—99人	100—299人	300人以上	合计
11.9%	39.1%	46.0%	58.0%	77.0%	16.5%

资料:金融监督院。

个人年金的加入及维持率低,平民、弱势群体加入能力弱,面临养老风险

* 个人年金加入率:英国18.1%;美国24.7%;德国35.2%;韩国12.2%(OECD,2014年)

* 年金储蓄合同维持率(以10年为基准):57.5%(金融委员会,2015年6月)

(2) 促进计划

扩大并落实退休、个人年金

为发展退休年金构建基础

* 员工退休年金加入率:(2015年)50.6%→(2020年)60.6%

— 运营分红型、最低利率保障型、递增/递减型等退休年金,给付方式多样化(2016年)

改善制度,促进IRP(个人退休年金)的发展(2017年)

— 将现行的特殊事由中途提取的规定改为无条件可部分提取,提高IRP维持率

— 上调IRP转移金额(150万韩元以上)

* 加入者对烦琐程序的不满及经营人的负担加重

* 通过上调义务转移金额,顺应需要小额生活年金员工需求的同时,引导IRP维持持续性

— 退休金也要义务转移到 IRP

* 目前，推行退休年金制度的经营实体支付退休金时以 IRP 方式进行义务转移，将其扩大到实行退休金制度的经营实体

— 简化 IRP 间账户变动

* 客户仅访问一次想要新开设账户的机构就能进行账户变动（目前需要访问新开设和原来机构）

IRP（个人退休年金）制度

·（法律依据）员工退休给付保障法（2012 年，修订）

— 为了实现即使是员工提前退休或离职，也可持续积累并使用退休金，将其作为退休后可支配资金，将原有 IRA * 进行扩大和调整后的退休给付

* IRA（个人退休账户）：为累积和运用一次性退休金或中间结算金而在金融机构设立的储蓄账户

·（内容）让领取一次性退休金的退休人员义务性地将退休给付转移到 IRP，从而限制每次离职时将退休金用于生活资金。但是，如果发生需要大笔年金的情况，开设 IRP 后可将其解除。

发展针对重症、慢性病患者*，长寿高龄老年人（如 85 岁）等多阶层量身开发的年金商品（2016 年）

* 开发提供比健康者更高年金额的商品

4. 扩充养老准备条件

（1）现状

婴儿潮一代中老年人准备养老的意识比过去有所改善，但还不充分

养老准备方法（50 岁以上户主） （单位:%）

	正在								没有准备
	准备	小计	公共年金	私人年金	退休收入	储蓄、零存整取	房地产经营	其他	
50—59 岁	80.2	100.0	65.8	9.5	4.2	15.7	4.2	0.5	19.8
60 岁以上	51.6	100.0	53.2	6.3	4.8	21.3	12.2	2.2	48.4

其他：股票、债券等。

资料：统计厅，2013 年社会调查。

越早开始准备,养老准备度越高,但现实中年轻时开始准备养老的情况很少

＊ 30岁开始准备养老的话,平均可以准备养老所需资金的60%以上,40岁后期开始准备养老时,准备养老所需资金的50%也很困难（KB金融控股经营研究所,2012年）

＊ 约85%的成年人认识到养老准备的必要性（KB金融控股经营研究所,2013年）,但退休准备不足的20岁以上成年人约为74.7%（金东谦等,2013年）

应对长寿风险改善金融体系、扩充养老准备扶持项目等,为实现养老准备创造条件

（2）促进计划

改善应对长寿风险的金融体系

私人年金的资产经营方法多样化＊,引进独立投资人咨询业（IFA）等金融商品咨询业（2017年）

＊（例）针对个人年金、退休年金,金融公司可根据与加入者事先约定的方式,根据资产数额选择委托经营型商品、投资委托或默认选择等

建立年金信息DB及比较公示系统（2016年）等加强年金信息提供

为研究公共年金收益率的提高、资产经营多元化、机构投资者角色的强化等,构建并运营长寿风险应对协商体

＊（例）金融机构及主要公共年金经营相关人员、金融当局等参与建立并协商经营季度或半年期的定期协议渠道

扩大养老准备支助

扩大国民自己能够准备养老的咨询及指导（2016年—）

＊ 制定并实施《养老准备支助法》（2015年12月）

养老准备服务

·为做好适合财务、健康、休闲、人际关系等领域的养老准备,提供诊断、咨询、教育,相关机构联系＊以及事后管理服务

＊（健康）保健所、健康保险公团、（工作岗位）老年人力开发院、雇佣中心等

——为推行体系化的养老准备支助政策,在国民年金公团内设立中央养老准备支助中心

——以地方自治团体为单位,设立提供咨询、教育等服务的地区养老准备支助中心

——针对难以设立地区养老准备支助中心的地区,附近地区中心职员到工作单位及地区庆典等提供上门服务

为推进体系化的养老准备支助政策,加强基础设施建设(2016年)

——通过部门间合作推动有效的养老准备扶持政策,设立并运营"养老准备委员会"。

* 由相关部门(规划财政部、行政自治部、文体部、福祉部、雇佣部、女性家庭部、金融委员会)及相关专家等组成

——制定养老准备支助政策的中长期目标,为推动养老准备制定、改善法令和制度等方面的中长期规划

——为提供养老准备服务,运营系统化的教育课程及培养专业人才

二 实现积极、安全的老年生活

政策方向
1. 保障老年人的健康生活
    · 加强对慢性病、摔伤、药物滥用、心理健康等的预防和管理
    · 减轻老年人医疗费负担,完善老年人医疗传递体系
    · 减少因失智症、长期照护、看护及照顾、临终护理等带来的医疗、照护负担
2. 增加老年人社会参与机会
    · 增加老年人文化、休闲机会
    · 加强老年人志愿服务体系建设,充实老年人公益活动
    · 增进代际间理解,营造推广孝行奖励风气
3. 营造舒适安全的生活环境
    · 扩大老年人租赁住宅供应,打造安全便捷的居住环境
    · 加强预防老年人虐待、设施安全、照顾独居老年人等安心生活支持
    · 强化老年人驾驶员驾照管理,预防老年人步行者交通事故

1. 保障老年人的健康生活
(1) 现状

为防控疾病，老年人进行身体活动的重要性上升，但支持项目和条件不充分

高血压、糖尿病患者2030年将达到30岁以上人口的一半，对慢性病需要有效的对策

* 2013年高血压调节率为42.5%，但糖尿病调节率仅为22.1%
* 因调节失败导致脑中风等重症化的住院患者是OECD平均值的2倍
* WHO、OECD、UN等机构提议，为了应对慢性病的增加，应加强初级诊治力量，与社区服务联动

随着老年人口增加和老龄化等，需要积极控制老年人摔伤、药物滥用等危害其健康的因素

* 25.1%的老年人有过摔伤经历，78.8%的人担心发生摔伤（老年人状况调查，2014年）

与其他群体相比，因复合疾病需要复方用药和老年人生理特点，老年人发生药物有害反应的可能性更高

·65岁以上老年人一个月内接受门诊药品处方的平均药品成分数量为6.72种，每天服用的药品成分数量平均为4.02种

·65岁以上老年患者中，61.7%需要5种以上药品成分处方；9.6%需要10种以上（2011年度医药品消费量及销售额深度分析）

老年人自杀率*（65岁以上老年人口每10万人中有55.5人）是整体自杀率（27.3人）的2倍以上，是OECD平均值的3倍（2014年）不仅要制定社会经济对策，还亟须加强心理健康管理体系

* OECD平均为18.8人；法国27.1人；日本27.1人；美国14.3人；芬兰16.2人；英国5.9人

为成功落实老年人长期照护保险制度，致力于法律和制度整改以及扩充人力、设施等基础建设

但是，由于长期照护机构之间存在过度竞争，服务过程管理不完善，从业人员待遇低等原因，在提供高质量服务方面存在局限性

长期照护保险相关状况

· 长期照护认证人数 2014 年约为 42.5 万人（老年人口的 6.6%）
· 长期照护机构约有 2 万个居家机构、4800 多个住养机构正在建设中
· 长期照护人员目前共有 32.3 万人，其中护理员为 27.2 万人（84.3%）

失智症给患者和家人带来很大负担，为了减轻负担，事前预防和失智症发病因素管理尤为重要

* 运动不足、营养不足、饮酒、吸烟、脑损伤、慢性疾病、低教育水平等

照顾失智症患者的家属心理上、经济上、物理上的负担已经超越了个人层面，成为严重的社会问题

未能为失智症特别等级以外的失智症患者提供符合失智症特征的服务，与一般老年疾病患者一样提供相同的服务

韩国的死亡质量在 40 个发达国家中排在第 32 位*，晚期患者的照料体系以癌症晚期患者为主

* （根据 2010 年经济学家的发表内容）晚期照料医疗扶持条件（20%），晚期照料医疗的可及性（25%），晚期照料的费用（15%），晚期照料医疗的质量（40%）

* 使用临终护理、舒缓治疗的癌症晚期患者（2014 年）：10559 人

包括非癌症晚期患者及家属在内，目标是患者有尊严地结束生命，因此亟须普遍的临终护理及延长生命的医疗政策

（2）促进计划

激励老年人运动

推行"健康里程"*，"健康百岁运动教室"**

* 对坚持参加运动项目的老年人赋予分数，根据累积的分数为其提供奖品（3 万韩元），目前正在由健康保险公团试点运行

** 在敬老堂等地实施讲师访问、老年人培训、健康教育、身体功能测定活动

通过老年人设施运动用品代金券、扩增老年人体力认证中心，改善扩增公共体育设施和老年友好型设施，改善老年人运动条件（2016年—）

加强老年人疾病预防与管理

通过运营及评价社区的初级诊疗试点＊，开发以初级诊疗机构为主的慢性病有效管理模式（2017年）

＊ 为有效防控高血压、糖尿病等需要持续管理的疾病，社区医院提供系统的培训和咨询项目

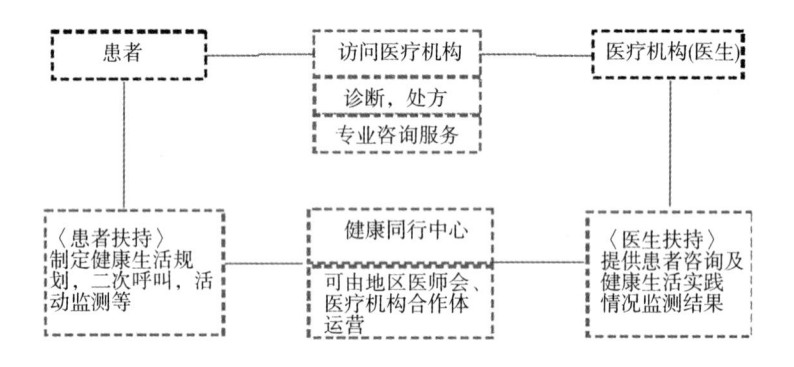

慢性病管理服务模型示意图

开发并推广预防摔伤指南，加强教育和宣传（2016年）

建立药物误用滥用预防体系（2016年—）

— 利用药品合理使用评价（DUR），提供"老年人应注意的药品"等相关信息，提高药品使用的安全性

＊ Drug Utilization Review，提供信息：禁止同时服用、年龄禁忌、孕妇禁忌

— 通过提供适合老年人的特殊服药信息，提高治疗效果及合理使用药品

＊ 提供包括以老年人为对象的药力管理、服药说明（方法和效果）、药品保管、副作用、剩余药品的管理等内容，药师指导服药的"服药指导实务指南"

— 加强药品安全使用教育，完善药品安全使用扶持政策（2016年）

加强老年人心理健康管理

加强与失智症管理、独居老年人照顾项目等的联系，以癌症等重症身

体疾病及慢性病老年患者为主的抑郁症、自杀念头等心理健康问题的筛查（2017年）

— 对发现心理问题的老年人，通过心理健康增进中心提供咨询服务，必要时与心理医疗机构联系提供预防自杀服务

扩大社区老年人自杀预防工作（老年人生命守护村）试点（2016年—）

— 以社区（市、郡、区）为单位，以心理健康增进中心为主，筛选出老年人自杀高危人群，提供案例管理等自杀预防服务

了解自杀高危老年人群的需求，联系本地的社会支援机构，提供所需支援服务

* 2015年在4个农村、3个城市（水原、安山、京畿广州）进行试点

在使用社区社会福利设施的老年人中，将已发现心理问题的老年人委托给心理健康增进中心，提供心理健康服务

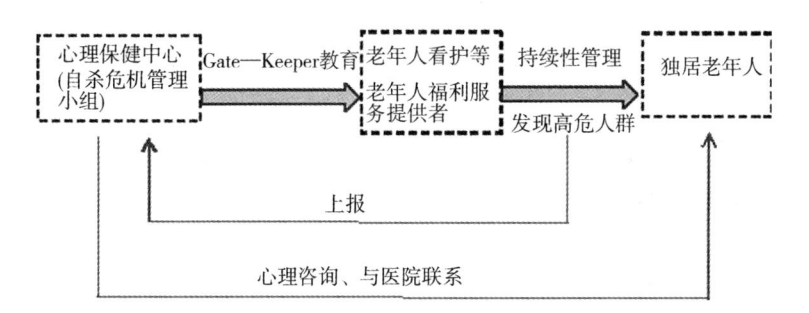

```
┌─────────────┐              ┌─────────────┐              ┌─────────┐
│ 心理保健中心 │ Gate-Keeper教育│ 老年人看护等 │  持续性管理  │ 独居老年人│
│(自杀危机管理│ ──────────▶  │ 老年人福利服 │ ──────────▶  │         │
│    小组)    │              │ 务提供者     │ 发现高危人群  │         │
└─────────────┘              └─────────────┘              └─────────┘
       ▲                           │                            │
       │              上报          │                            │
       │◀──────────────────────────┘                            │
       │                                                         │
       │         心理咨询、与医院联系                             │
       └─────────────────────────────────────────────────────────┘
```

保健—福利联合预防老年人自杀体系（方案）

培养农村里长、妇女会长等成为预防自杀生命守护者，以村为单位，发现自杀危机，构建委托体系

减轻老年人医疗费用负担

扩大植牙、假牙健康保险的适用范围（2016年）

* （2015年）70岁以上→（2016年）65岁以上，预计增加了10万人

面向低收入老年人，提高对老年人膝盖手术费（人工关节）的支助

* 以低收入老年人为对象，支助本人需要承担费用的80%，最高

可达 100 万韩元，由福祉部—老人会共同支助

　　＊　（2015 年）1850 名→（2016 年）2600 名

发展整合型照护及看护服务

为缓解因看护病人而中断工作、使用护工支付照护费用、患者安全及感染等问题，持续推进整合型照护及看护服务

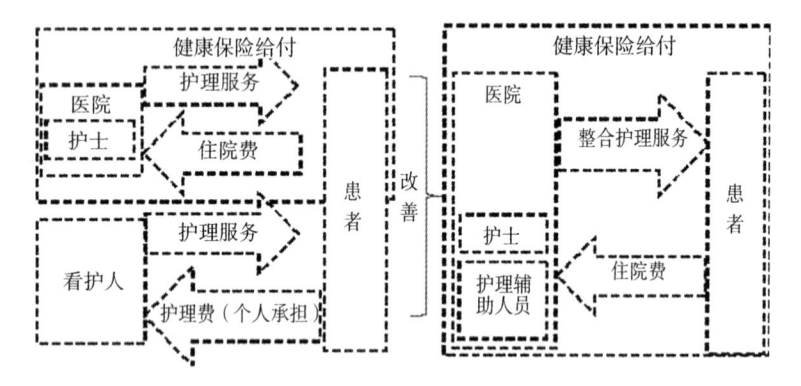

整合型照护、看护服务示意图

今后 5 年内扩大到全国医院级医疗机构，大幅减轻老年人住院时的看护负担

　　＊　近 1 年内有过住院经历的老年人占老年人总数的 18%

发展长期照护保险制度

通过落实委托制度，加强机构住养者的健康管理（2016 年）

——为机构住养者提供慢性病诊疗、日常健康管理，引导其适当支付委托服务报酬，制作并普及相关教育及职务手册

加强长期照护机构的质量管理

——以经营者、照护师为对象，义务完成职务教育（2016 年）

——撤销不正规机构，延长其恢复期限（1 年→3 年）（2016 年）

强化失智症应对体系

加强失智症预防体系

——提高对失智症预防守则的认识，推广失智症预防运动（2016 年—）

　　＊　反映在失智症相关从业者的岗位教育中，在敬老堂、老年人福利馆、健康保险公团等广泛宣传

— 增加接受失智症相关信息、看护方法教育后能够提供志愿服务的失智症伙伴

＊ （2015 年）10 万人→（2020 年）50 万人

— 判定失智症高危人群时，失智症检查从无支持到有支持（2017年），寻找失智症高危人群（75 岁以上独居老年人）实施失智症早期检查（2016 年）

— 加强失智症患病率调查（2016 年），出版失智症研究及统计年报（2017 年—），加强失智症的预防研究

＊ 支持流行病学调查、失智症实态调查、社区老年群体的失智症研究等

加强社区内失智症患者及其家属照料体系

— 引导社会福利设施附设昼夜保护设施

＊ （2014 年）1687 所→（2018 年）2459 所→（2020 年）扩增到 3000 所

扩增失智症专门设施

— 通过改善老年人长期照护保险给付等，增加长期照护设施内的失智症专用室＊，为失智老年人打造家庭氛围并引导其自主进行日常生活

＊ 作为"生活场所"的设施以小规模（10 人左右）生活单位为主，分为几个组，生活单位和照护单位保持一致

— 2016 年开始，将全国 78 家公立照护医院指定为失智症定点医院，有效管理失智症患者的行为、心理症状等

＊ 失智症的行为、心理症状：除认知功能低下外，还会出现抑郁、焦虑等心理症状和徘徊、暴力等行为症状，以及出现妄想、幻觉等

加强临终关怀等后期医疗体系

通过制定《舒缓医疗法》及《临终舒缓医疗五年规划（2016 年）》，促进舒缓医疗的发展

＊ 癌症晚期患者舒缓照护利用率（2013 年）：美国 medicare 43%，台湾 30%，韩国 12.7%

继续增加定点舒缓医疗病床数，落实癌症晚期患者临终关怀医疗服务

＊ 定点舒缓医疗病床数：（2014 年）893 个→（2020 年）1400 个

癌症晚期照护服务
· 由医生、护士、社会工作者、神职人员、志愿服务者等组成的临终护理/舒缓医疗小组,以对疼痛、呕吐、呼吸困难等困扰患者的身体症状进行调节,帮助患者及其家人排解心理和精神上的困难,减轻癌症晚期患者及其家人的痛苦,提高生活质量为目标。
—— 缓解疼痛及其他身体症状(癌症晚期患者平均出现4个以上主要症状)
—— 为患者及其家人的心理、社会、精神问题提供咨询服务
—— 对患者及其家人的教育(照顾患者的方法、症状调节等)
—— 对患者希望的治疗方案进行事先规划
—— 临终关怀舒缓医疗志愿服务的照顾服务
—— 为丧亲家属提供服务

将家庭访问型临终护理制度化
—— 第一阶段是修订《癌症管理法》实施条例,建立基于临终护理专业医疗机构的家庭访问型临终护理体系
—— 第二阶段是修订《癌症管理法》,将现行的住院型临终护理专业机构发展为住院型、家庭型、咨询型等多种照护专业机构形式(2016年)
将临终护理扩大到癌症以外的疾病(晚期慢性病等)(2017年)
—— 构建非癌症患者与癌症晚期患者分开管理的体系
—— 加强临终护理的医疗、福利综合性考虑

健康保险对临终护理和舒缓医疗服务的适用现状
· 2015年7月15日开始,对癌症晚期患者的临终护理/舒缓医疗适用健康保险
· 癌症晚期患者住院接受临终护理时,每天承担约18000—23000韩元(总诊疗费280000—370000韩元/日,包括照护给付)

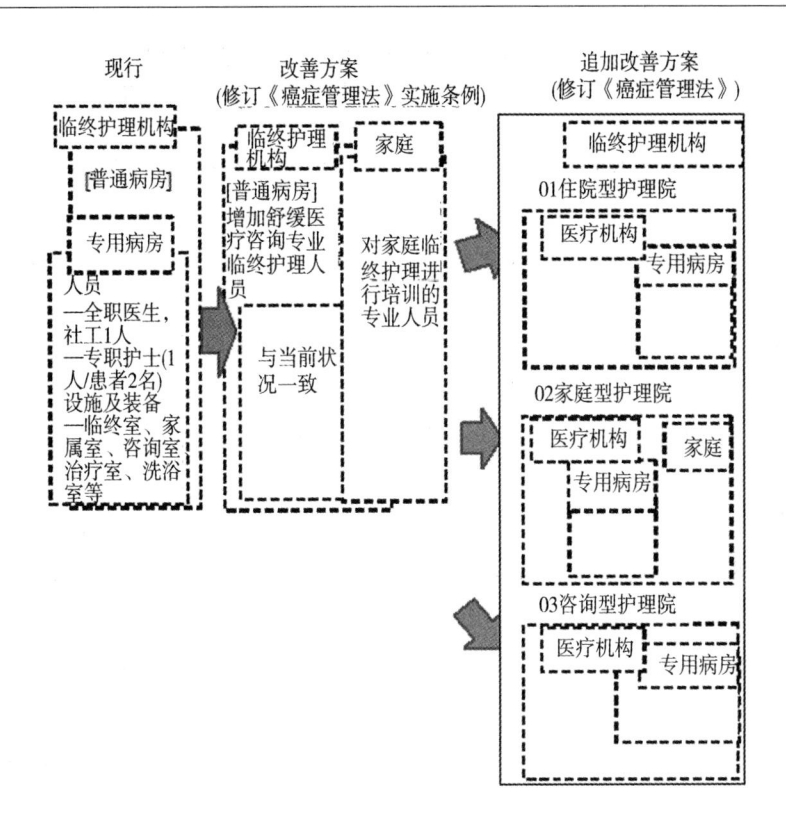

临终护理形态的改善方向

2. 增加老年人社会参与机会

（1）现状

韩国65岁以上老年人的休闲活动参与率很低

* 在过去一年中，除了看电视、旅游、运动等，参与过休闲文化活动的老年人占27.0%

* 年龄越大，参与率越低：65—74岁28.4%，75—84岁26.3%，85岁以上17.2%

为提高老年人社会参与度，需要开发符合老年人各种需求的休闲文化内容

老年人的文化生活局限于看电影、读书等，有必要扩展到展览、音乐、演出等多元化的文化体验

2014年60岁以上老年人综合文化使用券使用领域

类别	图书	唱片	电影	演出	展览	普通文化	文化体验	住宿
使用数量（件）	190056	14593	197030	4696	1163	80658	1762	3792
比例（%）	34.6	2.7	35.8	0.9	0.2	14.7	0.4	0.7
分类	铁路	航空等	旅行社	景区	主题公园	体育	合计	
使用数量（件）	13365	13085	19235	3789	3978	269	550970	
比例（%）	2.5	2.4	3.5	0.7	0.8	0.1	100	

资料：韩国文化艺术委员会，2014。

老年人福利馆、敬老堂等老年休闲福利设施的数量在持续增加，但需要进行质的改善

* 老年人福利馆（2010年）259个→（2015年）321个，敬老堂（2010年）60737个→（2015年）64000个

虽然老年人福利馆的利用率在增加，并提供多元化的项目，但存在只针对部分老年群体的标签化

虽然敬老堂的地区可及性和认知度很高，但存在只用于促进关系或仅作为休息空间的倾向

为增进退休后角色丧失、心理孤独的老年人的福利，志愿服务可发挥社区参与、代际融合的功能

韩国高龄志愿服务偏重社会福利、环境保护领域，大部分为单纯的劳动服务，参与率较低

* （2014年老年人状况调查结果）老年人志愿服务活动领域：社会福利56.8%，环境保护18.2%；志愿服务性质：单纯劳动服务77.0%，通过兴趣（教育）等习得的半职业志愿服务活动14.9%，以职业经历、资格证为依据的职业志愿服务活动8.0%

* 老年人志愿服务参与率（2013年）：英国41%；冰岛26%；美国24.4%；韩国6.2%

各年龄段志愿服务参与率 （单位：%）

类别	2003 年	2006 年	2009 年	2011 年	2013 年
全体	14.6	14.3	19.3	19.8	19.9
15—29 岁	52.4	59.5	79.8	77.7	80.1
20—29 岁	10.3	8.3	13.9	13.2	13.7
30—39 岁	11.6	10.2	13.6	11.2	11.2
40—49 岁	14.2	13.9	18.6	17.0	17.3
50—59 岁	12.2	12.4	15.5	14.6	14.5
60 岁以上	6.7	6.5	7.0	7.2	7.8
65 岁以上	5.6	5.3	5.3	5.5	6.2

资料：统计厅，《社会统计调查》（2003、2006、2009、2011、2013 年）。

为使老年人退休后也能过上充满活力、健康的老年生活，有必要支持老年人参与各项社会活动

退休后持续进行社会活动时，可以恢复社会关系，使抑郁等心理状态转向积极，有效减少医疗费用，增加家庭收入（韩国保健社会研究院，2011 年）

美国（Senior Community Service Employment Program），日本（银发人才银行）等也在为老年人提供参与社区贡献项目的机会

一直以来，老年人教育以运动、休闲项目等为主，因此在老年期的人生规划和老年人社会角色变化等教育方面存在局限性

老年人不是赡养对象，也是担负社会责任的生活主体，应加强这种认知教育

国民的终身学习需求持续扩大、多元化，但生活中能体验到的终身教育服务仍然不足

* 终身学习参与率：（2008 年）26.4% → （2012 年）35.6%，OECD 平均：40.4%

* 按年龄划分的终身学习参与率：25—34 岁为 43.5%，55—64 岁为 29.2%（2014 年）

（2）促进计划

增加老年人的休闲机会

扩大运营老年人文化项目（2016年—）

— 为应对老龄化社会的到来，开发运营适合老年人的文化项目，并促进多元化发展

通过终身文化艺术教育增加老年人文化体验机会

— 扶持上班族文化艺术同好会的运行，扶持"老年人福利馆艺术讲师"等

* 老年人文化艺术教育（项目）受益者约1.4万人（2015年）→受益目标扩大到青壮年层以上，至少100万人（2020年）

— 营造并推广休闲活动友好型职场文化，加强与企业的合作

发展文化通用券（文化优惠卡）项目

— 为扩大包括老年人在内的弱势群体的文化艺术享受（文化艺术、旅游、体育活动）机会，发放文化优惠卡（5万韩元/年）

— 为提高在偏僻地区及文化盲区地带的居住者（老年人）方便使用优惠卡，扩增加盟店

开发老龄亲和型项目

制定针对老年人休闲文化项目的扶持方案（2016年）

— 开发婴儿潮（准老年人）一代、老年人或所有年龄段可同时享受的休闲文化项目

— 扶持通过休闲活动促进代际融合与社会连带的项目

— 持续推进适合老年人的休闲项目的开发

* 促进老年人与文化项目事业的联系

— 通过文化休闲活动为老年人提供积极参与社会的机会

— 研究帮助缺乏休闲机会的老年人参与多样化的休闲活动的方案

为增加老年人适用型休闲教育及体验型项目，进行老年人休闲状况调查（2016年）

改善老年人文化、休闲基础设施

反映老年人个人（健康状况、社会参与度）及各地区（大城市、中小城市、城乡复合、农渔村）的特征，开发和推广老年人福利馆标准运营模式（2016年—）

* 开发并研究老年人福利馆运营指南和服务标准方案（2015年3

月—12月）

— 反映当前老年人和婴儿潮一代的需求及特征差异，确立有针对性的服务提供体系

— 开发并适用重组老年人福利馆功能的成果管理模式

— 加强与养老准备支援中心、第二人生支援中心、居民自治中心、文化中心、老年俱乐部等的服务联动与协作

根据老年人使用设施的类型、对象及功能特点，开发和推广适合的休闲、文化项目（2016年）

强化老年志愿服务支持体系

发掘并扶持小规模团体＊，发动公务员、技术专业退休者的参与，扶持扩大老年人志愿服务的参与（2016年—）

＊ 目前志愿服务俱乐部活动费（每月20万韩元，8个月）资助条件为人数在20名左右，但有必要考虑小规模化的方案

为参与老年人提供志愿服务业绩日常管理、志愿服务状况调查等，构建老年人志愿服务统一管理体系（2017年）

通过举办与非老年人交流的老年人志愿者服务活动，展现老龄化时代"活力新老年人形象"（2016年—）

充实老年人社会活动扶持工作中的公益活动

为想参加公益活动的老年人提供更多参与机会

— 为保障高龄老年人中低收入者优先参与，在选拔时为高龄、低收入参与者加分，提高参与者的年龄标准（当前为65岁）等

持续开展照顾独居老年人等弱势老年人的互助养老等政策性、全国性活动（2016年—）

— 持续开发游乐设施安全监测及反映传统生活风俗等老年人和社区需求的新公益活动项目

＊ 扩大就业岗位：（2015年）34万个→（2020年）59万个

由当前的需求机构招聘转换为地方自治团体统一招聘，并实行需求机构认证制度等，以实现选拔的公平性及服务质量（2016年）

—加强对人员资格变动事项的检查，基础年金领取情况、健康保险职场加入者情况、其他财政扶持岗位是否重复享受等（每年2次→每月1次）

老年人公益活动扶持状况

（公益活动）就业困难的高龄老年人（2014年平均年龄73岁）中，低收入者参加互助养老（全国型），学校食堂服务（地区型）等公益活动（每月30—32小时）时，给予9—12个月的活动经费（午餐费等），每月20万韩元（2015年26.2万人）。

——对独居老年人、祖孙家庭、老年夫妻家庭、轻度失智老年人等弱势老年人的日常生活给予支持（互助养老），全国统筹推进（2015年8万人）

——学校CCTV管制、保育设施协助、照顾残疾人等30个标准活动项目将根据地方自治团体条件，选择性推行（2015年16.2万人）

（分享才艺）有特长才能的未领取基础年金（含10万韩元以下）的老年人，参与发现、帮助弱势老年人等老年人权益增进活动（每月10小时以上）时，给予6个月的活动经费（午餐费等），每月20万韩元（2015年3.7万人）。

扩充老年人教育基础

构建与老年大学、终身教育院等相关部门的连接体系，强化老年人教育基础

* 老年人终身教育项目的参与率：（2014年）13.7% → （2017年）16% → （2020年）26%

发展多种教育项目（2016年—）

——利用老年人IT服务团进行网络等信息化教育，持续为代际间融合而努力

对老年人使用设施（敬老堂、老年人教室）、生活设施（养老设施、照护设施等）和行动不便的老年人或独居老年人家庭进行访问，实施信息化教育

* 提供使用网络、移动通信（手机）等的基础课程及计算机相关资格证领域的实用课程教育

——通过访问老年人使用设施（敬老堂、村庄会馆等），扶持健康及休闲教育，为老年人生活注入活力

* 扶持敬老堂发展事业，扶持生活场所健康服务（卫生政策科）等

——进行老年人 Well – dying 教育、自杀预防教育等

* 通过对弱势老年人的自杀预防教育及临终笔记写作等，传播Well‐dying氛围

发展不同阶层量身定制的终身教育

加强扫盲教育等低学历成年人的终身教育

以多文化群体、中断工作的女性、婴儿潮群体等为对象，通过提供适合地方自治团体及大学的精准化项目，扶持第二人生项目（2016年—）

*（例）老年人照护专家、幼儿园再就业、婴幼儿保育师培训过程等

终身学习城市、幸福学习中心的银发一代特色项目的运营（2016年—）

* 人文专业（自我开发及教养）、社区专业（志愿服务活动）、银发创业专业（退休后再就业及创业）等按领域运营

连接市/道—市/郡/区—邑/面/洞的国家终身教育振兴促进体制

市/道终身教育信息网扩散到全部市/道并推动连接国家终身学习门户网站（"习以为常"）（2016年—）

扩增市/郡/区和地区内企业、大学合作运营的终身学习城市

以邑/面/洞为单位，扩大运营幸福学习中心 *

* 利用邑/面/洞居民中心、村庄会馆、敬老堂、公寓福利设施等，支持终身教育

3. 增进代际间的理解

（1）现状

青年失业和婴儿潮一代问题成为社会问题，代际矛盾已成为社会焦点

最近发生的代沟矛盾不是过去理念上、情绪上的矛盾，其严重性在于它是竞争性利益矛盾

要求代际融合和共存的多代际社会正在迅速到来，但对此的社会应对和认知却不足

因向产业社会过渡及核心家庭化等急剧的社会文化变化，父母和子女之间的纽带关系弱化，重视礼和孝的美德也发生退步

随着家庭关系的变化，有必要建设以对赡养及孝道的新认识为基础、符合时代变化的新孝道文化

（2）促进计划

增加代际间了解的机会

开展"三代同堂家庭日"（每年一次以上）

* （学校）学生以家人选定的日子为体验学习日

（经济、社会团体）加强宣传，引导公司及员工参与

扩大老年人与婴幼儿（托儿所、幼儿园、小学）之间的接触和沟通机会（2016年）

—— 通过银发文化/艺术表演、在学校前指导交通及"讲故事的奶奶"等项目，打造老年人亲切的形象

扶持代际共鸣项目，加强代际间沟通（2016年—）

—— 通过小/初/高中学生家庭和无亲缘独居老年人的1∶1结对等，提高对孝的认识和对衰老的理解

—— 第一代（爷爷奶奶）和第三代（孙子孙女）共同参与文化遗产、历史遗迹的探访，增进代际共鸣

营造并传播孝行奖励风气

为强化孝道礼仪教育，加强家长咨询及饭桌前教育

* 扩增体验型饭桌前教育项目运营学校（2015年147所学校）

发现并奖励孝行者、敬老者等，通过媒体等进行宣传，营造全社会孝行奖励风气（2016年—）

4. 营造老年友好型居住环境

（1）现状

对因没有稳定收入来源、居住费用负担较高的老年人，提供廉租房

由于身体功能低下，容易发生住宅内安全事故，因此需要对防止安全事故及居住生活的便利设施提供扶持

对于老年人来说，迫切需要公共廉租房、居住补助等支助

住宅支助相关咨询机构分散不均、信息不足，老年人很难得到住宅支助咨询

（2）促进计划

为老年人扩大租赁住宅供给量

（公共银发住宅）小区内方便利用福利服务的公共银发住宅项目*，2017年前共提供1300户

＊利用民间社会贡献基金、LH 捐款、地方自治团体捐款等，对永久租赁住宅、住居福利综合楼栋的设施及服务水平进行升级

—— 居住楼内设置无障碍设施、应急警铃，福利楼内设置物理治疗室、24 小时照护设施、菜园等

—— 配置社会福利师、护士，为行动不便的老年人提供针对性的服务，如健康管理、协助其日常生活（吃饭、洗澡）等

（老年人租房）为独居老年人等低收入老年人按市价的 30% 出租 2000 户（2016 年）

—— 直接物色低收入老年人需要的住宅，与住宅拥有者签订租赁合同后，低价长期租赁（最长 20 年）

＊首都圈标准保证金为 400 万韩元，月租金为 12 万韩元左右

（房主装修出租）将老房子改造为多户型住宅后，LH 将委托管理的租赁用住宅供应给 1000 户独居老年人（2016 年）

＊租金是市价的 50%—80%，租期根据房主情况可选择 8—20 年

为老年人提供安全、便利的居住条件

为 65 岁以上独居者提供住宅补贴（350 万—950 万韩元），设置老年人专用的便利设施（安全扶手、去台阶化等）

长远来看，应将便利且接受度高的通用设计用于无障碍住宅设计标准

构建一站式居住扶持指导体系

构建老年人也能轻松找到的适合各人生阶段的居住扶持政策的一站式居住扶持指导体系

＊幸福住宅、new stay、居住补助、提供公共租赁住宅、基金贷款

—— 同时运营 MyHome 门户网站（线上）、MyHome 咨询中心（线下）、MyHome 呼叫中心（电话），提供老年人居住扶持信息

老年人住居扶持信息提供体系

・（MyHome 门户网站）设置能够轻松找到适合个人收入、资产、家庭构成、居住地等的居住扶持项目的门户网站

・（MyHome 线下咨询中心）在 LH 运营的居住福利中心扩大设置 MyHome 咨询中心（28 个→36 个），提高可及性

・（MyHome 呼叫中心）与公租房、幸福住宅等相关的电话咨询合并到 LH 呼叫中心

5. 老年人的安全及权益保障

（1）现状

对老年人虐待的认知不足及系统性应对不力

受虐待老年人认为虐待是家庭内部问题，认为投诉是羞耻的事情，对虐待具有错误认知

*不投诉老年人虐待的主要原因：觉得是个人的事情占42.5%；觉得不能解决占22.0%；觉得丢人占21.7%；怕给家里人带来麻烦占10.6%等

存在虐待持续很长时间后才被发现等现象，未能尽早发现

*虐待持续时间：（1年以下）22.4%；（1—5年）34.7%，（5年以上）31.6%

管辖范围广，人手不够（每处7—9名）等原因，目前老年人保护机构迅速解决问题的能力有限

*（老年人保护机构）29所，每市1.7所 VS（儿童保护机构）56所，每市3所

目前主要管理措施是对虐待老年人的人采取量刑、罚款等一次性处罚，缺乏通过预防虐待教育等防止再次虐待的措施

近期，老年人福利机构内多次发生因老年人生活能力低下引起的安全事故（摔伤、火灾等），虐待老年人现象增加

*（案例）因打开楼梯出入门，老年人摔入水池溺亡（2015年3月），照护院二楼的老年人坠楼身亡（2015年1月）

*机构内虐待比例（2005年）2.3%→（2013年）7.1%

因晚年离婚率上升、子女赡养意识弱化等，每5名老年人中有1名独居生活，增加了安全风险

*子女赡养意识变化：（1998年）89.9%→（2006年）63.4%→（2010年）36.0%（统计厅，社会调查）

*和朋友每年有1—2次或几乎没有联系：城市7.4%，农村0.9%（2011年老年人状况调查）

人口老龄化及老年人数量的增加，导致交通事故风险上升

随着拥有驾照的老年人及老年驾驶员比例的增加，近5年65岁以上老年驾驶员的交通事故持续增加

全部驾照持有人中 65 岁以上老年人现状

类别	2010 年	2011 年	2012 年	2013 年	2014 年
全部	26 402 364	27 251 153	28 263 317	28 848 040	29 544 245
老年人	1 299 913	1 451 437	1 658 560	1 869 155	2 078 855
比例（%）	4.9	5.3	5.9	6.5	7.04

近 5 年，全部交通事故量减少 3.6%，但老年驾驶员的交通事故量增加了 68.9%

* 所有交通事故中 65 岁以上人口占比：2010 年 5.6%，2014 年 9.1%

65 岁以上人口交通事故发生状况

类别	2010 年	2011 年	2012 年	2013 年	2014 年
全部事故	226 878	221 711	223 656	215 354	223 552
65＋事故	12 623	13 596	15 190	17 590	20 275
比例（%）	5.6	6.1	6.87	8.2	9.1

为了老年人的交通安全，需要指定并改善"老年人保护区域"＊（指定率 9.1%）

*2014 年，优先指定对象 7672 处中的 697 处被指定

（2）促进计划

加强老年人虐待预防体系

阶段性扩充并研究以预防虐待为基础的老年人保护机构及现场应对专业人员

加强将受虐老年人纳入养老机构等保护措施

— 提供短期保护、身心治疗、专业咨询服务等，为了预防再次虐待的发生，对原家庭修复进行支持，加强受虐老年人专用保护机构的运行

— 针对可能再次被虐待、很难回到原家庭的受虐老年人，指定并运营"保护受虐老年人养老设施"

运营"守护受虐老年人中心"（全国 6.3 万余所敬老堂），通过公益扶持团的资源等加强社区受虐老年人案例的发现和扶持体系

按年龄和对象，开发并推广防止虐待老年人的教育主题

——儿童、青中年、老年人，按年龄制作及分发宣传教育资料、宣传影像等

——针对全国老年人相关事务从事者，制作及发放预防老年人虐待宣传物

——制作预防施虐者复发及机构内老年人虐待案例的管理指南

提高老年人受虐的社会警觉性

——修订《老年人福利法》，指定"预防虐待日"，增加受虐老年人投诉途径，尽力防止施虐者复发，加强对施虐者的处罚等

支持老年人的安心生活

修订《老年人福利法》，提高老年人生活/使用设施的安全设备及安全管理标准，加强从事者的安全教育（每年8小时）（2016年）

＊安装安全设施义务化，确定夜间执勤指南并安排人员，指定消防运营安全管理人员等

为了加强机构中日常性、事先预防性的人权保护活动，实施"人权卫士"活动并阶段性扩增

＊（2015年）全部设施的10%以上→（2020年）全部设施

加强对独居老年人的照顾

——扩大扶持独居老年人照顾服务（安全确认、协助家务及日常生活、服务联动等）

调整因地区不同而基础照顾服务对象标准不同的情况，消除无法受保护的独居老年人盲区（2016年—）

——为了加强应急安全服务的设备管理，持续检查或更换火灾、燃气传感器等陈旧设备，建立设备监控中心（2016年—）

——为了照顾独居老年人，新设社会贡献活动捐赠银行＊，通过志愿服务的加入，营造照顾老年人的文化氛围（2016年）

＊照顾老年人1小时积分1分，以后本人或家人65岁之后可接受老年人照顾服务（家务及情绪安抚等）

＊＊在2016年，8500名志愿者登记并提供志愿计划

——发现与家庭、邻居断绝关系的独居老年人，帮助他们找到能相互依靠的朋友的社会关系活化项目（2016年—）

＊（2015年）90个→（2018年）120个（扩大到全国）

——持续扩增能提供民间支持的民间企业、公共机构参与数量

＊（2015 年）92 处→（2020 年）132 处

加强老年驾驶员的安全管理

老年驾驶员继续学习交通安全教育（3 小时，免费），修订《道路交通法》，推广并研究老年驾驶员交通安全教育义务化

为了预防老年人交通事故的发生，将老年驾驶员认知能力检查工具标准化（2017 年），缩短适应性检查的周期等，推广驾照更新

进行中长期认知、适应性检查，针对不适合驾驶的老年人进行劝告并引导其返还驾照

老年人驾照管理国外案例

· （日本）按年龄，驾照更新时间不同＊，75 岁以上驾驶人更新驾照时，义务检查认知能力，引导其自行返还驾照＊＊（1998 年）

＊ 70 岁以下 5 年，70 岁 4 年，71 岁以上是 3 年

＊＊返还时，提供公共交通优惠

· （美国）70 岁以上驾驶人义务检查视力，75 岁以上驾驶人实施笔试和驾驶考试，75 岁以上驾照更新周期是 1 年

· （新西兰）针对 75 岁以上驾驶人，75 岁和 80 岁要进行驾照更新，之后每两年义务进行驾照重考

减少老年行人的交通事故

制定老年人保护改善工作的中期规划，持续扩大老年人保护区域，加强违法管制和宣传，建设安全步行环境（2016 年）

＊ （2014 年）697 处→（2020 年）2000 处

— 通过修订《儿童、老年人及残疾人保护区域的指定及管理相关规定》，建立地方自治团体有权设立保护区域的制度（2016 年）

老年人保护区域

· （法律依据）《道路交通法》第 12 条的（2）项（2007 年开始实施）

· （内容）《老年人福利法》中，以老年人福利设施等半径 300 米以内的区域指定为老年人保护区域

· （现状）优先指定对象 7672 处中指定 697 处（2014 年，警察厅）

三 充分利用女性、中老年及外国人力资源

政策方向
1. 积极雇佣女性
   - 开展转换型时间选择制等工作形式多样化及弹性大的工作
   - 加强针对中断工作女性重新就业的扶持
   - 工作环境的两性平等
2. 夯实中老年人工作基础
   - 支持60岁退休后继续雇佣
   - 确立退休后能在原单位返聘的雇佣体系
3. 充分利用社会融合型外国人力资源
   - 以理工科等国内专业人才缺乏的领域为主，引进优秀外国人才
   - 提高多文化的社会接受度
   - 应对未来劳动力不足，构建整体化的外国人管理体系

1. 积极雇佣女性
（1）现状

生育、育儿期女性的雇佣率急剧下降，呈现 M – Curve，需要加强预防中断工作及扶持重新就业机制

* 中断工作女性214万名，中断工作5年以下的女性88万名（统计厅，2014年）

作为新雇佣文化，扩增能满足员工多元化岗位需求（兼顾养育子女、退休准备、学习等）的时间选择制工作岗位*

* 根据劳动者的需求，工作时间比全日制短，但劳动条件等无差别的工作岗位

* 时间制岗位比例：丹麦20.2%，德国22.6%，意大利20.0%，荷兰39.7%，英国23.4%，韩国11.6%（出处：OECD及韩国经济活动人口调查）

—— 不仅要扩增新创造的工作岗位，创造将全日制工作转变为时间选择制的条件也很重要

* 荷兰和德国通过扩增时间选择制岗位，同时实现了时间选择制岗位的扩量提质

弹性工作制是女性友好型工作环境的核心课题，但私营企业实施比例很低

* 2013 年度调查的企业中，采用错时上下班制度和弹性工作时间制度的私营企业不足 10%

弹性工作制实施状况（工作、家庭并行状况调查结果，2013 年）

时间制工作制度	错时上下班制度	弹性工作时间制度	居家工作制度	远程工作制度	移动工作制度	可自由支配工作时间制度	每周4天工作制度
12.5%	7.6%	8.8%	1.5%	1.4%	2.4%	1.9%	2.7%

因对智能工作（smart work）扶持不足，并缺少合适职务，韩国智能工作发展水平低下

* 目前韩国通过智能工作实施的业务占全部工作的 1.4%，与美国（占全部的 21%）等发达国家相比差距较大（韩国信息化发展院，2012 年）

以高新技术领域为主，出现人力资源不足的问题，需要加大雇佣未就业的优秀女性人才

* 在产业前线，女性人才的比例与全部人口中女性比例一致，才能缓和高级人才不足现象（美国议会女性进步委员会，2008 年）

虽然女性劳动者数量增加，但女性劳动者中管理者比例依然较低，依然存在"玻璃天花板"问题

女性职员及管理者比例：2014 年上半期 （单位:%）

工作时间	企业规模						全部企业
	1—4人	5—9人	10—29人	30—99人	100—299人	300人以上	
女性劳动者比例	55.8	46.1	43.0	43.6	32.5	27.6	43.2
管理者中女性比例	11.6	11.2	9.1	11.8	4.0	2.9	8.9

续表

工作时间	企业规模						全部企业
	1—4人	5—9人	10—29人	30—99人	100—299人	300人以上	
女性中管理者比例	0.03	0.31	0.61	0.66	0.24	0.17	0.36
男性中管理者比例	0.24	2.07	4.59	3.84	2.70	2.14	2.78

资料：统计厅，2014年。

(2) 促进计划

提供时间选择制岗位

通过劳务费/咨询支持及发掘适合的行业和职务等，支持新创业企业的时间选择制岗位

* （2015年）5700名→（2016年）14605名

指定中坚企业、大企业重点经营实体，通过变更为企业主无负担的转换鼓励金扶持方式*等，推广时间选择制转变制度（全日制→时间选择制）（2016年）

* （目前）按比例扶持（时间比例工资基础上，追加支付工资/报酬的50%），企业主承担50%→（改善）定额扶持（每周15—25小时，每月20万韩元；每周25—30小时，每月12万韩元），企业主无需承担

确保时间选择制劳动者参保社会保险，促进退休给付核定等制度的改善，进而改善时间选择制劳动者的工作环境（2016年）

举办时间选择制企业说明会，通过时间选择制专用工作网扩大信息提供，提高企业的认知（2016年）

开发多种工作类型

通过开发私营企业可以接受的弹性工作模式，对实行弹性工作制的企业进行扶持（30万韩元/月）（2016年），发展弹性工作时间制度

*私营企业实行弹性工作的数量：（2014年）300家企业→（2020年）2000家企业

推进公共部门弹性工作制度,倡导工作方式和文化的变化(2016年—)

公共部门弹性工作制类型

类别	具体类型	概　念
时间制工作		工作时间少于每周 40 小时
弹性工作制		每周工作 40 小时,但上下班时间、工作时间、工作日自行调整
	错时上下班型	保持每天工作 8 小时 —每天同一时间上班（07：00—10：00 选择） —每天不同上班时间（07：00—10：00 选择）
	工作时间选择型	每天工作 4—12 小时 每周工作 5 日
	集中工作型	每天工作 4—12 小时 每周工作 3.5—4 日
	可自由支配时间型	无上下班,根据项目执行每周工作 40 个小时 ＊由于需要高度的专业知识和技术,任务执行方法或时间安排由负责人自由支配的领域
远程工作制		不指定特定的工作场所,利用信息通信网进行工作
	居家工作型	不在办公室,在家工作
	智能工作型	在家附近的智能工作中心等工作

建立及运营智能工作基础设施

— 修订《男女雇佣平等法》,为对智能工作进行体系化的政府扶持提供法律依据（2017 年）

— 对居家、远程工作的企业给予奖励（2016 年）

— 公共智能工作中心转变成移动云端（2015—2017 年）,通过相关部门组建智能工作协商会来促进政府内部的推广

— 引导居民中心、图书馆等地方自治团体使用闲置设施内的智能工作中心（2017 年）

加强工作中断女性重新就业扶持体系

考虑到中断工作女性的专业经验、地区特点等,加强精准就业扶持

（2016 年—）

—— 针对30多岁、高学历工作中断女性希望在专业、经历相关领域重新就业，成立"经历开发型新工作中心"

—— 扩大反映地区产业需求的企业定制型、专业技术职业教育培训

通过雇佣福利+参与新工作中心，与中小企业联动的R&D创业支持等部门之间的协作，扩大就业、创业服务（2016年）

修订《工作中断女性等经济活动促进法》，构建预防女性中断工作及工作中断女性的就业扶持工作充实化、体系化的法律基础（2016年）

＊建立预防中断工作扶持政策的推进依据，设置中断工作女性中央扶持机构等

发挥理工科女性人才作用

与科学技术人力前景扶持中心、女学生工学周刊、K - Girls' Day 等进行联动，引导小学、中学、高中女学生进入工科，构建特殊化前景扶持体系（2016 年—）

K - Girls' Day

· 概要：每年1次，1天时间，通过产业现场的技术体验，引发女学生对产业技术的兴趣，为她们提供发展理工科前景的机会。2014年开始实行K - Girls' Day；2015年2000名女学生参加了120个产业技术现场活动

· 国外案例：德国的Girls' Day从2001年开始，目前发展为9200多家企业和11万余名女学生参加的活动

· 法国、荷兰、瑞士等欧洲的16个国家以及日本也为女学生提供产业技术现场体验活动

通过"Tech Woman Fellowship（暂名）"＊项目，对工科领域中还未培养的高级女性人才进行战略性培养（2016年）

＊以优秀女研究生较少的工科领域为对象，资助女大学生入学国内大学读研

加强女性科技人才力量，引导参与R&D

—— 为了培养需求较高的工科领域的女性高级人才，"加大对女研究生

工科研究团队的扶持"（2016年—）

＊（2015年）扶持150个团队→（2020年）扶持162个团队

——为了均衡女性人才的产出和投入，评价选定国家研究开发课题时，对女性人才参与进行加分（2016年）

＊为了促进未来成长动力及产业引擎领域等R&D项目女性研究员的参与，实行激励制度（女性研究员在一定比例以上时，给参与机构加分）

——通过对工作中断女性科学技术人员的R&D复岗支持，扩大潜在女性科技人才的参与

＊（2015年）114名→（2020年）172名

提高女性雇佣及女性管理者比例

积极调整雇佣改善措施的适用对象，通过制度化解决问题，有效引导企业文化的改善

＊针对500人以上的企业—对不能兼顾工作和家庭、雇佣时存在性别歧视等问题企业，加强管理力度

——通过对女性雇佣率低和改善意向弱的企业实行名单公布制度等，提高雇佣改善措施的实效性（2016年）

2. 夯实中老年人工作基础

（1）现状

为了应对变长的老年期并能在原来工作岗位继续工作，将60岁退休法制化

＊2016年开始适用于公共机关及300人以上的经营实体，2017年开始扩大到300人以下的经营实体

尽管实施60岁以上退休制度，但企业的薪资递减制实行率低，多数企业未能应对

＊（参考）大韩商工会议所的调查结果（2015年3月，300家公司）：

▲60岁退休：未能应对53.3%，充分应对24.3%

▲薪资递减制：规划实行32.7%，需要但未定规划22.0%

退休年龄延长法制化

·（法律依据）修订《禁止雇佣年龄歧视及老年人雇佣促进法》（2013年）

·（内容）60岁以后退休义务化，企业主规定60岁以下退休的情况也视为60岁退休

·（推行时间）2016年开始，适用于公共机关及300人以上经营实体，2017年开始扩大到国家地方自治团体及300人以下的经营实体

﹡修订了老年人雇佣促进相关法律（2014年4月），主要修订事项：

①60岁以后退休义务化

②将退休年龄延长至60岁，义务化采取薪资体系调整等必要措施

③针对采取薪资体系调整等必要措施的企业主或职员，提供雇佣资助

④将退休年龄延长至60岁，提供薪资体系调整等咨询服务

即使60岁退休也存在国民年金给付时间与退休时间的偏差，因此存在收入空白期，需要构建退休后也能继续工作的劳动市场条件

目前国民年金的给付时间是61岁，与60岁退休有1年的偏差，2018年偏差扩大为两年

退休（60岁以上）后，10名中有6名（62.0%）想继续工作，但不具备为老年人提供稳定又优质的岗位的条件

﹡韩国老年人雇佣率为30.9%，比国外（2012年OECD平均为12.3%）高，但大部分从事农林渔业单纯劳务的低附加值行业

大多数老年人在没有准备好退休的情况下，从原有工作岗位提早转到低质岗位，企业的换岗扶持力度不够

﹡对1000名壮年劳动者进行问卷调查的结果，需要退休前教育与就业介绍服务的回答比例为81.8%（2014年8月）

﹡对1000名企业人事负责人进行调查的结果（2014年）：未提供换岗支持服务的企业占94.4%，今后两年内没有意向提供换岗支持服务的企业占83.5%

中老年人就业扶持规划是以小规模、单个项目为主进行管理，体系化、综合性的扶持不足

随着婴儿潮一代（1955—1963年生）大量退休，具有专业知识的退

休者增加，但能利用他们工作经验的机会不足

＊2010—2015年53万余人退休，2016—2020年预计退休者达98万（KDI，2011年）

壮年层退休后的规划 （单位:％）

重新就业	社会贡献	专业性自由工作者	归农归村	创业	休息	其他
26.3	19.4	18.3	13.4	4.9	15.4	2.3

资料：雇佣部，老年人劳动及求职状况调查，2014年。

虽然退休年龄段参加经济活动的比例在增加，但集中在创业相对容易但失败风险高的生计型（批发零售、饮食及旅游业等）领域

＊生计型创业比例：韩国36.5％ VS 挪威4％（全球报告，2013年）

老年人的健康、知识、工作经验等与之前的老年人有着质的不同，老年人年龄规范也有变化的趋势

老年人状况调查显示，78.3％的人觉得70岁以上是老年人，回答75岁以上是老年人的比例为31.6％

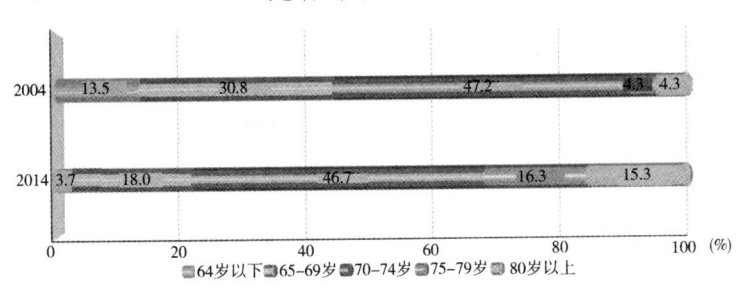

对老年人年龄的认知变化

	64岁以下	65-69岁	70-74岁	75-79岁	80岁以上
2004	13.5	30.8	47.2	4.3	4.3
2014	3.7	18.0	46.7	16.3	15.3

资料：2014年老年人状况调查结果（65岁以上10451名调查对象）

迎接100岁时代，重新研究老年人的年龄标准，确保与雇佣、福利等社会体系一致

但是，变更年龄基准对整个社会体系会产生影响，最好在充分研究的基础上进行社会性讨论

不同政策扶持对象年龄

类别	收入保障	医疗保障	社会服务等
65岁以上	▶基础年金 ▶老年人岗位（多数） ▶农田年金	▶老年人长期照护保险 ▶人工关节手术费资助	▶综合照顾，短期家务服务 ▶独居老年人服务 ▶入住养老照护设施 ▶敬老优惠制度 ▶使用敬老堂
60岁以上	▶国民年金（61岁） ▶老年人岗位（就业创业） ▶住宅年金（60岁）	▶失智症检查 ▶眼部检查及手术费资助 ▶失智症治疗管理费	▶入住老年人福利住宅 ▶使用老年人福利馆，老年人教室

（2）促进计划

支持60岁退休制度的成功实施

为了退休义务化的落实，推广薪资递减制

— 为了减少部分薪资损失，薪资递减制扶持延长至2018年

— 根据薪资递减制的推进，针对企业的人事/薪资/职务制度调整，提供并扩大咨询支持（壮年友好型工作项目，60岁+支持项目）

＊各行业薪资递减制示范单位：（2015年）6个→（2020年）8个

薪资递减制

·（内容）以一定年龄为基准减少薪资，从而保障一定时间段雇佣的制度，针对实行薪资递减制的企业劳动者，对减少金额提供部分资助

·（类型）

—退休保障型：以保障退休为前提调整薪资

—退休延迟型：以延迟退休为前提调整薪资

—雇佣延长型：退休后通过签订合同等，以继续雇佣为前提调整薪资

·（扶持）规定60岁以上退休的企业实行薪资递减制，为减少薪资的劳动者提供雇佣资金（减额后的年收入在7250万韩元以下）

研究退休制度中长期改善方案

对退休和年金领取年龄的阶段性一致方案等进行长期研究

— 到2018年，集中力量落实60岁退休制度并提高青年雇佣率

— 2018年以后，考虑青年雇佣率、人力供需、薪资体系调整、年金领取情况等，经过社会讨论，研究退休制度中长期改善方案

缩短壮年期工作时长

* 壮年期缩短工作时长劳动者数量：（2015年）300名→（2020年）2000名

· 修订《老年人雇佣促进法》，为自我开发（教育培训、第二人生等），为加强健康管理可向企业主申请缩短工作时长，加快引入壮年期工作时长缩短制度（2016年）

— 赋予50岁以上劳动者申请缩短工作时长的权利，但同时认可企业主给出的例外理由（招聘不到代替人员、对工作产生重大影响等）

· 50岁以上劳动者缩短工作时长的情况下，为扩大对劳动者薪资的补助及扶持企业主间接劳务费等，实行工作时长缩短扶持金制度（2016年）

壮年期工作时长扶持金制度

·（内容）50岁以上劳动者缩短工作时长，准备第二职业并逐步引导退休

·（扶持）

—劳动者：因缩短工作时长减少薪资时，补助减少薪资数额的50%，最长两年，最高每年1080万韩元

—企业主：缩短工作时长的劳动者，每人每月补助30万韩元，最长两年

开展中老年人就业扶持

通过开发老年亲和型工作岗位，加强对老年人实习派遣的支持，管理和扶持老年亲和企业，持续扩增私营企业中老年人的工作岗位

工作条件及希望转岗/求职的老年人需求

希望工作时长	10小时以下	10—20小时	20—30小时	30—40小时	40小时以上	合计
	17.2%	18.1%	27.3%	10.3%	27.1%	100%
希望薪资	20万韩元以下	20万—50万韩元	50万—100万韩元	100万—200万韩元	超过200万韩元	合计
	16.9%	32.4%	36.0%	13.0%	1.6%	100%

资料：对希望换岗/求职的1128名老年人的调查结果（老年人状况调查，2014年）

为了提前做好退休后的安排，以准退休人员为对象，持续提供转岗服务（2016年）

— 通过修订《老年人雇佣促进法》，以一定规模（如300人）以上的企业为对象，义务为准退休人员提供转岗扶持服务（2016年）

— 以40岁以上退休（准备）人员为服务对象的中壮年岗位希望中心（2015年8月，29处）和第二人生扶持制度进行连接（2016年）

为第二人生提供换岗扶持服务
·（内容）非自发退休或以准退休人员为对象，在企业主的支持下提供再次就业或创业的服务
·（扶持）
—劳动者：提供合适的再次就业咨询及招聘求职联系服务，多元化再就业创业教育项目，为提供求职扶持服务，运营换岗扶持广场等
·（扶持体系）中壮年岗位希望中心（再就业扶持综合服务提供机构）

1∶1再就业咨询		联系招聘求职服务
·安排专业咨询 ·对个人进行体系化分析 ·就业及创业咨询 ·制作简历，指导面试等 ·免费拍摄简历证明照 ·提供办公设备（个人PC、打印机、复印机、传真等） ·提供休息空间（咖啡、绿茶）	精准化服务	·积极发掘招人企业 ·推荐适合企业的人才 ·提供网上合适信息 ·进行分领域讲座 ·求职创业力度加强讲座 ·提供网上视频讲座 ·提供E-book服务
·（个人就业活动空间）		·（再就业、创业教育）

健全再就业扶持综合服务机构——中壮年岗位希望中心运行机制，通过落实壮年求职实习制度，完善就业扶持体系

＊壮年就业实习人员转变为正式职员的比例：（2014年）60% → （2020年）70%

完善中老年人创业扶持体系

通过扩大建设和运营老年人技术创业学校、技术创业中心,调整实习/工作辅导、指导中心项目等,扶持成功创业

*学校及中心:(2015 年)30 所→(2016 年)37 所

通过扩大退休人员社会企业的创业专业过程、发展协同组合等,提供适合退休人员的创业机会

* 退休人员参与社会性经济活动的数量:(2015 年)520 名→(2020 年)1000 名

* 老年人协同组合数量:(2014 年)72 个→(2017 年)200 个→(2020 年)300 个

中老年人创业扶持体系

1. 老年人技术创业扶持

·老年人技术创业学校
—(扶持内容)为了扶持老年人创业教育,指定创业学校主管机构,对运营教育项目的运营费用进行资助
—(教育内容)引导老年人运用专业知识、个人网络等,对创业适合领域提供创业扶持教育(100 小时左右)
·老年人技术创业中心
—(扶持内容)在初期,指定创业中心为主管(参与)机构并扶持其运营费用
—(项目内容)为老年人创业提供空间,各中心开展创业扶持(创业意向、技术创业教育、讨论、咨询、会员交流等)项目

2. 社会企业创业扶持

·扩大壮年社会企业家培养数量,在扶持机构设置"壮年扶持部"
·扶持创业费用、指导、网络等(平均 3000 万韩元,青壮年共同型为 4000 万韩元)

改善老年劳动者工作环境

对大量雇佣老年劳动者的企业,按行业开发并推广老龄亲和型工作环境指导方针(2017 年),改善工作环境

通过目前实行的干净工作项目*,提供肌骨系统疾病预防设施等适合

老年工作者的设施和产品（2016年）

＊为了改善技术、财政上能力较弱、危险发生可能性高的50人以下工作场所潜在的有害/危险因素，提供补助扶持工作（决定扶持对象的优先顺序时，考虑因素包括老年人等弱势阶层劳动者的雇佣状况）

奖励老年劳动者亲和型领先企业并宣传优秀案例（2017年），营造建设老龄亲和型工作环境的氛围

＊（德国）领先企业颁奖（Unternehmen mit Weitblick）：对通过扶持中高龄劳动者及年轻人与老年人的合作，应对人口结构变化的未来领先企业进行颁奖

老年亲和型工作场所的国外案例

德国的BMW丁戈尔芬工厂（BMW's Dingolfing Plant）

——为了解决劳动者高龄化的问题，重新设计组装线和组装过程，找出共70多个改善事项进行改善

＊（例）为了减少冲击，降低对膝盖的压力，不使用水泥地板而使用木地板，针对视力不好的工程师提供放大镜，设计可以坐着工作的椅子等

——该项目花费了约55000美元，但在成果方面减少了缺勤，劳动生产率提高了7%左右

激励退休人员利用职务经验发挥余热

发展社会贡献活动扶持项目及壮年利用型新社会企业模式（设立大企业—协作社等，雇佣退休人员）

利用科学技术人员的丰富经验，加强符合产学研需求的R&D信息分析及对社会关爱青少年阶层的科学教育扶持（2016年）

＊高端技术信息分析，科学馆管理员活动等

重新建立"老年"标准，促进出台社会性方案

重新建立老年标准的相关基础分析，为社会性讨论提供架构，并开展相关研究（2016年）

＊对老年人的认知/状况调查、老年人概念、年龄调整的必要性、国外案例等进行分析，以雇佣、收入保障、保健医疗、财政性可持续性等不同领域的波及效果与必要条件等因素为基础确定制度改善的基本方向

以少子老龄社会委员会为主，开展社会性讨论（2017年）

日本的老年人年龄标准
- 2000年开始实施介护保险制度，为65岁以上需要介护者及要支援者提供服务
- 2008年开始实行的长寿医疗制度，适用对象为75岁以上的后期老年人
- 2012年开始修订《老年人雇佣稳定法》，针对退休后希望继续工作的老年人义务雇佣到65岁，将整体老年人雇佣政策重新调整
- 根据《道路交通法》，以70岁为基准实施老年驾驶员驾照更新时间及老年驾驶员标识粘贴制度

3. 充分利用社会融合型外国人力资源

（1）现状

滞留外国人超过180万，但大部分外国人是低熟练劳动者，专业人才比例低

*2014年，15岁以上外国人的滞留类型及分布：访问就业（26.1万名）、非专门就业（24.7万名）、结婚移民（13万名）、留学生（8.1万名）、专业人才（4.8万名）

优秀留学生（硕士、博士）毕业后，为引导其定居进行就业扶持，由于通过不同部门不同政策进行扶持，情况不理想

有必要加强引导、管理，引导有潜力的优秀留学生定居，以缓解老龄社会劳动力不足现状

*OECD部分国家为确保劳动力数量吸引留学生，为激励留学生临时或永久移民，放宽移民政策（签证）等

目前法律上对滞留资格分类标准以及是否允许定居等情况没有明确的规定，存在通过延长滞留的方式，乱用永久居住、入籍申请的问题

非专业外国人员增加，平均国内居住时间也持续延长*，呈现定居化趋势

*暂时归国后允许再次入境，可合法居住9年10个月

针对融入韩国社会的可能性不高、老年后独立生计困难的非专业人员，需要筛选其定居资格

*根据永久居住者入籍人员状况调查，大部分是低收入人员

确保非专业外国人员不会蚕食国内工作岗位，不会造成工作条件的退步

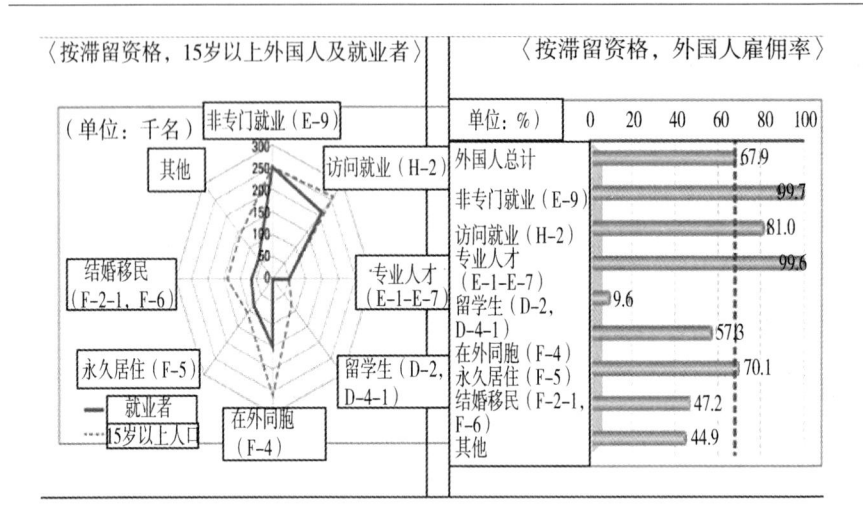

〈按滞留资格，15岁以上外国人及就业者〉　〈按滞留资格，外国人雇佣率〉

（单位：千名）

- 非专门就业（E-9）
- 其他
- 访问就业（H-2）
- 专业人才（E-1-E-7）
- 留学生（D-2, D-4-1）
- 在外同胞（F-4）
- 永久居住（F-5）
- 结婚移民（F-2-1, F-6）
- 就业者
- 15岁以上人口

单位：%　0　20　40　60　80　100

项目	比率
外国人总计	67.9
非专门就业（E-9）	99.7
访问就业（H-2）	81.0
专业人才（E-1-E-7）	99.6
留学生（D-2, D-4-1）	9.6
在外同胞（F-4）	57.3
永久居住（F-5）	70.1
结婚移民（F-2-1, F-6）	47.2
其他	44.9

资料：统计厅，2014年外国人雇佣调查结果

针对非专业外国人员，有必要确立短期循环、完善劳动市场、防止定居化原则

预防移民者不适应国内社会而引起社会矛盾，也为了将移民者接收为健全的韩国社会成员，需要社会融入教育

为了解决移民者入境初期生活信息不足、文化差异等困难，迫切需要提供基础法律、制度及遵法教育、生活信息等

为将移民培养成韩国社会成员提供适应、自立时必要的基本素养（韩语、韩国文化等）项目

韩国国民的多文化接收指数为51.17分，参与多文化相关教育和活动越多，对多文化的接收度越高，但是大部分国民没有参与体验

* 没有多文化相关教育背景的国民占76.1%，没有参加过多文化相关活动的国民占82.4%（国民多文化接受度调查结果，2012年）

在滞留外国人急速增加、移民者的社会经济影响逐渐增大的情况下，作为少子老龄化的对策，移民政策显得尤为重要

移民者现状根据各部门的具体政策分散管理，造成移民者扶持政策基层地区落实混乱

移民者相关统计由法务部（出入境滞留现状）、行政自治部（外国人居民现状）、女性家庭部（多文化家庭状况）、统计厅（多文化人口动态）

等分别发布

移民者相关统计以人口数量为主,对地区居住移民者的详细信息及政策需求把握有一定困难

(2) 促进计划

扩大吸引外国优秀留学生

*硕士、博士及优秀留学生吸引规模(2014年)2.1万名→(2020年)3.2万名

利用GKS(Global Korea Scholarship)吸引优秀留学生

— 通过"政府邀请研究生院奖学金获得者交流项目的战略性选拔",吸引国外优秀人才(每年上半期)

*通过理工科奖学金获得者选拔优惠措施等,改善理工科研究人力不足状况

— 通过"ASEAN优秀理工科大学生邀请研修"扶持短期研修项目,引导他们今后进入国内大学研究生院(每年下半期)

扩大产学研系列外国人留学生就业扶持体系

— 在国内人员难招聘的领域,选拔并培育留学生毕业后到对应行业长期就业

*构建就业扶持信息共享体系→各地区、各行业调查外国留学生需求,构建并运营共同协商体(相关部分共同,2015年—)

通过"外国留学生招聘博览会",对接留学生毕业生和企业招聘(每年上、下半期)

按区域建立留学生服务中心及统一住宿

— 在留学生密集区及交通便利性高的地区,建立针对个人的一站式支持项目(2017年)

— 地方团体和大学共同建立外国留学生宿舍

*交流中心:(2014年)庆北1所(240名)运营→(2016年)全北追加1所(200名)

加强外国优秀人才吸引基础

通过扩大网上签证发放及滞留许可服务、扩大分数制等引导专业就业者定居(2016年—)

吸引优秀外国人才的国外案例

·（美国）1990年开始从科学家、艺术家等最受欢迎的人才开始，运行允许移民的 preference system

·（加拿大）1976年开始将学历、语言、职业经验、年龄、雇佣合同、适应能力等分数化，实行按分数接收移民的分数制

·（德国）2004年制定"移民法"，针对在读外国人留学生，允许其就业，改善制度，简化IT专业人员的永居条件

加强针对允许就业的外国人的管理

加强针对非专业人员的定居资格转化条件（2016年）

——具备学历、年龄、韩国语能力、薪资等条件后，才允许其资格变更为专业就业资格（E—7）

——具备一定收入、资产条件后，才允许其资格变更为居住（F—2）或永居（F—5）

加强非专业人员引入管理体系

雇佣外国人力时，应义务优先招聘本国国民（2016年）

——优先招聘本国国民的义务时长由统一时长（14日）变为根据招聘的可能性和人力供求情况，不同行业和企业规模可差别处理（7—30日）

——一定规模以上的企业（100人以上制造业）提供集中中介服务，在优先招聘本国国民期间，提高招聘国人时的奖励

＊雇佣许可制分数制加分时，外国人雇佣许可限度向上调整

本国国民优先招聘义务

·（法律依据）《外国人劳动者雇佣等相关法律》

·（内容）

——在没有招聘到本国国民的企业，可以特殊允许雇佣外国人，以此为雇佣许可制原则

——雇佣外国人之前，14日之内义务履行优先招聘本国国民，人员未招满时可申请雇佣外国人

决定外国人力引入领域并加强顺应需求的外国人力引入管理体系（2017年）

——目前除了人力不足外，综合考虑中长期劳动市场供求前景等，制

定外国人力引入决定方案

— 除目前的韩国语考试外，企业主将是否有丰富工作经验、是否有资格证和培训经历、技能水平评价等选拔标准多样化，实行分数制

加强外国人社会适应及定居扶持

外国人注册及滞留期延长前参加早期适应项目，逐渐扩大义务参加对象（2016年开始）

＊新入境者早期适应项目参与者：（2014年）34290名→（2020年）55224名

移民者社会融入项目多样化（参加社会活动、联系各种韩国语教育等）及地方自治团体包括就业、技术教育相关项目的信息提供及联系

＊社会融入项目参与者：（2014年）22361名→（2020年）41598名

提高国民的多文化接受度

形成本国人、外国人共同生活的社会氛围，启动"世界人日＊"

＊依据《在韩外国人待遇基本法》第19条的国家纪念日内容

＊（国外案例）澳大利亚 Harmony Day（3月21日），新加坡 Racial Harmony Day（7月21日）等

培养并扩增针对国民了解多文化的专业讲师

＊扩大运营移民政策讲解项目的机构数量：中央公务员教育院、地方研究院

＊培养多文化社会专家：（2015年）1250名，每年增加300名左右

＊专业讲师：（2015年）161名→（2020年）400名；教育人员：（2015年）5万名→（2020年）10万名

为了改善对多文化的认知，进行多文化接受度状况调查（2018年），促进地区优秀多文化项目及官民合作模式的发掘、推广（2016年—）

制定中长期移民政策

将移民者产生的福利、综合费用最小化，设定移民者引入规模及优先顺序

＊包括第三次（2018—2022年）外国人政策基本规划课题

就中长期移民政策方向持续进行社会讨论，有效对接并调整各部门相关政策，强化决策层职能

目前36类滞留资格分为永居、定居、非定居资格，加强滞留资格之

间的分层及连接性

主要国家的移民政策比较

国家		主要移民政策
美国	1971—1990年 中南美移民增加	因低收入层数量增加，加大了社会 费用的负担，实施专业人才优惠政策（1990年）
	2001年9·11事件	设置社会融合关心契机及国土安保部（2003年）
	2013年推动 移民改革法案	引进优秀人才，转变非法滞留管制体系等
日本	1992年制定出入 境管理基本规划	确定中长期政策方向
	2006年公布 多文化共生规划	提出地区性的外国人扶持体系及社会融合方案
	2013年研究 积极移民政策	降低高端人才分数制条件等，加强优秀人才引进
法国	1997年消极的 社会融合政策	发生移民者闹事（2005年）
	2006年制定 外国人入境同化法	社会融入教育义务化，加强专业人才引进
	2011年修订移民法	加强社会融入，强力应对非法滞留者
德国	1955—1981年 低熟练人力定居化	因低收入层扩大，社会费用增加
	1982年转变移民政策	中断引入低熟练人力，加强社会融合
	2005年制定 融合移民法	社会融入教育义务化，实行蓝卡 制度（2012年）等加强专业人才引进
澳大利亚	1973年废除白澳政策	有色人种移民急增
	2005年发生 种族间暴力事件	加强社会融合政策
	2000年移民改革、 船上难民急增	转变为以需求为主的技术 移民制度，调整移民国境保护部（2015年）

构建外国人相关统计基础

实施国内居住移民者（外国人及入籍者）相关状况调查，为了把握移民者长期经济状态等，制订出入境管理信息系统登记方案

构建地方自治团体居住移民者现况管理体系

——通过形成移民者相关统计及扩大行政部门间信息共享情况，加强移民者现况管理

*召开建立移民者统计信息共享工作协商会（2017年），制定地方自治团体外国居民现况调查改善方案（2019年）并实行（2020年）

— 通过扩充地方自治团体包括全体居住移民者在内的、行政自治部开展的"外国人居民现状"*调查内容，加强地方自治团体的移民者扶持政策

*居住在地方自治团体的非韩国国籍人员（91天以上滞留登记外国人）、韩国国籍取得者及其子女

各地方自治团体为深入了解政策对象及其需求，除外国人居民数量外，可以增加居住类型、家庭关系、定居周期等统计数据并上报

四 发展老龄亲和经济

政策方向

1. 培养老龄亲和产业的新发展动力
  ·培养朝阳产业，强化国家扶持体系
  ·打造通用设计等以需求者为主的银发经济生态界
2. 制定应对人口减少的对策
  ·国防、教育、社区（农村）等，不同领域分别提供人口减少对策
3. 增强财政的可持续性
  ·强化管理，应对老龄化带来的社会保险财政风险
  ·推进国家财政改革

1. 培养老龄亲和产业的新发展动力

（1）现状

移动设备、IoT、云端、大数据及人工智能等ICT的发展，通过与医疗的融合，增大数字化健康管理的可能性

*全球远程医疗市场2013年为4.406亿美元，预计2018年达到45.48亿美元，患者从2013年的35万名到2018年700万名，预计增长10倍以上

老年人观光呈现逐年增长趋势，但考虑老年人的喜好与符合身体特征的观光产业发展不足

*有国内旅行经历的60岁以上人口比例：（2009年）66.1%→（2011年）76.9%→（2013年）81.4%

＊根据韩国旅游公司的状况调查（2012年），可以在轮椅上购票的售票处占54.6%，轮椅可以进正门的旅游区只占52.1%

应对老龄化，需要开发可以预防老年人疾病及提高其生活质量的老龄亲和食物与加工技术

＊根据"老龄亲和产业需求调查"，老年人对食物的需求最高（韩国保健产业振兴院，2012年）

老龄亲和产业处于碎片化状态，部分有技术竞争力的企业缺少进入国外市场的宣传预算及市场营销能力

＊老龄亲和用品制造企业的平均资本为8亿韩元，人员在10人以下的企业占49.5%（KHIDI，2012年）

＊老龄亲和用品企业被排除在韩国贸易投资振兴公社、中小企业厅、中小企业振兴公团等机构的国际贸易支持范围之外

在银发经济跃升为新发展机遇的状况下，为了提高产业竞争力，有必要构建通用设计扶持体系

＊德国、日本等对制造业、IT、交通、居住、福利、保健医疗、文化等整个产业的通用设计体系进行扶持，确保银发经济的竞争力

在韩国，通用设计着眼于增加残疾人便利性，多以建筑物、设施、大众交通为主开发设计，产业方面利用不足

过去10年，虽然致力老龄亲和产业的发展，但只推动了个别政策，造成政策的非效率性和碎片化

＊根据《老龄亲和产业振兴法》第4条，应制订老龄亲和产业发展规划，但未执行

老龄亲和产业的R&D财政支出较低，对老龄亲和产品的R&D扶持资金每年仅为10亿韩元

德国在2012—2015年的高端技术战略2020中，在健康/粮食领域每年扶持3亿—4亿欧元的R&D费用

EU在2008—2013年期间，在扶持老年人独立生活的居住+ICT技术融合产品研发上投资了约6亿欧元

（2）促进计划

发展IT支持智能照护

·远程医疗服务制度化（2016年—）

——远程会诊，发展远程医疗示范项目

——为了实现远程医疗制度化，推动修订医疗法

——出台远程医疗技术相关指导方针以及设施、装备、人员等相关标准

为进入全球市场，挖掘并扶持有前景的远程医疗服务模式（2016年）

——国内医疗服务—IT技术联动，根据出口对象国家开发有前景的远程医疗服务模式并制定扶持战略

开发智能照护商业模式，构建企业扶持体系（2016年—）

——对患者及一般人的健康管理需求进行应对，抢占国内外智能照护市场

——通过开发传送个人健康信息及保护技术，为今后发展健康管理服务产业提供基础

——构建智能照护设备的实验/评价、认证、市场信息提供等在内的企业扶持体系，扶持进入国际市场

基于个人健康信息，开发开放型ICT治疗服务平台（到2017年）

——为了发展智能照护产业，开发在开放性环境中提供个人主导的健康信息管理和订制型健康服务的开放型治疗平台

建设需求连接型 Daily Healthcare 测试园区（到2017年）

——收集、储存、分析糖尿病、高血压患者和一般人的健康信息，为风投企业、中小企业提供SW开发环境的平台

——建设风投企业、中小企业制作/开发（Dev-Lab）照护产品/服务SW/HW可进行实验/检验（Test-Lab）的环境

——针对风投企业、中小企业，对接国际标准的开放型照护平台，联动开发SW并扶持产品、服务的产业化

——为设备、传感器等供货企业和园区、综合医院等有需求机构提供连接型照护测试服务

开发并测试重症患者 After-Care 技术（2017年）

——通过分析医疗用户联系接口、智能 After-Care 管理系统、生活轨迹，开发订制型康复教育项目等

——开发服务测试情景，通过临床试验来检验成效性、安全性，建立 After-Care 服务模式

——开发通过CT、MRI、PET等医疗影像，提取、综合重要/危险部位，帮助医疗小组快速判断的3次元影像及视频制作技术

＊重症患者出院后，为其保管智能手机影像信息，发生紧急情况时提供影像信息服务

培养老龄亲和观光产业

老龄亲和观光产品开发

——针对经济能力和健康水平低下的老年人，扩大福利观光项目（文化优惠卡等）（2016年—）

＊福祉部"残疾人、老年人照护旅行服务"，文化部发放"文化优惠卡"

——针对教育及文化需求较强的老年人，开发综合观光、休闲项目的韩国型老年人旅舍＊项目（2017年—）

＊这是与青年旅舍对应的概念，利用大学宿舍等为老年人提供食宿，开设特别教育项目的学习—观光融合项目

打造老龄亲和观光环境

——对主要观光设施（观光住宿设施、国际会议设施、观光休养设施等）的可及性和便利设施安装状况进行调查，构建DB（2016—）

——为引导民间观光设施主动提高可及性并适应老年人、改善便利设施安装，建设示范旅游区（2016年—）

＊文体部"开放的旅游区征集活动"，持续扩大示范项目（5个）

——为了提高观光设施的可及性，建设无障碍观光环境，制订并推广指导方案（2017年）

发展老龄亲和观光产业的国外案例

· （日本）针对希望有活动性体验的老年人，利用大学宿舍等提供食宿，开设特别教育项目，运营学习和观光融合型项目的老年人旅舍（Elderhostel）

· （法国）为了建设符合残疾人、老年人等身体受限人员需求的观光环境，实行Tourism & Handicap认证制度

——认证制度分为三阶段等级制及等级外，在旅游区等的入口或手册上标注认证标识

培养老龄亲和食品产业

开发老龄亲和食品加工技术，开发订制产品（2016年—）

——分析老龄亲和食品的物理化学特征并通过物质性控制推动加工食

品产业化

— 开发符合老龄亲和食品营养、临床要求的流通系统技术

— 为慢性病患者、难以咀嚼的老年人等开发老龄亲和型食品

— 以技术需求调查（每年 2 次）为背景进行研发并对开发的产品提供咨询＊及博览会＊＊联系等

＊通过研究开发得到技术转让的企业，为了确保产品的销售渠道等，可申请咨询

＊＊参加食品相关博览会、商品说明会等

加强老龄亲和产业出口扶持体系

挖掘潜力大的企业，对其技术、人力、市场等进行集中扶持，通过（暂名）"K—银发冠军项目"，培养具有国际竞争力的出口企业（2017 年）

建立出口扶持协商体＊，提供全球市场信息＊＊（2016 年—）

＊福祉部—保健产业振兴院—产业部—韩国贸易投资振兴公社—中小企业厅等参与

＊＊主要国家出口信息发刊，发挥老龄亲和产业信息银行（http://www.esenior.or.kr）作用

在老龄亲和产业著名博览会中设置韩国馆并提供企业扶持（2017 年）

国外著名博览会

国家	博览会名称	主要内容
英国	Naidex	健康、福利、医疗设备、药品、卫生用品等
德国	66 DIE Seniorenmesse	针对老年人的观光、运动、衣服、健康、居住领域
美国	Life@50+	美国退休者协会 Expo，为退休人员提供各种产品展览及咨询
法国	Salon des Seniors	法国最大的老龄亲和产业 展览会，旅游、健康、财政、IT 相关产品
日本	Senior Life Expo	长期照护相关产品，老年人生活用品、 兴趣用品、服务及信息提供

为了消除进入国外市场的障碍，持续提供国外许可和认可的扶持

＊针对获取国外许可和认可所需要的国外规格认证申请费、技术文件审核费、实验检查费、咨询费等进行扶持

扶持举办与国外进口商的商谈会（2017 年）

建立全产业通用设计＊扶持体系

＊不论残疾及年龄，所有人都能方便使用的产品、建筑、环境、服务等的普遍性设计

通过官民参与的设计融合论坛等，构建发展通用设计的国家扶持体系（2016年）

设计融合论坛的主要功能
·为了推广通用设计，部门之间研究协作方案、相关统计、案例等现状及政策课题等
·通过论坛、研讨会等，详细讨论国家通用设计发展方案及政策课题

— 以设计融合论坛的讨论结果为基础，扶持教育、R&D、常用化通用设计技术开发

＊从建筑、设施、大众交通手段到日常生活用品、IT、制造业等，以全产业为对象

— 为了通用设计的系统性、持续性发展，将目前设计扶持机构＊指定为通用设计专门机构

＊韩国设计振兴院、地区设计中心

发展通用设计的国外案例
·（日本）20世纪初实行通用设计后，地方自治团体、企业持续推广、普及通用技术
—丰田汽车安装通用设计陈列柜，系统性、持续性地推行通用设计
—通过国际通用设计协会，与国内外通用设计专家进行交流，共享相关研究成果，开展持续性活动
·（挪威）政府推行通用设计，通过三角洲中心（政府机构）提出实现通用设计的多种解决方法
—到2025年，作为产品和环境的规划、设计的战略方法，实行通用设计并提供行动规划
·（英国）为了助力实现平等、包容、有凝聚力的社会，实行"Inclusive设计"
—英国将重点放在老年人生活环境方面，以改善移动、工作、假日等全部环境及服务为目的进行设计

为了实现适合使用者的通用设计，加强 R&D 扶持（2016 年）

— 对了解使用者的需求、Biz—规划、制定商品开发战略等进行扶持，开发融合设计、技术、IT 等的适合使用者的产品、服务

— 开发反映直观的使用性、便利性的感性价值测定技术＊，可使用 3D 打印的设计生产样品（Prototyping）等基础技术

＊中小、中坚企业测定/评价、改善使用者体验质量的验证体系，开发诊断系统

提高国民、产业界对通用设计的认知（2016 年）

— 为了普及通用设计，开发指导方针、订制主题等，通过展览会等形式为提高通用设计的认知建立条件

以对使用者的生活方式和趋势变化等的调查分析为基础，提出分类预先设计等指导方针

通过知识共享平台，将最新动向、先进案例和研究结果等有针对性内容提供给中小、中坚企业

— 通过设计展览会、作品征集及举办展会等形式，增加对于通用设计的认知及提供信息共享渠道

老龄亲和产业的管理

建立并运营政企合作老龄亲和产业的培养 T/F（2016 年），奠定老龄亲和产业振兴基础，并给予专业性、体系性扶持

— 制定老龄亲和产业发展规划，调整规制改革及相关法令，增进政府内外的协作，履行政策、监管及扶持等角色

通过部门合作，制定老龄亲和产业发展规划（2017 年），为培养老龄亲和产业提出国家蓝图

修订《老龄亲和产业振兴法》（2017 年），确立老龄亲和产业的管理体系，制定老龄亲和产业振兴法分类体系等

＊明确老龄亲和产业相关各部门的职能，明确牵头部门，构建发展老龄亲和产业的决策设计

增进老龄亲和产业的认知及提供发展消费的基础

对"老龄亲和产业"的认知改善（2016 年—）

＊开发及测定老龄亲和经济认知水平评价指标并加大相关宣传

＊对老龄亲和经济的认知水平，到 2020 年提高到 90%

·评估老龄亲和产业的发展可能性，推动企业投资（2016年—）

— 举办老龄亲和产业国际博览会（2018年），提供老龄亲和经济的社会性认知转变契机

— 举办政府和企业合办的老龄亲和产业投资说明会

— 提出福利用品以外的智能健康管理，健康食品、旅行、观光、信息交流、居住服务等相关新商业模式

— 选定老龄亲和产业有前景的产业项目并举办创业竞争大会

为了促进老龄亲和产品、服务的使用，实行（暂名）"银发积分卡"＊（2017年）

＊使用银发积分卡购买老年人产品及服务时，可享受优惠和积分服务

老龄亲和产业的范围（《老龄亲和产业振兴法》第2条）

▲老年人主要使用或佩戴的用具、用品或医疗设备▲老年人主要居住或使用的住宅，及其外面的设施▲老年人照护服务▲老年人金融资产管理服务▲老年人信息设备及服务▲老年人休闲/观光/文化或健康服务▲适合老年人的农业用品或务农扶持服务▲老年人医药品、化妆品▲适合老年人移动的交通方式、交通设施及其服务▲老年人健康功能食品及供餐服务

运营并扩大老龄亲和产业特殊研究生院（2016年—）

为了提供相关信息和保障权益等，开设老年消费者咨询中心（2017年）

老龄亲和产品、服务的标准化及认证

提高老龄亲和用品标准化，加强国际标准化活动，开发老年人、残疾人可及性技术，推动老年人照护设施/服务标准化

＊国际标准化数量：（2014年）27件→（2020年）37件/国内标准化数量：（2014年）19件→（2020年）25件

实行老龄亲和产品认证"银发标志"制度（2017年）

＊修订《老龄亲和产业振兴法》，制定认证制度

— 通过老年消费者需求调查、国内外技术动向调查分析，按品类＊提供标准、规格等，奠定制度基础

＊适合老年人的食品、适合老年人的日常用品（家电等）、维持健康（预防身体/精神/功能低下及维持设备）、老年人居住设备（建筑材料等）、休闲/文化设备（游戏设备）等

—— 制定老龄亲和优秀产品认证标准等评价手册

以使用者为主，夯实老龄亲和产品开发基础

健全使用评价系统＊，提供中长期发展方案（2017年—）

＊老龄亲和产品使用者的便利性及满足度评价系统

—— 开发便利性、安全性、操作性等使用性评价指标（2017年）

—— 构建并运营相关人体数据、使用评价指标、评价结果等的使用评价信息系统（2018年）

—— 扶持开发以使用评价为基础的产品、服务（2018年）

—— 制定使用评价机构认证制度，实施多元化产品及服务使用评价机构的认证（2020年）

＊为了实施认证制度，提供相关政策/制度，决定使用评价对象产品（服务）的优先排序，设定评价标准，提供评价机构扶持方案，示范运行等

国外使用评价案例

・美国：促进使用评价义务化

—— 美国FDA的Human Factor Guidance（IEC 62366：2015），进行使用合成（使用性）测试情景，完善评价方式

—— 美国康复法508条（电子及信息技术可及性指南）新设条款，根据21C通信及视频可及性法，将手机、IPTV的可及性义务化（2014年）

・日本：福利用品临床评价（QAP）

—— 考虑老年人的状态及使用情况，临床评价福利用品的便利性、安全性等，提供完成认证的福利用品信息

收集并提供精准的老年人人体数据（身体、体力、认知等）（2018年）

—— 为了产品及服务的开发，将需要的老年人人体数据按种类、测定方法等进行指南化

＊（例）鞋产业：与脚相关的身体尺寸，重量中心的移动等

拟定老龄亲和R&D中长期综合规划

所有部门拟定老龄亲和R&D中长期综合规划（2016年）

—— 为了提高老年人群体的生活质量，设定R&D中长期方向

—— 为应对因老龄化而劳动力减少的情况，也为了提高R&D生产性及效率性，需要提供扩大科学基础知识的方案

——为了有效促进老龄亲和R&D，设定政府重点投资方向

——设定老龄亲和R&D政府重点投资优先顺序，挖掘未来发展动力

加强老龄亲和R&D部门间合作及协调

——通过国家科学技术审议会（多部门组成的技术合作特别委员会*），对各部门提出的研发项目中类似或重复项目进行调整及作用分担，通过多部门共同规划促进新产业的发展

*解决社会问题、应对灾难灾害、挖掘未来发展动力等多部门共同项目相关事项的审议

研究开发老龄亲和产业核心技术

应对老化的中长期源头技术开发

老龄亲和部门国家R&D协调管理

```
┌─────────────┐   ┌──────────────────────────────────┐
│ 国家科学    │──▶│ 运营委员会、多部门共同技术合作特别委员 │
│ 技术审议会  │   ├──────────────────────────────────┤
│             │   │ 老龄亲和R&D综合规划及中长期投资战略 │──┐
└─────────────┘   │ 为基础的研究                       │  │
                  └──────────────────────────────────┘  │
┌─────────────┐   ┌──────────────────────────────────┐  │
│ 政府R&D     │   │ 重点促进老龄亲和R&D事业            │  │ ┌──────────┐
│ 预算分配    │   ├──────────────────────────────────┤  │ │ 老龄亲和 │
│             │   │ R&D预算要求                       │  │ │ R&D      │
│             │   └──────────────────────────────────┘  │ │ 管辖部门 │
│             │   ┌──────────────────────────────────┐  │ └──────────┘
│             │──▶│ R&D预算审议及调整                 │  │
│             │   ├──────────────────────────────────┤  │
│             │   │ 优先考虑老龄亲和R&D事业           │  │
└─────────────┘   └──────────────────────────────────┘
```

*截至2017年，进行了统筹课题6项，2017年以后健康老化技术项目通过可行性调查后持续扩大

——查明老化原因并发现诱导因子

——预测、诊断老化现象及开发延迟、抑制技术

——开发老化疾病治疗技术

——研究老年衰弱人群并开展干预研究

为了能早期诊断失智症，开发中长期源头技术（2016年—）

*失智症预测脑电图等方面，2016—2018年共投资195亿韩元

——脑影像（MRI+PET）及生物学标识（血液/脑脊液+电介质）为基础，开发失智症早期诊断平台

——支持失智症治疗剂中长期开发

*加大失智症治疗剂的开发扶持（2016年）

推动产业化重点技术的导出及研发（2016年—）

＊提高"应对100岁社会的老龄亲和产品研究开发事业"等现有事业成效

2. 制定应对人口减少的对策

（1）现状

因兵役资源的减少，将原本以兵力规模为主的数量型传统军事力量结构转变为以高端技术及现代化装备为主的质量型技术集中型结构

预计2023年兵役资源出现不足，需要对国家治安及产业领域等的转变、替代性服务进行研究

＊2023—2033年：每年平均缺少2.3万名现役资源（2029年缺少3万名）

因学龄人口急剧减少引发地方大学、专科大学等招生不能满员，对高等教育的生态界危机需要预先应对

＊2018年开始，大学招生定额和高中毕业生数量发生逆转，2020年大学招生定额超过高中毕业生数量

不仅是数量方面的变化，为使高等教育适应未来社会变化，进行教育内容等质的改革也很重要

为了解决学龄人口的变化和教育条件的改善要求，需要调整教师供求前景及供求方案

伴随老龄化，郡级人口外流，农村地区（郡地区）的人口急剧减少

需要提供适应农村人口减少和老龄化的行政服务

为了应对老年人口增加等行政环境的变化，需要调整地方财政制度

＊自治团体社会福利预算比例：（2010年）21%→（2015年）27.5%

为应对婴儿潮一代退休后到农村定居的需求，需要持续性的扶持城市人口归农、归村者，使他们顺利定居农村

＊归农、归村家庭：（2005年）1240户→（2012年）27008→（2013年）32424→（2014年）44586

为了解决农村老龄化和城乡一体化问题，需要改善现有居民和归农、归村人员农村居住条件

＊60名以下学生的小规模学校88%分布在面、岛屿偏僻地，没有保育设施的邑面占31.1%

为了解决农村的劳动力老龄化和农业收入停滞带来的农村经济活力不足问题，需要发展动员地区多种资源的内生型发展模式

＊中小农（26.9万户，2013年）：农户收入2799.2万韩元，家庭开支2741.2万韩元

（2）促进计划

以军官、副士官为主精锐兵力结构

缩减常备兵力，干部比例维持在40%等，精锐兵力结构

为确保兵役资源，完善转变、替代服务制度

为解决兵役资源不足，阶段性缩减转变、替代服务人员

推动大学结构改革

持续推动大学结构改革评价及招生定额的缩减

＊缩减大学招生定额：（2014年）56万名→（2020年）47万名

—— 以政策研究、专家研讨及大学教育协会、专科大学教育协会及各大学意见为基础，提出评价方案

—— 以一般大学、职业专科大学为对象实施结构改革评价，以其结果为基础促进差别化结构改革措施（缩减定员、限制财政扶持等）

＊同时使用定量、定性指标，在教育条件、学位管理、学生扶持、教育成果、中长期发展规划、教育过程、特征化等方面，综合评价高等教育机构

以改革评价结果为基础进行分析，制定各大学发展方向（发展终身、职业教育等），推动结构改革（2016年—）

＊发展终身教育，实行外国人留学生引进等管理方案

为三流大学的职能转变、退出等结构改革提供法律依据（2016年）

＊推动制定大学结构改革相关法案

大学结构改革的国外案例

· 日本，比韩国更早经历学龄人口的减少，以小规模地方私立大学为主发生生源不足、财政恶化等现象

＊生源不足的日本私立大学比例：114所，28.3%（2020年）→222所，40%（2006年）

＊日本私立大学财政

—赤字大学：52所，13.8%（1992年）→166所，30.3%（2005年）

续表

—担心破产的大学：21所，5.6%（1992年）→62所，11.3%（2005年）
—因此校园搬到市中心，减少学费，设置游泳馆、宿舍等，调整大学课程等，开展抢生源竞争
·日本政府在进行大学评价时，增加可以反映地方大学努力的定性评价，转变国立大学法人，提供私立大学退出结构，对学生未满员的大学减少财政支持
*满员率50%—60%以下的大学，财政扶持缩减率：15%（2007年）→50%（2011年）

教师培养及调整供需规划

通过缩小中等教师培养规模，改善教师需求—供给不均衡的情况
*通过教师培养机构的评价结果实施缩减定员（2017—2019年）
根据教师供需前景，教师定员安排及各学校安排精细化（2016年）
*以5—10年为单位，每年调查教师供需前景，各市/道教育厅视情况确定

为应对老龄社会，改善地方行政和财政制度

考虑到人口老龄化带来的行政需求，为改善邑/面/洞居民中心的行政条件（组织、人力、业务），实行"责任邑/面/洞制"（2016年）

责任邑/面/洞类型
·（大邑/洞）大邑/洞是在基础的邑/洞功能*上增加履行市/郡本厅的部分职能**，邻近的邑/面/洞维持原有职能
A洞：针对A洞职能+A洞、B洞、C邑履行市郡本厅的部分职能
B洞、C邑：维持原有职能
*居民登记、印鉴证明、选举及投票、申请社会福利、运营民防队等204种业务
**福利、安全预防、认可/许可、管理城市公园、指导停车等增加100多个业务
·（行政面）行政面履行基础的面职能和临近面的大部分职能，临近面提供最低限度的民愿处理及福利、文化服务
A行政面：A面职能+B面、C面大部分职能
B面、C面：最低限度的民愿处理及福利、文化服务

补贴反映社会福利需求的普通交付税＊（2016年—），改善地方的老龄化财政条件

＊各地方自治团体的基准财政收入未能达到基准财政需求时，不足额度由中央财政补贴

发展农村地区

通过发展归农、归村，增加农村人口并提高农村活力（2016年—）

——通过运营归农归村综合中心，向归农、归村申请人提供综合信息、咨询指导、培训等服务，引导归农、归村稳定化

＊每年对3000名城市人实施归农、归村培训

——通过推进青年农业创业扶持（2016年），促进优秀青年劳动力在农业领域创业并定居农村

＊针对39岁以下农业创业（计划）新人（农业经营经历在3年以下），扶持创业资金

——鼓励城市人到农村，设置滞留型农业创业扶持中心及归农人之家等，提供适合各地区发展的归农、归村扶持

居住扶持、改善生活条件、吸引企业、创业及工作岗位扶持等，提供"活力农村成功模式"，阶段性推广（2016年）

＊2016—2018年选定6个示范区，持续扩增

扩充农产品综合加工中心等，发展第六产业，扩大农村观光等级制

扩建适合城市人需求的观光基础设施＊拉动农村经济发展

＊开发骑马场、休养林、治愈森林、山岳观光等

3. 提高财政的可持续性

（1）现状

因少子化、老龄化，国民年金支出快速增加

国民年金基金在2015年突破500兆韩元，到2020年为847兆韩元，预计2043年达到2561兆韩元；2044年开始发生赤字；2060年可能会枯竭

因给付水平的提升，保障覆盖面扩大，医疗技术的快速发展等，健康保险支出规模急速增大

＊保险给付费用：2000年9兆韩元→2014年42.5兆韩元，15年间增至4.7倍

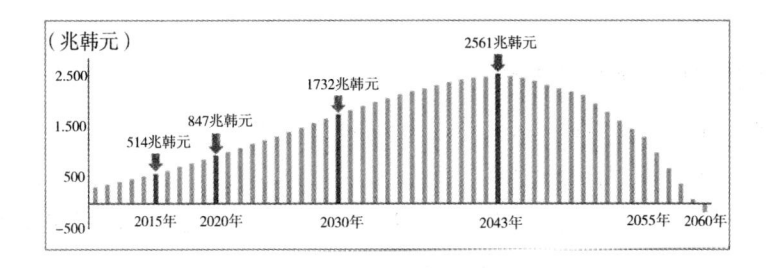

国民年金基金发展趋势

由于人口老龄化导致老年人医疗费用和慢性病增加，健康保险支出规模预计会持续增加

老年人医疗费支出现状　　　　（以健康保险支出为基准）

类　别	2007 年	2010 年	2014 年
适用人口（万名）	4782	4890.7	5031.6
老年人口（万名）	438.7	497.9	600.5
比例（%）	9.2	10.2	11.9
总医疗费（亿韩元）	323892	436283	544272
老年人医疗费（亿韩元）	91190	141350	198604
比例（%）	28.2	32.4	35.5
年龄段平均月医疗费（万韩元）	13.9734	17.5603	20.1174
每人平均月医疗费（万韩元）	5.6608	7.4564	9.0431
每名老年人月医疗费（万韩元）	17.3217	23.6588	27.9653

韩国财政稳健性在应对全球金融危机的过程中一度弱化，但迅速改善，与主要发达国家相比表现良好

＊国家债务（2007 年→2015 年，GDP 对比%）：（OECD 平均）74.5→115.2（韩国）28.7→38.5

但是，少子化、老龄化导致发展放缓，年金、医疗等福利支出急增，未来财政状况会长期恶化

为应对未来财政风险，确保财政支出能力，需要事先防范财政恶化

(2) 促进计划

提高国民年金的可持续性

通过制定长期财政目标,确立年金制度改革的基础

——在福祉部成立并运营"长期财政目标设定推进委员会(暂名)"(2016年),以保险费、给付水平、基金、给付支出规模及国民接受度为基础,实施对财政目标的社会性讨论

——为了达成财政目标,提出合理的保险费等制度改革方案(中长期)

国外的长期财政方式和财政目标　(国民年金研究院,2014年)

国家	财政方式	财政目标
英国	征收方式（部分累积）	·维持目前给付水平为前提 ·用保险费率、累积倍率、GDP 与费率之比进行财政评价 ·2070 年,保险费率 27%（目前 21%,2010 年） ·累积倍率 1—2 倍,GDP 对比 8%
德国	征收方式	·给付水平下限 43% ·保险费率 2030 年上限 22% ·法定最低累积倍率为 0.2 个月
美国	征收方式（部分累积）	·2075 年实现均衡数值,将保险费率上调 2.1% 或给付缩减 13.3%,或国库补助投入 5.3 兆美元
日本	征收方式（部分累积）	·2100 年,保险费率维持在 18.3 ·给付水平下限 50%—累积倍率 1
加拿大	部分累积	·中期和长期维持定额累积倍率（5—6 倍） ·推算后,3 年以后的 10 年和 60 年后累积倍率一致 ·保险费率维持 9.9% ·给付水平维持 20%
瑞典	确定明细捐赠	·均衡比（资产/年金负债）长期（2080 年）维持在 1 以上 ·IP（收入比例年金,NDC 型）保险费率维持 16% ·IP（收入比例年金,NDC 型）给付水平 40%—50% ·累积倍率维持 1 倍以上

建立基金500兆韩元（2015年）时代的管理运营体系，提高国民对国民年金的信任和可持续性

— 加强基金运行的专业性、透明性、责任性，增强人力，新设国外办事处等加强组织和职能

健康保险财政的稳定化

充实老年人医疗体系

— 通过调整照护医院给付制度（2016年—）等，对今后会增加的老年人医疗费支出进行适度调整

— 为解决老年人医疗费急增问题，研究支出效率化方案（2017年），确保健康保险财政的可持续性，研究中长期制度改善方案

健康保险收入基础的稳定化

— 为应对到期的健康保险财政扶持（2016年末），确认财政扶持方式，加强周期监测（2016年）

— 为使健康保险实现长期可持续性，研究保险费收入外的多种财源确保方案（2016年—）

通过提高诊疗费审核体系效率及对不正当要求的当地调查＊，加强管理非必要健康保险的财政支出，强化健康保险事后管理

＊（2010—2014年）每年700处→（2016—2020年）每年900处

改革特殊职域年金

调整年金负担率（贡献率）＊等完成公务员年金、私立学校年金改革，确保特殊职域年金的可持续性（2016年）

— 公务员年金，2016年1月1日实施

＊（2015年）7%→（2020年）阶段性提升到9%

财政支出效率化

通过对类似重复财政项目的持续调整，减少不必要支出，提高财政支出效率化

修订《关于补助金管理的法律》（2015年），推动防止违规领取系统、资格审核制等国库补助金改革（2015年—）

— 为了实现补助金的信息管理公开、检查违规领取等，建立"补助金综合管理系统"（2017年）

国库补助金改革主要内容

·新设防止违规领取中控台的"国家补助金管理委员会",打造违规领取投诉中心一体化等

·针对新补助项目（100亿韩元以上）导入资格审核制,为防止违规领取加强事前评价

·故意违规领取时,永久禁止参加、扶持补助项目,并承担违规领取额5倍以内的制裁金,加强监控、监督及处罚

·针对大型项目（100亿韩元以上）各部门执行审核,对未清算补助金进行处罚等加强事后管理

通过韩国资产管理公司资金,扩大官民综合办公室及收益型开发事业等,促进国有土地的开发,为国家财政条件改善作贡献（2016年—）

＊国有土地开发事业投资规模（2015—2017年）：292亿韩元—3440亿韩元

扩充财政收入基础

通过对一定规模（年300亿韩元）以上财政支出的可行性调查、深度评价义务化等,持续调整税收减免制度（2016年—）

中长期财政风险管控

在2015年12月公布的"2060年长期财政前景"中提到的财政风险因素,要定期监测并研究事先应对方案

加强无财源对策下禁止新规义务支出的Pay-go制度和年度开支结构调整等财政纪律

参考文献

第一章

1. 韩国国民年金财政推算委员会(2013)/국민연금재정추계위원회, 보건복지부(2013). 제3차 국민연금 재정계산장기재정전망결과.보건복지부.

2. 中山(2017)/나카야마 아키히로(2017). 일본의 고령화와 고용대책. 국제노동브리프 15(1). 한국노동연구원.

3. 韩国保健福祉部(2017a)/보건복지부(2017a). 2016 보건복지백서.

4. 韩国保健福祉部(2017b)/보건복지부(2017b) 2017 보건복지통계연보.

5. 韩国社会保障委员会(2014)/사회보장위원회(2014). 2013—2060 사회보장재정추계 실시, 국무조정실, 국무총리비서실, 보건복지부, 2014. 1. 28 보도자료.

6. 俞京元(2014)/유경원(2014). 초저출산·초고령화와 금융. 유경원,이창무, 신성호,김선업, 초저출산·초고령사회 위협과 대응방안: 금융, 주택,국방, 사회갈등(1—72). 한국보건사회연구원.

7. 李三植、李智慧(2014)/이삼식,이지혜(2014). 초저출산 지속의 원인 분석 및 정책과제. 한국보건사회연구원.

8. 郑敬姬等(2015)/정경희외(2015). 인구구조 변화에 따른 노인복지정책의발전방향.보건복지부·한국보건사회연구원.

9. 韩国统计厅(2016a)/통계청(2016a). 2015년 국제인구이동 통계. 2016. 7. 14 보도자료.

10. 韩国统计厅(2016b)/통계청(2016b). 장래인구추계: 2015—2065. 2016. 12. 8 보도자료.

11. 韩国统计厅(2017a)/통계청(2017a). 2017 고령자통계.

12. 韩国统计厅(2017b)/통계청(2017b). 2017 한국의 사회지표..

13. 韩国统计厅（2018）/통계청국가통계포털.인구동향조사,사망,출생,국제인구이동,장래인구추계(2015—2065). http：// kosis. kr. (2018.12.17).

14. 韩国行政安全部（2018）/행정안전부.주민등록인구통계-연령별 인구현황. http：//www. mois. go. kr/ft/sub/a05/ageStat/ (2018. 9. 13).

15. 韩国行政自治部（2016）/행정자치부（2016）. 외국인주민수 171 만명, 총인구 대비 3.4％, 지방자치단체 외국인주민 현황（2015. 11.1 인구주택총조사 기준). 2016. 11. 15 보도자료.

16. UN（2016）. World Population Prospects. The 2015 Revision. United Nations.

17. Rowe, J. & Kahn, R.（1999）. Successful aging. N. Y. ：Pantheon Books.

第二章

1. 韩国国民年金公团（2017）/국민연금공단（2017）. 2016 년 제 29 호 국민연금통계연보.

2. 韩国国民年金公团（各年度）/국민연금공단（각 연도）. 기초연금신규수급자 현황.

3. 韩国国民年金史编撰委员会（2015）/국민연금사편찬위원회 (2015). 실록 국민의연금. 국민연금연구원.

4. 韩国保健福祉部（2004）/보건복지부（2004）. 경로연금 사업안내.보건복지부.

5. 韩国保健福祉部（2018）/보건복지부（2018）. 2018 기초연금 사업안내.보건복지부.

6. 韩国保健福祉部（各年度）/보건복지부（각 연도）. 기초연금 사업안내.보건복지부.

7. 韩国保健社会研究院（2015）/한국보건사회연구원 편（2018）. 한국의 사회보장제도.한국보건사회연구원 나남.

8. 韩国福利研究院（2015）/한국복지연구원 편（2015）. 한국의 사회복지 2015—2016. 서울: 청목.

9. 韩国福利研究院（2018）/한국복지연구원 편（2018）. 한국의 사회복지 2018—2019. 서울: 학지사.

10. 卓宪宇（2016）/탁현우（2016）. 기초연금제도 평가. 국회예산정책처,사업평가 16—01 (통권 352 호).

11. OECD（2015）. Pensions at a Glance and G20 Indicators.

12. 韩国公务员年金公团/공무원 연금공단. http：//www. geps. or. kr（2018. 10. 25）

13. 韩国国民年金公团/국민연금공단. http：//www. nps. or. kr（2018. 10. 25）

14. 韩国国防部军人年金/국방부 군인연금. https：//www. mps. mil. kr（2018. 10. 26）

15. 韩国私立学校教职员年金公团/사립학교교직원 연금공단.http://www. ktpf. or. kr（2018. 10. 26）

第三章
1. 韩国金融监督院（2016）/금융감독원, 퇴직연금 종합안내/통계.

2. 金峰焕(2017)/김봉환(2017). 중견/중소기업 퇴직연금 부채 분석. 2017년 시장과정부연구센터 정책세미나. 12월 14일 서울대학교 행정대학원.

3. 柳建植、金东兼（2008）/류건식, 김동겸（2009）. 사적연금 소득대체율 추정에 의한 노후소득보장수준 평가.보험학회지, 83, 93—121.

4. 文亨标（2004）/문형표（2004）. 노후소득보장체계와 국민 연금 개혁.2004년도 한국 사회보장학회추계학술발표대회.

5. 牛海峰、韩正林(2015)/우해봉, 한정림(2015). 다층소득보장체계의 수급권 구조와 급여수준 전망: 국민연금과 퇴직연금을 중심으로. 보건사회연구, 35(1). 299—329.

6. 郑昌率（2014）/정창률（2014）. 퇴직연금의 사회정책적 기능강화 방안연구:소득보장 부문을 중심으로. 한국사회정책, 21（4）. 165—194.

7. 郑昌率（2015）/정창률（2015）. 퇴직연금 내실화 방안으로서의 규제정책: 영국과 스위스의 경험 및 시사점. 한국사회정책, 22（3）. 235—263.

8. 郑昌率（2018）/정창률（2018）. 퇴직연금 적용방식

개선방안 연구:노후소득보장 체계와의 조화를 고려하여.사회복지정책, 45 (2). 123—149.

9. 韩国福利研究院（2015）/한국복지연구원 편（2015）. 한국의 사회복지 2015—2016. 서울: 청목.

10. 韩国统计厅（2017）/통계청（2017）. 2016년 퇴직연금 통계.

第四章

1. 韩国国民健康保险公团（2016）/국민건강보험공단（2016）. 2015 건강보험통계 연보.

2. 韩国国民健康保险公团（2017）/국민건강보험공단（2017）. 국민 건강보험 40년사.

3. 韩国经济正义实践市民联合（2014）/경제정의실천시민연합（2014）. ［보도자료］ OECD 영리병원 허용국가의 공공병원 병상 보유율 조사 발표.2014. 11. 26.

4. 韩国保健福祉部（2011）/보건복지부（2011）. 공공의료 네트워크 구축을 위한 국립대병원의 역할과 기능.

5. 韩国保健福祉部（2015）/보건복지부（2015）. 2014—2018 건강보험 중기보장성 강화계획.

6. 韩国保健福祉部（2017）/보건복지부（2017）. 2016 보건복지백서, 보건복지부.

7. 韩国保健福祉部（2018）/보건복지부（2018）. 전국민 건강보장 확대를 위해 걸어온 길 국민건강보험40년사. 조건복지부.

8. 韩国医疗保险联合会（1997）/의료보험연합회（1997）. 건강보험의 발자취.의료보험연합회.

9. 韩仁英等（2006）/한인영, 최현미, 장수미（2006）. 의료사회복지실천론.서울: 학지사.

10. 崔权虎（2015）/최권호（2015）. 보건사회복지의 개념과 역할 재구성:병원을 넘어.비판사회정책, 49, 368—403.

11. Bircher, J.（2005）. Towards a dynamic definition of health and disease, Medicine, Health Care and Philosophy, 8（3）: 335—341

12. OECD（2017）. OECD Health Data 2016, OECD.

13. World Health Organization (2015). Official records of the World Health Organization. http：//www. who. int/about/definition/en/print. html (2018. 12. 30)

14. 韩国国民健康保险公团/국민건강보험공단 http：//www. nhic. or. kr(2019. 3. 20)

15. 韩国医疗社会福利师协会/대한의료사회복지사협회. http：//www. kamsw. or. kr (2019. 3. 21)

16. 韩国统计厅/통계청. http：//www. kosis. kr 적용인구 (2018. 11. 30)

17. 韩国统计厅/통계청. http：//www. kosis. kr 시도별공공의료기관 비중 (2018. 12. 8)

第五章

1. 韩国国民健康保险公团（2014）/국민건강보험공단（2014）. 노인장기요양보험업무처리지침.

2. 韩国国民健康保险公团（2008—2016）/국민건강보험공단（2008—2016）. 노인장기요양통계연보.

3. 金镇洙 等（2014）/김진수, 남석인, 김민아, 유재상, Christina Hiebl (2014). 장기요양치매수급자를 포함한 이용지원 효율화 방안 연구. 국민건강보험공단.

4. 金镇洙、申惠利（2015）/김진수, 신해리（2015）. 장기요양 급여와 건강보험 급여와의 연계방안연구. 노인복지연구 67（단일호）. 83—105.

5. 金镇洙 等（2018）/김진수, 신혜리, 정창률, 유재상, Hiessl, 이민아, 박재범（2018）. 장기요양 본인 일부 분담금 감경제도 개선 방안 연구. 국민건강보험공단.

6. 韩国保健福祉部（2018）/보건복지부（2018）. 2018 — 2022 제 2 차 장기요양기본계획(안).

7. 韩国保健福祉部、社区照护促进团（2018）/보건복지부, 커뮤니티케어추진단(2018). 지역사회 중심 복지구현을 위한 커뮤니티 케어 추진방향.

8. 崔仁德(2014)/최인덕(2014). 이용자욕구와 거주지역에 기반한 요양병원과 요양시설의 기능 재정립 방안연구. 한국지역사회복지학,50: 139—176.

9. Colombo, F., Llena – Nozal, A., Mercier, J. & Tjadens, F. (2011). Help wanted? Providing a no paying for long – term care. Paris: OECD Publishing.

10. McCall, N. (2001). Long term care: Definition, demand, cost, and financing. Who will pay for long term care, 3 (31). Chicago: Health Administration Press.

11. 韩国老年人长期照护保险/노인장기요양보험. http://www.longtermcare.or.kr (2019.2.6)

第六章

1. 韩国国民健康保险公团（2017）/국민건강보험공단（2017）. 치매 국가책임제란 무엇인가요？, 원주:국민건강보험공단.

2. 权中敦（2017）/권중돈（2017）. 노인복지론, 서울: 학지사.

3. 金基雄等（2016）/김기웅, 김한나, 안호영, 김유정, 황지은, 김빈나 외（2016）. 대한민국 치매현황 2016. 서울: 중앙치매센터.

4. 金敏京、徐庆华（2017）/김민경, 서경화（2017）. 国内外 치매관리정책에 대한 비교연구, 국가정책연구, 31 (1): 233 – 260.

5. 韩国保健福祉部（2008）/보건복지부（2008）. 치매종합관리대책. 서울: 보건복지부.

6. 韩国保健福祉部（2011）/보건복지부（2011）. 제 2 차 저출산·고령사회 기본계획.서울: 보건복지부.

7. 韩国保健福祉部（2012）/보건복지부（2012）. 제 2 차 국가치매관리종합계획.서울: 보건복지부.

8. 韩国保健福祉部（2015a）/보건복지부（2015a）. 보건복지 70년사 - 제3 권 보건복지.서울: 보건복지부.

9. 韩国保健福祉部（2015b）/보건복지부（2015b）. 보건복지 70년사 - 제1 편 총설.서울: 보건복지부.

10. 韩国保健福祉部（2015c）/보건복지부（2015c）. 제 3 차

치매관리종합계획 (16-20). 서울: 보건복지부.

11. 韩国保健福祉部 (2017)/보건복지부 (2017). 치매, 안심하세요. 이제 국가가 책임집니다! 1:1 맞춤형 상담·사례관리부터 치료지원까지.서울: 보건복지부.

12. 韩国保健福祉部 (2018)/보건복지부 (2018). 노인돌봄서비스 사업안내.서울: 보건복지부.

13. 大韩民国政府 (2015)/대한민국정부 (2015). 저출산·고령사회 기본계획.서울: 보건복지부.

14. 大韩地方行政共济会 (2017)/대한지방행정공제회 (2017). 고령화 시대 속 치매와의 전쟁 "치매 국가책임제", 지방행정, 66(769): 8-9.

15. 原始妍 (2013)/원시연 (2013). 국가치매관리정책의 문제점 및 개선과제.이슈와논점. 715호.

16. 李满宇 (2017)/이만우 (2017). 치매국가책임제 시행의 문제점 및 보완과제, 이슈와 논점. 서울: 국회입법조사처.

17. 赵孟济、赵成振 (2000)/조맹제, 조성진 (2000). 치매 환자에 대한 의료서비스전달체계 현황. 노인정신의학, 4(2), 143-153.

18. 韩淑媛 (1999)/한숙원 (2004). 우리나라 치매노인 복지에 관한 고찰. 노인간호학회지,1(1):97-106.

19. ADI (2009). World Alzheimer Report 2009. London: Alzheimer's Disease International.

20. ADI (2016). World Alzheimer Report 2016. London: Alzheimer's Disease International.

21. OECD (2014). DIGNITY IN DEMENTIA: How better policy can improve the lives of people with dementia. Paper presented at G7 dementia legacy event. November 6. Japan.

22. OECD (2015). Addressing Dementia: The OECD Response. OECD Health Policy Studies, Paris. OECD Publishing.

23. WHO (2012). Dementia: a public health priority. Geneva: World Health Organization Press.

24. WHO (2015) . First WHO ministerial conference on global action against dementia. Meeting report. March 16 – 17. Geneva, Switzerland.

第七章

1. 大韩民国政府（2016）/대한민국정부（2016）. 제 3 차 저출산·고령사회기본계획 2016년도 시행계획.

2. 韩国保健福祉部(各年度)/보건복지부. 세입세출예산서. 각 연도

3. 韩国保健福祉部（2015）/보건복지부（2015）. 2015 지역사회 통합건강증진사업 안내.보건복지부.

4. 韩国保健福祉部（2016a）/보건복지부（2016a）. 2016 노인복지시설 현황.보건복지부.

5. 韩国保健福祉部（2016b）/보건복지부（2016b）. 2016 년 노인 일자리 몇 사회활동 지원사엄 운영안내.보건복지부.

6. 李金龙（2016）/이금룡（2016）. 노인 사회참여정책 현황과 과제. 보건복지 포럼, 9, 60 – 69.

7. 韩国老年人力资源开发院（2016）/한국노인인력개발원（2016）. 2015 노인일자리사업 통계. 한국노인인력개발원.

8. 韩国保健社会研究院（2016）/한국보건사회연구원 편（2018）. 한국의 사회보장제도.한국보건사회연구원 나남.

9. 大韩老人会 就业支持中心/대한노인회 취업지원센터. http：//www k6065. co. kr. （2019. 4. 6）

10. 韩国中央自杀预防中心/중앙자살예방센터. http：/www. spckorea. or. kr. （2019. 4. 8）

11. 韩国老年人力资源开发院/한국노인인력개발원. http//www. kori. go. kr. （2019. 4. 6）

第八章

1. 韩国相关部门联合（2016）/관계부처합동（2016）. 행복한 삶, 건강한 사회를 위한정신건강 종합대책.

2. 韩国相关部门联合（2017）/관계부처합동（2017）. 55 + 현역시대를 위한 장년고용정책(안) – 제 3 차 고령자 고용촉진 기본계획.

3. 韩国国民年金公团（2015）/국민연금공단（2015）. 노후준비서비스 시행 카드뉴스.

4. 韩国国土交通部（2015）/국토교통부（2017）. 주거복지로드맵 설명서.

5. 金祥宇（2015）/김상우（2015）. 자살예방사업의 문제점 및 개선과제. 2015 광역자살예방사업 워크숍 발표자료. 중앙자살예방센터.

6. 韩国保健福祉部（2014）/보건복지부（2014）. 2013 보건복지백서.

7. 韩国保健福祉部（2015）/보건복지부（2015）. 제3차 치매관리종합계획.

8. 韩国保健福祉部（2017a）/보건복지부（2017a）. 2016 보건복지백서.

9. 韩国保健福祉部（2017b）/보건복지부（2017b） 2017 보건복지통계연보.

10. 韩国保健福祉部（2017c）/보전복지부（2017c）. 2017 주요업무참고자료.

11. 韩国保健福祉部（2017d）/보건복지부（2017d）. 2017 노인복지시설현황.

12. 韩国保健福祉部（2018a）/보건복지부（2018a）. 2018 노인보건복지사업안내Ⅰ.

13. 韩国保健福祉部（2018b）/보건복지부（2018b）. 2018 노인보건복지사업안내Ⅱ.

14. 韩国保健福祉部（2018c）/보건복지부（2018c）. 2018 정신건강사업안내.

15. 韩国保健福祉部（2017d）/보건복지부（2018d） 2018.1.24, "연명의료결정제도 본격시행" 보도자료.

16. 韩国保健福祉部、中央老年人保护专门机构（2018）/보건복지부, 중앙노인보호전문기관（2018）. 2017 노인학대 현황보고서.

17. 韩国保健福祉部、中央自杀预防中心（2018）/보건복지부, 중앙자살예방센터（2018）. 2018 **자살예방백서**.

18. 韩国人事革新处（2018）/인사혁신처（2018）.

공무원 보수 등의 업무지침.

19. 郑敬姬等（2012）/정경회, 오영회, 이윤경, 손창균, 박보미, 이수연, 이지현, 권중돈, 김수봉, 이소정, 이용식, 이윤환, 최성재, 김소영（2012）. 2011년도 노인실태조사.

20. 郑敬姬等（2014）/정경회, 오영회, 강은나, 김재호, 선우덕, 오미애, 이윤경, 황남희, 김경래, 오신휘, 박보미, 신현구, 이금룡（2014）. 2014년도 노인실태조사.

21. 郑敬姬等（2017）/정경회, 오영회, 이윤경, 오미에, 강은나, 김경래, 황남희, 김세진, 이선희, 이석구, 홍송이（2017）. 2017 노인실태조사.

22. 郑铉中（2017）/정현종（2017）. 국내 가계의 자산관리와 주식투자, 자산배분전략 Note.

23. 韩国统计厅（2006）/통계청（2006）. 사회조사.

24. 韩国统计厅（2016）/통계청（2016）. 2016 사회조사보고서.

25. 韩国统计厅（2017）/통계청（2017）. 2017 고령자통계.

26. 韩国国民年金公团/국민건강보험공단. http：//m. nhis. or. kr/hybweb/main – web（2019. 3. 20）

27. 韩国国土交通部/국토교통부. http：//huf. molit. go. kr（2019. 3. 28）

28. 韩国保健福祉部/보건복지부. http：//www. mohw. go. kr/react/policy/건강검진（2019. 3. 22）

29. 韩国住宅金融公社（2018）/한국주택금융공사. https：//www. hf. go. kr/hf/sub03（2018. 11. 23）

30. HelpAge International（2018）. Global Age Watch Index 2015. http：//www. helpage. org/global agewatch/population – ageing – data/country – ageing – data/? country = Republic%2Bof%2BKorea（2018. 11. 10）

第九章

1. 高俊基（2007）/고준기（2007）. 고령친화산업의 노동환경 변화와 고용시스템의문제점 및 법적 대응. 집문당.

2. 金润太（2013）/김윤태（2013）. 토마스 마샬의 시민론 이론의

재검토: 시민권,정치,복지국가의 역할,담론 201,16(1):5－32.

3. 韩国文化观光部（2007）/문화관광부（2007）. 여가백서. 한국문화관광연구원.

4. 朴京淑(2003)/박경숙(2003). 고령화 사회 이미 진행된 미래. 의암출판.

5. 朴宗满（1995）/박종만（1995）. 국가와 민간 간의 사회복지의 역할분담,한국사회복지의 선택. 나남출판.

6. 韩国保健福利家庭部（2008a）/보건복지가족부（2008a）. 노인복지시설현황.

7. 韩国保健福利家庭部（2008b）/보건복지가족부（2008b）. 주요업무참고자료.

8. 三星经济研究所(2007)/삼성경제연구소(2007). 한·일 고령화의 영향과 파급효과(연구보고서).

9. 申东面（2008）/신동면（2008）. 동아시아국가의 공공부조. 집문당.

10. 韩国统计厅（2007）/통계청（2007）. 2007 고령자 통계.

11. Anderson, Gosta Esping(2006). 박형신 외 역. 복지자본주의의 세 가지 세계. 일신사.

第十章

1. 韩国老龄化及未来社会委员会（2005）/고령화및미래사회위원회（2005）. 고령친화산업 활성화 전략.

2. 韩国老龄化及未来社会委员会（2006）/고령화및미래사회위원회（2006）. 고령친화산업 활성화 전략.

3. 权中敦（2004）/권중돈（2004）. 노인복지론. 학지사.

4. 金淑应、李义勋(2007)/김숙응,이의훈(2007). 실버산업의이해. 형설출판사.

5. 南基民等(2006)/남기민 외(2006). 고령화 사회와 노인복지. 양서원.

6. 韩国保健福利家庭部（2008a）/보건복지가족부（2008a）. 노인복지시설현황.

7. 韩国保健福利家庭部（2008b）/보건복지가족부（2008b）. 주요업무참고자료.

8. 大韩商工会议所（2006）/대한상공회의소（2006）. 국내 고령친화산업의 성장성 전망.

9. 三星经济研究所（2007）/삼성경제연구소（2007）. 한·일 고령화의 영향과 파급효과(연구보고서).

10. 韩国少子老龄社会委员会（2007）/저출산고령사회위원회（2007）. 고령친화산업현황 및 정책과제.

11. 郑敬姬等(2005)/정경희 외(2005). 2004년도 전국 노인생활실태 및 복지욕구조사. 한국보건사회연구원 정책보고서.

12. 崔成载、张仁协（2010）/최성재, 장인협（2010）. 고령화 사회의 노인복지학. 서울: 서울대학교출판문화원.

13. 韩国统计厅（2007）/통계청（2007）. 2007 고령자 통계.

14. 韩国保健社会研究院（2007）/한국보건산업진흥원（2007）. 고령친화복지용구 R&D 실태 및 지원방안.

15. 韩国住宅金融公社（2007）/한국주택금융공사（2007）. 주택연금제도 및 상품소개. 고령친화산업 정보은행.

16. 大韩银发产业协会/대한실버산업협회. http://www.kssinet.or.kr/

17. 韩国保健福利家庭部/복건복지가족부. http://www.mw.go.kr/

18. 三星经济研究所/삼성경제연구소（SERI）. http://www.seri.org/

19. 韩国少子老龄社会委员会/저출산고령사회위원회. http://www.precap.go.kr/

第十一章

1. 江焕具（2017）/강환구（2017）. 인구구조 변화가 인플레이션의 장기 추세에 미치는 영향BOK 경제연구 제 2017-11. 한국은행.

2. 金镇洙（2011）/김진수（2011）. 복지개혁보다 더 중요한 준비는 없다. 양극화 고령화 속의 한국, 제 2 의 일본되나. 매일경제신문사.

3. 朴京淑（2017）/박경숙（2017）. 한국의 인구, 인구정책 무엇이 문제인가? 한국보건사회연구원 제15차 인구포럼 발표 자료.

4. 朴鎭宇(2015)/박진우(2015). 성장과 복지의 선순환. 한국외국어대학교 지식출판원.

5. 牛海峰(2017)/우해봉. (2017). 인구변동의 국제 동향과 중장기 인구정책 방향. 한국보건사회연구원.

6. 李三植(2016)/이삼식(2016). 제3차 저출산고령사회기본계획의 성공적 이행을 위한 전략과 조건: 저출산대책을 중심으로. 보건복지포럼. 2016. 2.

7. 李三植等(2016)/이삼식,최효진,김경근,윤자영,천현숙,김동식등(2016). 결혼·출산 행태 변화와 저출산 대책의 패러다임 전환. 한국보건사회연구원.

8. 李在俊(2015)/이재준(2015). 고령화의 거시경제적 영향과 정책시사점. 한국경제포럼 8(4): 83-102.

9. 郑敬姬等(2016)/정경희,강은나,이윤경,황남희,양산미(2016). 노인복지정책 진단과 발전전략 모색. 한국보건사회연구원.

10. 郑德具(2011)/정덕구(2011). 한국 경제·사회의 21세기 현상, 양극화 고령화 속의 한국, 제2의 일본되나. 매일경제신문사.

11. 赵成浩(2016)/조성호(2015). 한국과 일본의 저출산 현황과 대응 정책. 보건 복지 Issus & Focus 298. 한국보건사회연구원.

12. 崔龙沃(2015)/최용옥(2016). 급속한 기대수명 증가의 함의. KDI Focus 69. 한국개발연구원.

13. 洪在华、江太修(2015)/홍재화,강태수(2015). 인구고령화와 정년연장 연구. BOK 경제연구 제2015-10. 한국은행.

14. Kingdon, John W. (1995). Agendas, Alternatives, and Public Policies. Longman Classics.

15. OECD (2016). Society at a Glance.

16. World Bank (2017). Governance and the Law, World Development Report. World Bank.

说明：

1. 书中韩国研究者名字均为音译。

2. 根据政策方向调整，韩国政府部门名称会有调整，例如，保健福祉家庭部—保健福祉部；行政安全部—行政自治部等，因政府部门在文中出现次数较多，不便一一标注，特此一并说明。